长株潭城市群休闲体育空间结构合理化及其布局研究

罗小玲 傅贻忙 著

北京理工大学出版社
BEIJING INSTITUTE OF TECHNOLOGY PRESS

版权专有 侵权必究

图书在版编目（CIP）数据

长株潭城市群休闲体育空间结构合理化及其布局研究/罗小玲，傅贻忙著. —北京：北京理工大学出版社，2020.11
ISBN 978 – 7 – 5682 – 9209 – 2

Ⅰ. ①长… Ⅱ. ①罗… ②傅… Ⅲ. ①城市群 – 休闲体育 – 空间结构 – 研究 – 湖南 Ⅳ. ①G812.764

中国版本图书馆 CIP 数据核字（2020）第 214915 号

出版发行 /	北京理工大学出版社有限责任公司
社　　址 /	北京市海淀区中关村南大街 5 号
邮　　编 /	100081
电　　话 /	（010）68914775（总编室）
	（010）82562903（教材售后服务热线）
	（010）68948351（其他图书服务热线）
网　　址 /	http：//www.bitpress.com.cn
经　　销 /	全国各地新华书店
印　　刷 /	北京虎彩文化传播有限公司
开　　本 /	710 毫米 × 1000 毫米　1/16
印　　张 /	11.5
字　　数 /	220 千字
版　　次 /	2020 年 11 月第 1 版　2020 年 11 月第 1 次印刷
定　　价 /	65.00 元

责任编辑 / 徐艳君
文案编辑 / 徐艳君
责任校对 / 周瑞红
责任印制 / 施胜娟

图书出现印装质量问题，请拨打售后服务热线，本社负责调换

前　言

当代社会人们对于物质条件的追求已经逐渐转移到了对精神文化的追求，其中体育休闲项目是人们所追求的一部分。当前休闲体育产业的发展已经逐渐进入城市中，为各行各业的人提供精神层面的支持，并且在今后的发展中将逐步扩大影响力，成为人们生活中的重要组成部分。随着工业经济与信息化时代的快速发展，休闲体育也受到社会的关注，越来越多的人认识到休闲体育在促进人的全面发展，提高人的生活品质等方面有着重要作用。研究长株潭城市群休闲体育空间结构合理化，有利于提高城市居民休闲体育消费水平，有利于提升城市居民生活质量，有利于促进休闲体育服务产业的发展，有利于长株潭城市经济带实现区域体育产业整合，发挥集聚效应，推动长株潭休闲体育产业的开发，为长株潭城市群休闲体育产业构建新格局。

本书以长株潭城市群休闲体育空间结构合理化提升为目的，通过对长株潭城市休闲体育空间结构合理化特征的认识，对长株潭城市群空间结构的演变条件和演变阶段进行分析。依托体育空间供给、社区空间融合、体育中心整合"三位一体"的发展要求，从政策保障、经济推动、文化建设等多方面，提出长株潭城市群休闲体育空间结构合理化的制约因素。依据节点、通道、网络、域面、等级、五大结构要素，形成耦合评价模型，并构建其空间结构合理化指标体系，提出合理化的提升路径，为促进城市群休闲体育事业发展提供依据。

长株潭城市群休闲体育空间结构合理化及其布局是一项综合、复杂的研究。经历较长的时间思考、研究和写作，但由于个人能力有限，书中难免存在一些疏漏和不足。当然，本人对文中的观点与文字负有不可推卸的责任。最后，希望各位专家、学者、同人不吝批评指正，以期后续能够修改完善。

著　者

内容摘要

十九大报告中强调:"在体育工作中,要围绕主要矛盾找问题,补短板,强基础。要深入推动全民自觉健身、便利健身、科学健身和文明健身,把全民健身工作做得更深入扎实。要推动运动休闲产业发展,把运动休闲产业做成健康产业、幸福产业、生态产业和融合产业。"随着时代的进步,休闲体育逐步融入人们社会生活中,可持续发展与全面健康等观念深受人们关注。休闲体育的社会价值正在逐步显现,在社会改革创新发展之下休闲体育已成为时代的必然产物。长株潭城市群作为中部六省城市中全国城市群建设的先行者,休闲体育空间的建设正在逐渐完善,但在其发展过程中仍存在物质保障不充分、供需平衡不协调、服务体系不健全等问题。因此,对长株潭城市群休闲体育空间结构演变及其布局优化进行研究,分析城市休闲体育空间结构演变的制约因素,准确获得城市休闲体育空间结构演变的基本发展模式、关键优化路径等,对促进长株潭城市群居民休闲体育空间结构的创新发展,具有重要的理论意义和实践意义。

本文的核心目标是研究长株潭城市群休闲体育空间结构合理化及其布局,主要是通过城市空间、休闲体育和休闲体育空间三个方面,从理论基础和实证分析两个角度进行研究。具体来说:首先,对休闲体育空间结构合理化及其布局的理论基础进行研究;其次,通过研究城市群休闲体育空间内涵与结构,描述城市群休闲体育、城市群休闲体育空间、城市群休闲体育空间布局及城市群休闲体育空间合理化的内涵,对长株潭城市群休闲体育空间的特征进行分析;再次,根据长株潭城市群休闲体育空间结构合理化的调查结果分析其制约因素,提出多层次的整合模型,为长株潭休闲体育空间构造合适的整合模式;最后,根据理论分析和实证分析的结果,提出长株潭城市群休闲体育空间结构合理化的优化路径。

关键词:休闲体育 休闲体育空间布局 休闲体育空间合理化 城市空间

Abstract

The report of the 19th National Congress emphasized: "In sports work, we must find problems around the main contradictions, make up the shortcomings, and strengthen the foundation. We must further promote the conscious fitness, convenient fitness, scientific fitness and civilized fitness for the whole people, and make the national fitness work even better. In − depth and solid. To promote the development of sports and leisure industry, the sports and leisure industry will be made into a health industry, a happy industry, an ecological industry and a converged industry." With the progress of the times, leisure sports are gradually integrated into people's social life, sustainable development and comprehensive The concept of health is deeply concerned by people. The social value of leisure sports is gradually emerging. Under the social reform and innovation development, leisure sports has become an inevitable outcome of the times. The Changsha − Zhuzhou − Xiangtan urban agglomeration is the forerunner of the construction of national urban agglomerations in the six provinces of central China. The construction of leisure sports space is gradually improving, but in the process of its development, there are still insufficient material security, unbalanced supply and demand, and unsound service system problem. Therefore, the spatial structure evolution and layout optimization of leisure sports in Changsha, Zhuzhou and Xiangtan urban agglomerations are studied, the constraints of urban leisure sports spatial structure evolution are analyzed, and the basic development mode and key optimization path of urban leisure sports spatial structure evolution are obtained accurately. It is of great theoretical and practical significance to promote the innovative development of the leisure sports space structure of the residents of Changsha, Zhuzhou and Xiangtan.

The core objective of this paper is to study the rationalization and layout of leisure sports space structure in Changsha, Zhuzhou and Xiangtan urban agglomerations, mainly to study the rationalization and layout of leisure sports space structure in Changsha, Zhuzhou and Xiangtan urban agglomerations through three aspects: urban space, leisure sports and leisure sports space. In order to achieve the research objectives, research is carried out from two perspectives: theoretical explanation and empirical analysis. Specifically: Firstly, the paper studies the rationalization of the spatial structure of leisure sports in Changsha, Zhuzhou and Xiangtan urban agglomerations and the theoretical basis of its layout. Secondly, by studying the spatial connotation and structure of leisure sports in Changsha, Zhuzhou and Xiangtan urban agglomerations, it describes the leisure sports and cities of urban agglomerations. Group leisure sports space, urban group leisure sports space layout and urban group sports space rationalization connotation, analysis of characteristics of Changsha, Zhuzhou and Xiangtan urban agglomeration leisure sports space; again, according to the survey results of Changsha, Zhuzhou and Xiangtan urban agglomeration leisure sports space structure rationalization. This paper analyzes its constraints and proposes a multi-level integration model to construct an ideal integration model for Changsha, Zhuzhou and Xiangtan leisure sports space. Finally, based on theoretical analysis and survey results, this paper proposes an optimization path for the rationalization of leisure sports space structure in Changsha, Zhuzhou and Xiangtan urban agglomerations.

Key words: Leisure sports; leisure sports space layout; leisure sports space rationalization; urban space

目　　录

第1章　绪　论 (001)
　1.1　研究背景和研究意义 (001)
　　1.1.1　研究背景 (001)
　　1.1.2　研究意义 (004)
　1.2　国内外研究综述 (006)
　　1.2.1　国内外关于城市空间的相关研究 (006)
　　1.2.2　国内外关于休闲体育的相关研究 (011)
　　1.2.3　国内外关于体育空间布局的相关研究 (019)
　　1.2.4　国内外关于体育空间合理化的相关研究 (023)
　　1.2.5　国内外研究现状评述 (027)
　1.3　研究目标、研究内容和研究方法 (028)
　　1.3.1　研究目标 (028)
　　1.3.2　研究内容 (029)
　　1.3.3　研究方法 (030)
　1.4　研究思路与技术路线 (031)
　　1.4.1　研究思路 (031)
　　1.4.2　技术路线 (031)
　1.5　主要创新与不足之处 (032)
　　1.5.1　主要创新 (032)
　　1.5.2　不足之处 (033)

第2章　休闲体育空间结构合理化及其布局的理论基础 (034)
　2.1　休闲体育的学科理论基础 (034)
　　2.1.1　休闲体育的人类学基础 (034)
　　2.1.2　休闲体育的社会学基础 (036)
　　2.1.3　休闲体育的文化学基础 (039)
　　2.1.4　休闲体育的经济学基础 (041)
　2.2　休闲体育空间的理论基础 (044)
　　2.2.1　休闲体育空间的提出 (044)
　　2.2.2　休闲体育空间的发展 (045)
　　2.2.3　休闲体育空间的意义 (047)
　2.3　城市空间的理论基础 (047)
　　2.3.1　城市空间理论 (047)
　　2.3.2　城市公共空间理论 (048)

  2.3.3　城市空间结构理论……………………………………………（052）
  2.3.4　城市空间的经济学基础………………………………………（054）
 2.4　本章小结………………………………………………………………（057）
第3章　长株潭城市群休闲体育空间内涵与结构研究……………………………（058）
 3.1　休闲体育空间的内涵研究……………………………………………（058）
  3.1.1　休闲体育空间的定义性分析…………………………………（058）
  3.1.2　长株潭城市群休闲体育空间的可行性分析…………………（062）
 3.2　长株潭城市群休闲体育空间的特征分析……………………………（065）
  3.2.1　城市社区型休闲体育行为特征………………………………（065）
  3.2.2　城市公共型休闲体育行为特征………………………………（067）
  3.2.3　城市商业型休闲体育行为特征………………………………（068）
  3.2.4　城郊广域型休闲体育行为特征………………………………（070）
 3.3　长株潭城市群休闲体育空间的组成结构研究………………………（071）
  3.3.1　长株潭城市群休闲体育空间的层次结构……………………（071）
  3.3.2　长株潭城市群休闲体育空间的开放结构……………………（072）
  3.3.3　长株潭城市群休闲体育空间的渐变结构……………………（073）
  3.3.4　长株潭城市群休闲体育空间的等级结构……………………（073）
 3.4　长株潭城市群休闲体育空间的主体功能研究………………………（076）
  3.4.1　长株潭城市群休闲体育空间的资源多元整合功能…………（076）
  3.4.2　长株潭城市群休闲体育空间的服务水平提高功能…………（078）
  3.4.3　长株潭城市群休闲体育空间的全民素质提升功能…………（079）
 3.5　本章小结………………………………………………………………（080）
第4章　长株潭城市群休闲体育空间结构演变的调查分析研究…………………（081）
 4.1　长株潭城市群休闲体育基本概况与发展概况………………………（081）
  4.1.1　长株潭城市群的基本概况……………………………………（081）
  4.1.2　长株潭城市群休闲体育空间的基本概况……………………（084）
 4.2　长株潭城市群休闲体育空间演变的现状调查………………………（085）
  4.2.1　长株潭城市群休闲体育场地的现状…………………………（085）
  4.2.2　长株潭城市群社会体育指导员的现状………………………（088）
  4.2.3　长株潭城市群居民参加休闲体育活动的现状………………（091）
  4.2.4　长株潭城市群居民休闲体育消费的现状……………………（098）
 4.3　长株潭城市群体育空间结构合理化发展战略与空间布局…………（100）
  4.3.1　长株潭城市群休闲体育空间结构发展鱼刺分析……………（100）
  4.3.2　长株潭城市群休闲体育空间结构合理化发展SWOT分析……（102）
  4.3.3　长株潭城市群休闲体育空间结构发展战略…………………（105）
 4.4　本章小结………………………………………………………………（106）
第5章　长株潭城市群休闲体育空间结构合理化的制约因素研究………………（107）
 5.1　政治因素对长株潭城市群休闲体育空间结构合理化的制约………（107）

  5.1.1　政府规划不全面对休闲体育的制约 ……………………………… (107)
  5.1.2　政府政策不完善对休闲体育的制约 ……………………………… (107)
  5.1.3　引导机制不健全对休闲体育的制约 ……………………………… (108)
  5.1.4　宏观调控不平衡对休闲体育的制约 ……………………………… (108)
  5.1.5　服务水平不达标对休闲体育的制约 ……………………………… (108)
  5.1.6　推进机制不衔接对休闲体育的制约 ……………………………… (109)
 5.2　经济因素对长株潭城市群休闲体育空间结构合理化的制约 ………… (109)
  5.2.1　经济发展对休闲体育的制约 ……………………………………… (109)
  5.2.2　经济区位对休闲体育的制约 ……………………………………… (110)
  5.2.3　市场需求对休闲体育的制约 ……………………………………… (110)
  5.2.4　投资规模对休闲体育的制约 ……………………………………… (111)
  5.2.5　区域贸易对休闲体育的制约 ……………………………………… (112)
  5.2.6　消费能力对休闲体育的制约 ……………………………………… (112)
  5.2.7　消费动因对休闲体育的制约 ……………………………………… (112)
 5.3　产业因素对长株潭城市群休闲体育空间结构合理化的制约 ………… (113)
  5.3.1　产业结构对休闲体育的制约 ……………………………………… (113)
  5.3.2　场地设施对休闲体育的制约 ……………………………………… (113)
  5.3.3　科技创新对休闲体育的制约 ……………………………………… (114)
  5.3.4　产业人才对休闲体育的制约 ……………………………………… (114)
  5.3.5　资源开发对休闲体育的制约 ……………………………………… (115)
  5.3.6　技术条件对休闲体育的制约 ……………………………………… (115)
 5.4　社会因素对长株潭城市群休闲体育空间结构合理化的制约 ………… (116)
  5.4.1　人口数量对休闲体育的制约 ……………………………………… (116)
  5.4.2　人口素质对休闲体育的制约 ……………………………………… (116)
  5.4.3　人口结构对休闲体育的制约 ……………………………………… (116)
  5.4.4　文化水平对休闲体育的制约 ……………………………………… (117)
  5.4.5　媒体宣传对休闲体育的制约 ……………………………………… (117)
  5.4.6　闲暇时间对休闲体育的制约 ……………………………………… (117)
 5.5　本章小结 ………………………………………………………………… (118)
第6章　长株潭城市群休闲体育空间结构合理化的整合模式研究 ………… (119)
 6.1　体育中心地整合模式 …………………………………………………… (119)
  6.1.1　体育中心地整合模式内涵研究 …………………………………… (119)
  6.1.2　体育中心地整合模式特征分析 …………………………………… (120)
  6.1.3　体育中心地整合模式功能研究 …………………………………… (121)
 6.2　滨水空间一体模式 ……………………………………………………… (121)
  6.2.1　滨水空间一体模式内涵研究 ……………………………………… (121)
  6.2.2　滨水空间一体模式特征分析 ……………………………………… (122)
  6.2.3　滨水空间一体模式功能研究 ……………………………………… (123)

- 6.3 城市 RBD 结合模式 …………………………………………………… (123)
  - 6.3.1 城市 RBD 结合模式内涵研究 ………………………………… (123)
  - 6.3.2 城市 RBD 结合模式特征分析 ………………………………… (124)
  - 6.3.3 城市 RBD 结合模式功能研究 ………………………………… (125)
- 6.4 社区空间融合模式 ……………………………………………………… (126)
  - 6.4.1 社区空间融合模式内涵研究 …………………………………… (126)
  - 6.4.2 社区空间融合模式特征分析 …………………………………… (127)
  - 6.4.3 社区空间融合模式功能研究 …………………………………… (129)
- 6.5 城市绿地贯通模式 ……………………………………………………… (130)
  - 6.5.1 城市绿地贯通模式内涵研究 …………………………………… (130)
  - 6.5.2 城市绿地贯通模式特征分析 …………………………………… (130)
  - 6.5.3 城市绿地贯通模式功能研究 …………………………………… (131)
- 6.6 本章小结 …………………………………………………………………… (133)

第 7 章 长株潭城市群休闲体育空间结构合理化的优化路径研究 …………… (134)
- 7.1 政策发展优化路径 ……………………………………………………… (134)
  - 7.1.1 提高居民消费意愿，扩大民众消费需求 ……………………… (134)
  - 7.1.2 完善产业驱动政策，拓宽产业融资渠道 ……………………… (135)
  - 7.1.3 制定融合发展规划，促进体育产业融合 ……………………… (136)
  - 7.1.4 发挥政府调控职能，加快产业人才培育 ……………………… (137)
- 7.2 区位条件优化路径 ……………………………………………………… (137)
  - 7.2.1 构建"互联网+"的区位优化路径 ……………………………… (137)
  - 7.2.2 构建居民运动的区位优化路径 ………………………………… (141)
  - 7.2.3 构建城市广场的区位优化路径 ………………………………… (143)
- 7.3 要素空间流动优化路径 ………………………………………………… (145)
  - 7.3.1 构建公共休闲空间 ……………………………………………… (145)
  - 7.3.2 构建公园休闲空间 ……………………………………………… (146)
  - 7.3.3 构建产业发展空间 ……………………………………………… (147)
- 7.4 资源综合发展优化路径 ………………………………………………… (150)
  - 7.4.1 基础设施 ………………………………………………………… (150)
  - 7.4.2 环境优化 ………………………………………………………… (151)
  - 7.4.3 经济结构 ………………………………………………………… (153)
  - 7.4.4 文化建设 ………………………………………………………… (154)
- 7.5 本章小结 …………………………………………………………………… (155)

第 8 章 结论与展望 ………………………………………………………………… (156)
- 8.1 主要结论 …………………………………………………………………… (156)
- 8.2 研究展望 …………………………………………………………………… (158)

参考文献 ……………………………………………………………………………… (159)

后　记 ………………………………………………………………………………… (172)

第 1 章
绪　论

1.1　研究背景和研究意义

1.1.1　研究背景

十九大报告中强调："在体育工作中，要围绕主要矛盾找问题，补短板，强基础。要深入推动全民自觉健身、便利健身、科学健身和文明健身，把全民健身工作做得更深入扎实。要推动运动休闲产业发展，把运动休闲产业做成健康产业、幸福产业、生态产业和融合产业。"随着时代的进步，休闲体育逐步融入人们的社会生活中，可持续发展与全面健康等观念深入人心。休闲体育的社会价值正在逐步显现，在社会改革创新发展之下休闲体育已成为时代的必然产物。长株潭城市群作为中部六省城市中全国城市群建设的先行者，休闲体育空间的建设正在逐渐完善，但在其发展过程中仍存在物质保障不充分、供需平衡不协调、服务体系不健全等问题。因此，对长株潭城市群休闲体育空间结构演变及其布局优化进行研究，分析城市休闲体育空间结构演变的制约因素，准确获得城市休闲体育空间结构演变的基本发展模式、关键优化路径等，对促进长株潭城市群居民休闲体育空间结构的创新发展，具有重要的理论意义和实践意义。

（1）长株潭城市群的休闲体育产业结构不合理

新时代民众生活需求从物质生活需求转向精神生活需求，迫切需要增加高端、高品质的休闲体育产品和高质量、高水平的休闲体育服务。当前，我国休闲体育产业起步晚，市场机制还不完善，产品供给无法满足国民需求。对比国外休闲体育发展水平，如美国的休闲体育产业产值高居 GDP 第一，西班牙休闲产业是国家经济四大支柱产业之一，我国休闲体育产业发展水平较低，其产值在 GDP 中所占比重较低。从产业结构角度分析，我国休闲体育产业的发展偏向于生产制造，休闲体育产业服务相对较弱。2016 年国家休闲体育产业规模为 1.9 万亿元，占同期 GDP 的 0.9%，而国外休闲体育产业增加值占同期 GDP 的 1%~3%。

当前我国休闲体育发展水平较低，供给不平衡，其主要原因有三点：一是相关企业生产规模小，生产能力低，企业无科学技术、专业人才以及社会资金的支持，其发展水平无法跟上社会经济发展。加之企业竞争激烈，相关法律条例不完善，导致市场秩序混乱，进一步削弱了企业竞争力。二是产业融合度低。当前，休闲体育产业品类项目缺乏，同质性严重，经营模式单一，与其他相关产业融合不深。三是休闲体育管理服务体系不完善。休闲体育运动需要了解相关的运动知识，选择科学的运动方法，而且还需要掌握卫生保健等相关知识，而现阶段休闲体育中心服务管理水平较低，缺乏相应的引导和措施，不能及时阻拦参与者在锻炼过程中的盲目行为，结果对身体健康造成损害。

(2) 长株潭城市群的休闲体育空间供需不平等

城市休闲体育空间不足，在街头或路边空地进行体育活动的情形司空见惯。一是由于场地的限制，居民参与休闲体育活动的时间次数会受到影响，间接地会影响居民对休闲体育的体验效果；二是城乡与贫困地区的体育设施数量和质量存在较大差异；三是居民消费水平有差别，部分企业在确定价格和营销策略未考虑居民消费水平，使消费水平低的居民对休闲体育活动望而止步，导致休闲体育资源的浪费。

由于城市规划建设缺乏预测性，致使城市休闲体育空间分配不均、资源闲置浪费，如何更好地利用现有的资源，合理地规划休闲体育空间迫在眉睫。比如，为进一步满足长株潭城市群休闲体育增长的需求，各类休闲体育场所数量大幅增加，但是长株潭城市群休闲体育空间严重不足，不仅影响了城区公共体育整体服务水平，同时也是制约居民参加体育锻炼的重要原因。长株潭城市群休闲体育空间呈现出"核心—边缘"的结构特征，普遍存在内"优"外"患"的情况。再比如学校体育场地只在比赛和教学等特定时间利用，其他时间处于闲置状态，不仅造成了资源的浪费，也阻碍了休闲体育的发展。

(3) 长株潭城市群的区域经济发展相对不平衡

当前我国贫富差距逐渐缩小，但少数区域的人民生活水平和质量未能得到有效提高，少数贫困地区的居民认为休闲是一种可望而不可即的活动。只有当人们不再为经济问题而烦恼时，才能实现休闲生活的美好愿望。

长株潭地区区域经济发展极不平衡，地域差异显著。经济发达地区主要集中于长沙所辖地区，基于地缘、政治等优势，长沙市所辖区县或市一枝独秀，综合实力最强。株洲地区由于部分区域距长沙较近，受省会城市扩散效应和涓滴效应明显，吸引外资较多，固定资产投资额大，财政与居民收入较多，部分地区经济发展水平较高导致经济发展两极分化严重，区域差异较大。湘潭地区城市化水平高，工业相对发达，二、三产业产值高，人均 GDP 较高，居民消费能力较强，对区域经济的促进作用明显。从区域经济情况看，长株潭城市群发展不平衡，致使休闲体育发展也不平衡。

(4) 长株潭城市群休闲体育专业管理人才稀缺

由于休闲体育产业处于萌芽阶段，各方面条件有待完善，特别是在师资力量配备方面。一方面，现有的休闲体育教师团队不够专业，大多数是由专业体育教师兼职,对休闲体育的认知有所不足,并且在休闲体育授课过程中存在偏颇现象。另一方面,休闲体育教师培训体系不完善,缺乏对休闲体育教师的全面培训,这直接影响休闲体育教师的专业素养和授课质量。同时,休闲体育教师能力不足,无法满足社会的需求。休闲体育是一个综合性的学科,需要教师深入学习钻研,提高自身修养。

根据社会对休闲体育专业人才的需求,应针对市场需求采用科学的方式,对人才进行培养,进一步明确培训目标与指导思想,并结合实际构建合理的培训系统,进一步完善实践教学模式。同时,完善考核与晋升机制,对教师专业素养与教学水平进行全面考核,强化休闲体育教师人才的引进和培养。

(5) 长株潭城市群休闲体育总体发展服务水平不高

长株潭城市群休闲体育已取得一定的发展,但从总体布局分析,休闲体育发展存在一定的不足:一是休闲体育产业发展总体上仍处于起步阶段,产业基础较薄弱,产业规模偏小,服务监督机制缺位,不符合大型赛事举办的条件,限制了休闲体育产业的发展。二是休闲体育服务资源不足,资源规划不合理,利用率较低,场地设施不完善。休闲体育资源主要集中在经济较发达地区,设施设备严重超标,而贫困地区休闲体育设施设备相对较少。三是休闲体育服务费用标准高,休闲体育运行体系不协调,各部门相互独立。四是长株潭城市群休闲体育规划不完善,政府扶持政策的执行力度较弱,社会资金投入较少,休闲体育产业的发展已严重落后于当前经济的发展。五是休闲体育发展规划缺乏系统性、全面性、科学性,行业发展投入不足,政策激励与相关扶持政策较为缺失。

(6) 长株潭城市群的体育理论研究阶段性发展

我国对休闲体育发展较为重视,且有着悠长的发展历史,但是我国对休闲体育的研究较为有限,理论基础不够充实,尚未有系统性的分析,其主要的研究方向是休闲体育的概念、休闲体育产业等方面。

截至 2015 年,中国知名 CSSCI 期刊网收录休闲体育期刊共 176 篇。从图1.1 可以发现,2007—2010 年,CSSCI 期刊上的休闲体育类文献数量呈直线上升趋势,在 2010 年达到顶点,表明随着经济的不断发展,社会的不断进步,休闲体育日益受到国民的关注与青睐,实践的不断发展推动理论的进一步深化。除2013年外,2011—2015 年,休闲体育论文的发表量呈现出持续放缓的趋势。

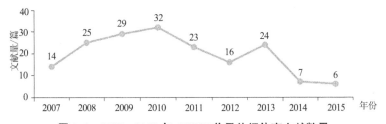

图 1.1　2007—2015 年 CSSCI 收录休闲体育文献数量

对 2007—2015 年 CSSCI 期刊上休闲体育文献研究主题的变化趋势做了线性分析，如图 1.2 所示。对比其他年份，2010 年与 2013 年对"休闲体育发展"研究主题数量较多。2009—2014 年，"休闲体育产业"研究主题数量大幅度下降，2014 年《国务院关于加快发展体育产业 促进体育消费的若干意见》发布后，"休闲体育产业"研究主题数量才有所上升。

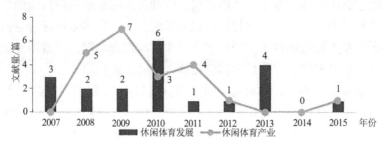

图 1.2　2007—2015 年休闲体育类文献数量变化曲线

1.1.2　研究意义

（1）理论意义

第一，休闲体育与实现人身价值密切相关。休闲体育在人的一生中扮演着重要的角色，休闲体育是一个持久的发展的舞台，是一个人提升自身价值与自我完善的思考空间。休闲体育不仅促进了社会经济的发展，也促进了社会文明的进步，关键在于为人类构建了一个和谐美丽的精神家园，让人类疲惫的心灵有了归宿。休闲体育的发展通过特殊的方式将自身特有的价值赋予人的行为活动，有利于人在行为活动中追寻自身价值，在社会活动中保持一定的独立性和自主性，形成真正的人格力量。

第二，休闲体育空间结构演变对城市体育生活空间的规划与建设具有重大的理论意义。通过对休闲体育空间结构发展历程、现状以及动态变化的分析，把握休闲体育空间结构发展规律与现状，进一步推进空间优化发展趋势，来完善区域内休闲体育产业开发布局策略。因此对休闲体育空间结构演变的研究既符合城市发展的主观需要，又符合促进全民健身的客观需要。

第三，休闲体育空间结构演变研究对城市生活圈理论体系具有理论贡献与补充意义。综合研究城市空间理论、时间地理学理论和都市生活圈理论等理论知识，据此形成以城市空间结构演变为地理基础的城市休闲体育空间理论创新，综合开拓城市休闲体育空间结构演变的基础理论，提升休闲体育空间在城市规划中的地位，满足居民锻炼需求，为城市居民提供高质量休闲体育资源与服务，也进一步丰富了城市生活圈理论。

第四，运用多种理论方法研究城市群休闲体育空间结构，具有学科交叉的特点，有助于提升和创新休闲体育空间结构的理论来源和方法论来源。运用复杂系统科学方法论,在研究的方法论方面进行了一定程度的创新。在已有的文献资料中,休闲体育研究未能建立一个完整的空间结构体系,因此合理规划城市群休闲体育空间结构,就要求我们必须用新视角、新思维、新方法的思维,对城市休闲体育空间结构进行系统分析和研究,对现行的休闲体育理论进行深化、完善和拓展。

(2) 现实意义

第一,休闲体育是体育经济发展的必然要求,有利于提高居民体育消费水平,根据居民休闲体育的周期长短制定合理的发展对策,调整产业结构,创建新型体育市场。其中,城市休闲体育空间结构演变及优化研究有利于提升城市居民生活质量,有利于提高城市居民休闲体育消费水平,有利于促进休闲体育产业的发展,有利于缓解就业压力,进一步完善服务体系,增强群众参与休闲体育的欲望,有利于社会经济的平稳发展。

第二,休闲体育在发展过程中有利于城市化、城镇化建设,有利于长株潭城市群"两型社会"的建设。在城市化、城镇化建设过程中,整合长株潭城市群区域休闲体育产业,发挥集聚效应,推动长株潭休闲体育产业的开发,同时,为长株潭城市群休闲体育产业构建总体模型与开发模式。发展休闲体育产业是丰富人民精神文化生活的坚实基础,是有效提高全民素质的重要保证,符合"两型社会"建设的要求,顺应"生态健身"体育的趋势,促进长株潭城市群的建设。

第三,休闲体育发展助推长株潭城市群休闲体育生态化发展。注重长株潭城市群休闲体育空间的生态效应,改善区域生态问题,有利于创造优质的自然环境;有利于打造协调的人工自然生态系统,为人民提供舒适的户外环境;有利于刺激群众参与休闲体育,营造和谐的休闲氛围。

第四,休闲体育是体育发展的自身要求,提高个人素质修养,增强体魄,缓解压力。从个人角度分析,当人体负能量积累到一定程度时,可能产生紧张不安的状态,休闲体育有利于人们缓解压力,使人们得到满足和快乐,即精神上的快乐。从社会角度分析,休闲体育可以为参与者提供一个良好的社交平台,增强参与者的社交机会。从运动学角度分析,参与者根据自身情况进行适量的锻炼,可以提高参与者新陈代谢功能,提高身体各项技能,有利于增强自身体魄。

第五,休闲体育的文化价值。随着我国人民生活水平的提高,居民在对休闲体育的认知方面得到了提高。休闲体育对调节参与者的情绪有着明显的作用,能够培养健康的心理,有利于满足人民群众的精神文化需求,有利于人们的身体健身和身心愉悦。同时,休闲体育促进了人的全面发展和社会的和谐稳定,推动社会良好风气和正确价值观的形成与建立。

1.2 国内外研究综述

立足于长株潭城市群休闲体育发展的现状，从三个方面展开分析：第一，从休闲体育、休闲体育空间布局、休闲体育空间合理化等方面进行研究；第二，深入分析休闲体育的研究现状以及对当前休闲体育发展产生影响的相关文献；第三，研究国内外休闲体育发展的有关文献，为后续研究提供坚实的文献基础。

1.2.1 国内外关于城市空间的相关研究

（1）国内外关于城市空间的相关研究

国内学者对于城市空间基本理论的理解大体上可以分为两大支流：一支是在城市历史发展的基础上研究城市发展，另一支通过国际城市历史发展分析城市空间。不同的专家对城市空间有不同的定义。房艳刚、刘鸽、刘继生（2005）认为在中国城市发展基础上城市空间是大多数人从事贸易活动所形成的具有特色功能的空间。朱东风（2005）认为中国特色城市空间是大体上以政府为核心向周边辐射扩散的发展模型。张建（2005）从国际城市历史发展方向提出城市空间是以交流、贸易、居住、交通等各有特色功能的区域组成的大空间。黄亚平（2002）认为城市空间组织模式核心由城市物质空间与该环节中的社会、经济、文化活动的相互影响所决定，城市空间涵盖物质、社会、生态、认知和感知等多种性质，全面的城市空间理论包含了城市空间、城市空间结构与空间形态。各区域物质基础与功能互融合，使其产生由行为、学习、休闲、购物等构成的空间。从经典地理空间理论来看，城市空间内容由城市空间、城市空间结构和城市空间形态组成，以空间的构成要素、尺度、主体、过程、类型、结构等为主要研究方向。

多数学者将城市空间从人类生存方面进行了区分和诠释。因社会各方面发展和居民需求的变化，仅从某一层次来诠释，会出现不足，但整体上能简述现阶段的城市空间。对于城市空间的研究层次可以概括为以下几点：基于城市建筑、设施要素，将城市的重要建筑设为城市规划的中心，运用中点对城市进行设计，目的在于划分主副空间；基于城市经济和科学技术，空间规划使当地社会整体发展更方便；基于现代文化和信息发展，实现城市的绿色发展，缓解城市内因技术更新、居民需求变化带来的矛盾。

以上研究角度皆为各社会发展阶段关注的核心。本书的城市空间结构理论融合了基于社会、自然环境、人的关系和基于城市建筑、设施要素关系的城市空间结构理论。

城市休闲体育空间发展方向研究。郑华（2009）发表的《后奥运时代我国城市休闲体育空间发展趋势探讨》，是如今已知最早对城市休闲体育空间研究的论文，作者从文字的直译和空间结构的目的和功能入手，认为城市休闲体育空间的定义是为城市活动群体参与和观看休闲体育活动提供城市公共空间，从社会综合发展方面阐释了城市休闲体育空间的重要性。城市休闲体育空间一定程度上体现出城市的经济发展水平、文化特色和居民的精神面貌，可视其为城市的一大特色，提升城市吸引力和影响力。北京夏季奥运会后，城市内的体育设施的大量建设，不仅使得城市居民的锻炼热情高涨，且向全球展示了中国强大的国力、多彩的体育文化和全民健身的国家计划，向世界展示了不一样的中国。作者分析奥运会对国家政策、城市空间和居民的影响，较为完整地提出了今后我国城市休闲体育空间的发展方向，因当地经济发展水平条件，空间建设必定是先汇集资金建设有综合职能与环境相协调的场地设施，以满足城市居民的各种需求。在此基础上，使中国民族文化特色的空间得到发展。

休闲体育理论视角下的空间研究。杜霜霜、程心怡（2011）等率先提出休闲体育的定义，并分析休闲体育对城市文化和女性的影响，得出休闲体育空间在城市空间中的重要性。

社会视角下的空间研究。常乃军、乔玉成（2011）在社会学的基础上，首先分析研究中国社会在近期的变化，再分析在社会转变中怎样建设城市休闲体育空间。中国在经济科学高速发展的同时，也使城市居民间的经济文化水平产生了差距，收入高的居民有足够的经济条件享有住进学区房、大学城区等服务资源，低收入居民却隅于城市一角，因人口众多，难以提供充足的公共资源。针对这种现象，作者认为要发挥政府在公共服务、地价及空间扩大方面的作用。

休闲体育行为下的空间研究。王茜、苏世亮、苏静（2005）主要研究了在人与空间相互作用和影响的基础上，城市休闲体育空间的发展。不同年龄层、民族、文化思想的居民对休闲体育的需求也有所不同，对空间的诉求也会有分歧，在此基础上怎样平衡各人群的休闲体育需求去建立合适的休闲体育空间。

地理数据下的空间研究。王茜（2015）使用电脑工程软件得到城市空间使用率及地理特性等数据，通过评价城市休闲体育空间进而提出空间建设的优化意见。

设施布局下的空间研究。潘春宇（2017）认为应在充分研究生态资源及其承载力的前提下，保持经济性、可达性、公平性等价值原则，根据社会行动理论从主体目标定位、动力源开发、控制调整、整合评估等方面构建体育设施空间布局优化的机制体系。

城市文化下的空间研究。翟强（2014）认为城市休闲体育空间和文化品位是辩证统一的。城市休闲体育空间的文化特征体现了城市文化品位，进而促进了城市文化品位的提升。

国外发达国家对城市休闲体育空间的研究主要集中在美国、英国和法国。20世纪初，三个国家的学者依托较成熟的学术环境和城市空间发展，整合了早期和零散的研究成果，构建了较为完整的研究体系。

国外研究最早是从休闲商业化开始，之后扩展到城市休闲体育空间。由于欧美国家崇尚资本积累，生活的各方面都融入了经济因素，而休闲产业则是其中最具经济效益的产业。20世纪90年代初，唐湘辉（2010）通过数据调查提出美国居民在休闲方面的消费大于1万亿美元，休闲消费在美国居民总消费中占较大比重，休闲活动带动了休闲产业的发展。由于休闲产业资本积累，休闲产业得到全面扩展，城市休闲体育空间日趋商业化。

讨论哲学化的相关理论。20世纪末，随着信息技术的发展，工业化时代逐渐被信息化取代，社会进入早期的休闲时期，对休闲理论的研究打破了之前的商业化休闲理论，逐渐增加了人性化、科学化、哲学化的研究。新增内容的休闲理论关注的主要问题是：随着休闲时间和活动增加，人们对社会价值的认识是否会有新的问题。王益澄、马仁峰、邓星月（2014）认为如何平衡个人休闲与其在生活各环节之间的关系，政府应该如何制定政策来规范休闲相关产业。

讨论休闲在全球发展的现状及其与全球化的相互作用。在全球化的趋势下，新的研究核心是如何建立合适的城市休闲体育空间以及怎样进一步推动休闲产业的发展。有少数学者将人们遵循环境引导的心理学融入公园设计中。孙浩（2012）指出美国的《高尔夫球场设计》与日本的《社区体育标准》分别是介绍高尔夫球场的周边规划和对小型社区级体育公园的配套设施的相关方面规定。扬·盖尔（2002）在他的《交往与空间》中提到，进行室外公共空间设计要符合景观设计的最基本原则，也要考虑人们最普通的需求。

比国内外研究现状，国内休闲体育空间的发展主要由政府组织推动，主要以政府建设的休闲体育空间为主要载体；而国外主要由商业化推动，以商业化休闲体育场所的形式为主。在休闲体育空间相关的理论研究上，与国外相比我国研究角度小，但我国在公园休闲体育空间发展方面也有着国外所不具备的优势，那就是将传统文化和多民族民俗结合发展区域特色休闲体育空间。我们应该借鉴国外休闲体育空间的经验，在人性化设计的基础上，结合心理学和个人需求，构建一个更加适宜和人性化的休闲体育空间。

（2）国内外关于城市公共体育设施的相关研究

关于城市公共体育设施布局理论研究。大多数学者对体育设施布局的相关问题进行研究，提出了相应的理论基础，毕红星（2012）认为运用"点—轴系统"理论模式构建城市公共体育设施布局会对区位空间发展有更好效果。马志和（2004）提出探讨城市体育设施空间布局规律和基本原则，要结合经济地理学的"中心地理论"。张宇飞（2012）等针对我国目前城市公共体育建设的问题，认为我国城市公共体育设施规划布局与"点轴网"理论契合并提出可行性建议。

对城市公共体育设施布局现状的研究。我国许多学者对城市公共体育设施布局相关的课题进行研究，发现现阶段关于城市公共体育设施布局存在诸多的问题和不足。张宇（2015）对目前体育公共设施布局存在的问题进行研究，蔡玉军（2012）等则以上海为例进行研究。

城市公共体育设施布局规划研究。钱文军（2011）等认为区级公共体育设施规划主要具有以下缺陷：法律地位不明确、城市区域规划的功能定位不明确、发展目标不明确。张云（2009）等分析了传统体育场馆空间规划布局的不足，并针对城市体育场馆规划提出了建议。

城市公共体育设施布局影响因素的研究。蔡玉军（2015）等提到了多个影响因素，包括区域的可达性、城市人口的分布情况、消费水平不同的群体需求以及城市今后的总体规划等。张文新（2004）通过以人口作为媒介预测了城市公共体育场地的布局方向。

城市公共体育设施布局的演变研究。孙成林（2013）等将我国今后的体育设施政策分成了7个小的阶段，并发表在《新中国体育设施政策演进研究》中。杨风华（2014）等在《我国公共体育场馆政策法规演变研究——基于有效供给理论视角》中详细说明了我国公共体育场馆政策的演变过程。杨坤（2012）在《我国城市公共体育设施发展的演进历程》中从时代历史、规模布局、功能结构、配套设施和管理模式演进等方面阐述了我国公共体育设施的发展进程。

城市公共体育设施供给与需求研究。李蓉（2009）通过案例分析对当地城市发展规划存在的问题提出了很多建设性的意见。申培新（2014）通过大量研究发现了发展不平衡、土地资源不足、设施类型单一、功能不全等相关的问题。同时，张金桥（2013）等也在《我国公共体育设施供给时间的内在逻辑》中阐明公共体育设施供给的内在规律和相关性。

城市公共体育设施建设与城市建设关系研究。汤延军（2008）从正反方面阐述城市发展中现代体育设施建设的局限性与积极性。胡振宇（2006）结合实例在博士论文《现代城市体育设施建设与城市发展研究》中论述了现代城市发展与城市发展体育设施建设的关系。李荣芝（2010）在研究中表明体育设施建设对城市发展具有积极影响。

城市公共体育设施建设与城市融合发展研究。刘熹熹（2012）借鉴国际经验，在案例调查的基础上分析了体育设施现状，并发现其中存在的问题，针对规划和管理层面提出有价值的建议。于晓琳在其硕士毕业论文中结合当地社会与自然因素等，研究了兰州当地休闲体育圈，并基于社会发展对居民在体育生活方面提出了合理规划。这类研究学术价值高，但到目前为止数量少。

国外城市社区体育设施建立研究。国外社区体育建设资金由家庭、企业、博彩支持，政府起到主导作用，相对完善。郑皓怀研究发现，由于在设计过程中充分考虑到赛后市民的各种需求及与周围环境相结合的因素，所以建于20世纪70年代的德国慕尼黑体育中心深受人们的喜爱，满足了其休闲健身的需求。

国外体育场地布局研究。国外，尤其是欧美发达国家，对体育场地的规划研究大约源于20世纪末。Linebrry等在城市基础服务设施研究过程中提到优化体育场地具有促进城市公共服务的作用。

国际上对于体育场地布局的研究主要集中在以下方面：

第一，体育场布局对地方经济的影响研究。Melaniphy（1996）认为体育场地建在城市中心区域有积极影响。Lamb（2010）依托苏格兰地区体育设施的分布状况，得出经济与设施数量的关系，但未明确诠释其关系。

第二，体育场地布局发展演变阶段研究。Richards（1999）论述体育场地布局变化模式是旧体育场地融合与新体育场地建设。

第三，影响体育设施分布因素研究。Feyzan（1997）提出体育设施特点是公共体育服务设施的主要影响因素，Ross（2009）认为人口密度、场地最大可用范围、可达度、街道布局是主要研究的方面。

第四，体育设施分布的实例研究。国外学者在分析运动案例的基础上，对相关问题进行实证研究。Liu（2009）认为应依托地理信息系统，研究不同收入人群与场地格局的均衡程度。

第五，体育设施分布策略研究。Raymond（1997）研究美国建设场地融资方式，Bachelor（1997）研究体育馆场所选择，以及带动周围综合发展的方式。

(3) 国内关于城市区域体育服务发展的相关研究

北京是研究区域体育服务业的重点试验对象，另外上海、广州、杭州等城市也有所涉及，其研究重点是区域体育服务业发展的现状和问题，以及城市休闲体育发展对城市整体规划建设的意义。

方春妮、刘勇（2010）以北京、上海为研究对象，分析我国城市服务业发展。北京市是以城市总体建设布局与功能区域定位为研究主体，通过规划体育服务业区域实现城市体育的发展，而上海以体育赛事为中心，促进体育专业分工与产业发展，也为上海相关产业带来巨大经济效益。付群、肖淑红等（2015）提出北京市体育产业发展雏形已形成，发展速度较快，但行业发展前景不稳定，产业结构不合理，劳动生产率水平较低等问题。彭冲（2015）对北京市体育发展影响因素进行深入分析，提出有效治理措施，他认为北京体育产业市场化程度较低、产业结构不合理、产业规模较小、发展环境未完善，认为未来北京体育发展应突破重点，完善产业体系与投融资体系，优化产业空间结构布局，提高产业市场集中度。

范玉川（2013）在分析上海市体育产业资源与区位因素的基础上，明确提出上海市体育产业发展目标，制订城市整体发展计划，创新发展模式，促进产业结构升级，提高体育服务质量，大力发展休闲产业，提升体育服务产业管理水平，打造国际体育品牌，进一步完善相关法律法规。

郑其适（2013）以杭州市为研究对象，对杭州市体育产业发展的现状和问题进行全面分析，认为杭州体育产业发展速度较快，市场规模进一步扩大，其中体育竞赛发展最为突出，民营资本投资规模快速增长，但缺乏政府扶持，体育专业管理人才与设施也缺乏，限制了杭州市体育服务业的发展。在未来应增加宣传力度，提高全民健身的意识，培养专业人管理人才，增设体育产地与设施，营造良好的社会氛围。

杨晓生、余永慧（2010）以广州市体育产业调查数据为基础，探索广州市体育产业发展路径。广州市体育产业规模主要以中小型为主，市场机制不完善，体育产业以体育用品销售为主，产业发展缺少创新性，缺少政府支持，阻碍了广州市体育产业发展。未来应以产业集群为发展模式，构建区域一体化，完善市场机制，营造良好的市场竞争氛围。

郝思增、陆亨伯等（2015）发现宁波市体育服务业与体育产业发展不平衡，政府政策不完善，管理水平不足，产业集群品牌知名度较低，体育消费市场缺乏活力，认为产业发展应以政府为导向、社会与企业参与并调节的模式，应以人为核心，完善产业结构，合理布局产业区域，完善相关配套政策。

1.2.2 国内外关于休闲体育的相关研究

（1）国内外关于休闲体育的相关研究

中国对于休闲体育的研究较晚，并且定义不一致，这是中国休闲体育目前遇到的最大问题。周兵（2001）曾在《休闲体育》一书中提道："休闲体育是人们在闲暇时间所进行的，以满足自身发展需要和愉悦身心为主要目的，具有一定文化品位的体育活动。"卢峰（2005）曾在《休闲体育学》中对休闲体育进行全面的分析和概括，并提到"休闲体育是在相对自由的社会生活环境和条件下，人们自愿选择并从事的各种形式的体育活动的总称"。句段中的"相对自由"既强调自由在社会人中不是绝对的，也强调在社会生活和条件下，每个人都可以有自由支配的时间和空间等条件。其中"社会生活环境和条件"包括多个方面，主要有物质、人文环境，在这样的环境下，其中的休闲元素又包括多个层次，比如自由时间，经济能力等。卢峰还认为在体育活动中，任何元素都可以成为休闲的内容和休闲体育的重要组成部分。

卢元镇（2004）在《社会体育导论》中定义："余暇体育也称休闲体育，是人们怀着自由自在的心态，在余暇里所参加的一种并不带有特定目的的，不拘一定形式的身体娱乐活动。"他认为社会体育与休闲体育有一定的相似也有一定的本质区别。石振国和田雨普将休闲体育又定义为"人们在闲暇时间里自愿参与，自主选择的，以身体参与为主要手段，以缓解压力、恢复体力、娱乐身心、调节情绪、强身养生为主要目的的一种科学健康的身体活动方式"。

近年来，休闲体育引起了众多学者的关注，他们从多个层次与角度对休闲体育进行探讨。

第一，休闲体育时空特征的研究。金银日、姚颂平、蔡玉军（2015）在《上海市居民休闲体育时空行为特征研究》中采用问卷调查的研究方法，以上海的居民为研究对象进行调查研究，研究表明居民的活动空间具有圈层、活动需求差异化、出行空间广域化等特征。

常乃军、乔玉成（2011）在《社会转型视域下城市休闲体育生活空间的重构》中从两个方面——城市居民休闲方式的特点和社会转型期城市休闲体育空间结构，对城市休闲体育生活的特征与机构进行深入分析，同时深入分析特殊时期休闲体育空间的发展过程，构建城市休闲体育空间模式，并对其提出合理的对策。

郭修金（2013）在《休闲城市建设中休闲体育时空的调控设计与规划整合》中以杭州、上海等休闲城市为研究对象，对城市空间进行整合规划。研究结果显示，城市管理者要充分结合城市生态环境、地方传统文化和市场环境等影响因素，既要充分挖掘休闲体育空间资源，也要保证广大市民对休闲体育活动的时间需求。

第二，休闲体育消费行为的研究。刘瑾（2014）在《浙江城市居民休闲体育消费的行为特征研究》中采用问卷调查的方法，从社会阶层角度出发，以浙江城市居民为研究主体，对休闲体育消费行为特征进行研究，其特征主要包括居民价值观、消费需求、参与程度、休闲体育消费意识等。

张越（2008）在《城市居民休闲体育消费行为研究》中采用问卷调查的方式，对宁波、杭州与温州的消费现状进行研究，其结果显示，不同阶层的城市居民参与并开展活动具有差异性。他提出，各级政府要大力支持，加强休闲体育的教育，增加建设投入，发展体育产业，优化产业结构；相关企业根据市场消费实际情况，优化产业结构，合理定位企业品牌特色，创新开放新型产品，并对未来发展规划提出合理建议。

第三，休闲体育动机的研究。张振飞（2009）在《北京市部分城区中年男子参与休闲体育动机的调查研究》中，对北京城区部分中年男子抽样进行问卷调查，主要研究参与休闲体育的动机和所带来的影响因素，其结果显示参与的动机包括身心健康、精神生活、社交等。

严昌亮（2015）在《通化地区城市居民休闲动机与生活满意度的关系研究》中，通过问卷调查法、文献资料法、数据统计法等多种方法，以"休闲动机""生活满意度""社会人口学特征"构成问卷调查，并运用方差分析、相关性分析等分析方式，调查参与者的休闲动机和生活满意度之间的关系。首先，对变量因子之间进行解析，对未满足要求的事项进行删除，构建完整系统框架。然后，与休闲体育各个因素比较，其中内部动机的标准差最小，不同职业、不同性别、年龄、健康状况等方面具有不同程度的差异性。最后，得出结论休闲动机与生活满意度具有相互预测作用。

国外关于休闲体育的相关研究。休闲体育与休闲的发展是密切联系的，与人们的生活与社会环境相关联。国外休闲体育的产生与发展较早，《荷马史诗》是人们认识了解休闲体育的一本书，里面记录着古希腊人生活中的各项竞技运动，例如拳击、角力与射箭等。公元1世纪，西方国家的贵族中出现一种休闲娱乐的教育方式，其中包括狩猎、游泳、骑马、弈棋等内容。休闲学说起源于美国，其重要标志是1899年凡勃伦发表的"有闲阶级论"，他以经济学角度研究休闲，认为休闲是一种生活方式和行为方式。继他之后，大多数学者分别从社会、教育学等角度对休闲体育进行研究。荷兰学者赫尔津哈发表《游戏的人》，认为人的文化和文明的本质是游戏。美国学者波瑞特比尔发表《以休闲为中心的教育》，提出随着人们物质生活水平的提高，闲暇时间的增多，以及社会不安定因素越来越多，人民只单方面地注意到工作的伦理，未关注休闲发展的伦理。戈比的《你生命中的休闲》一书中，从时间、心态、行为、生存状态等角度对休闲进行分析，并对中国在21世纪面临的机遇和挑战做出全面的解析。凯利在《走向自由——休闲社会学新论》一书中对西方国家科学研究中常见的有关休闲理论做出比较全面的分析，提出休闲应被理解为一种"成长"，是一个人全面发展与社会进步的深度空间，是一个人最重要的发展平台。亨德森等人发表了《女性休闲——女性主义的透视》一书，采用社会心理学的研究方式，研究女性休闲的重要性、女性休闲与社会发展关系以及有关制约女性休闲的关键因素等不同层面的问题，开创了女性与休闲的新领域。他在当前世界人口、环境、经济、文化、科技等变化中预测，未来休闲的中心地位将进一步加强，休闲观念也会发生本质的变化，其休闲经济利益进一步增长。

（2）国内外关于休闲体育产业的相关研究

国外许多学者对体育及相关产业进行了多方面的研究。Alfie Meek（1997）研究表明美国的市场经济体制助推了体育产业进入商业领域。David Broughton（1999）在研究现代体育的功能时，发现体育的心理、生理、社会、文化功能，逐渐成为一种满足垄断资本增长的商业需要。Frank L. Hefner（1990）将投入产出模型运用到体育产业中，研究体育产业与经济之间的内在联系，分析经济要素的投入对体育产业的发展。David Shilbury（2000）以欧美国家网络足球的联赛为研究对象，指出其应该具备的条件和集群的特征描述，发现体育产业集群是一种由多元素构成的经济网络。奥地利因斯布鲁克大学的Klaus Weiermair教授（2003）研究证实，提高社会生产力的重要因素是以健康旅游业的发展推动体育产业发展。瑞士学者Sara Nordin（2003）通过研究冰雪旅游业产业集群发现，促进冰雪旅游体育业发展的重要因素是提高服务产业的创新力和竞争力。Kristian J. Sund（2004）以瑞士体育旅游为研究对象，研究发现旅游体育是发展体育产业的重要因素之一。Cristiano Ciappei（2004）在研究体育产业集群中，以英国西北部地区旅游产业为研究对象，分析发展体育产业的必要性，并对其发展经济提出相关建议。阿尔伯塔大学的 Brad R. Humphreys（2010）提出休闲体育产业与其他产业的规模具有差异性，其难度系数较大，并且它涵盖的范围较广，其中包括国民收入和产品账户中常见的经济活动分类。

关于体育产业的研究一直是国内学术界的重要研究方向之一。近几年，国内的学者对体育产业的相关研究主要集中在以下四个方面。

第一，围绕着体育产业发展现状、存在问题及对策建议展开相关研究。魏建建（2013）对我国的体育产业发展现状进行研究，发现我国体育产业存在以下问题：GDP 贡献少、从业人员少、外资利用水平不足、内部结构失衡、居民消费水平低、优惠政策不到位。杨丽丽（2013）运用区位熵、产业结构多样化指数、偏离—份额分析法等多种方法，对我国体育产业的结构及现状进行分析，并在此基础上提出了优化我国体育行业的对策建议。易剑东（2016）解读了《国务院关于加快发展体育产业 促进体育消费的若干意见》，并在此基础上对我国体育产业的现状、机遇与挑战进行了深入的分析。钟泽、林凤丽（2016）阐述了我国体育产业的发展现状，并深入分析了我国体育发展遇到的问题与机遇，针对遇到的相关情况，提出了能够加快发展的政策。荆林波（2016）通过梳理和归纳我国体育产业的特征，发现我国体育资源供给与体育需求不匹配、区域发展不平衡，产业结构和产业布局不合理等问题。李欣（2015）在《全民健身视角下休闲体育产业发展的现状及对策》中，以天津滨海新区居民不同年龄阶层的人作为研究对象进行研究，发现以下问题：①体育健身者以青少年和老年人居多，中年人较少；②健身者每次都可以坚持 30min 到 90min；③活动时采用的都是较传统的运动项目。通过对这些问题的分析研究，提出了相关的对策。李春田（2011）通过对我国体育产业发展现状和发展的因素进行分析，提出了能够加速我国休闲体育产业发展的有效措施。马宇飞（2014）在以全民健身为时代背景的《全民健身视角下我国休闲体育产业发展的 SWOT 分析与对策研究》一文中，通过 SWOT 分析，了解我国体育产业的发展现状，并得出其中存在的优势、劣势、机会与风险；还从产业发展的角度，对休闲体育的现状进行调查分析并提出相关对策和建议。

第二，围绕着体育产业的影响因素展开相关研究。黄希发（2008）通过研究科技创新对体育产业的作用，阐述了体育科技创新可以促进体育发展的多种效应，并通过分析我国体育科技对体育产业支撑不足的现状，发现了导致这种现状的主要原因。朱洁（2011）以产业的需求和供给为出发点，研究了经济要素、社会要素、产业生产要素等对体育产业发展的影响。纪海波（2013）通过结构方程模型对体育产业集群的影响因素进行了分析，指出区域优势、政府行为因素、产品和产业链因素等对体育产业集群发展都具有积极的影响。薛琨（2014）利用因子分析法对山东省体育产业竞争力的影响因素进行研究，得出结论：政府因子、消费因子以及产业环境因子是影响山东体育产业竞争力的主要因素。杨强

(2016）将经济环境、体育资源和政府支持归纳为影响我国区域体育产业竞争力的三大主要因素。汪艳（2016）采集全国22个省域2003年到2014年体育用品制造的样本数据，然后利用空间计量模型，研究投入的主要要素及专业集聚对其增长的影响。任波（2016）对中国体育产业竞争力与发展经济之间的关系进行研究，发现两者在长期处于均衡状态，但是短期内经济发展水平会影响产业的竞争力。张欣（2017）研究发现体育产业竞争力的大小主要来自四个方面，分别是市场需求、政策因素、人口因素以及经济和技术因素，并且他从理论上对这四个方面进行了详细的论述。

第三，围绕着体育产业综合发展水平（竞争力）展开相关研究。王先亮等（2015）以"调结构和增效益"的部署作为研究背景，明确休闲体育产业的特征，然后根据其特征研究其价值布局和区域布局。通过对休闲体育产业的研究发现，要发展休闲体育产业，并且把握它的特征，明晰它的价值链，优化它的现有价值链的布局，然后充分发挥其区域优势。田志琦（2012）等根据波特的"钻石模型"理论，从六个方面分析体育产业的竞争力，分别是生产要素、国内需求、相关产业及其支持性产业、企业战略与结构及竞争状态、机遇、政府，以这六个方面为基础，提出提升我国休闲体育产业竞争力的相关对策。丁文（2011）等认为体验经济主要是为了满足个体情感以及自我需要的一种新的经济形式，它能够为休闲体育的发展增添新的内容，所以我们要充分开发并利用资源，提升产品的质量，提高人文素养。董晓春（2012）用"钻石模型"讨论了我国体育产业竞争力的发展要素，并对其现状和内涵进行分析。朱汉义（2013）对长江三角地区的江苏、上海、浙江的体育竞争力，用层次分析法和灰色关联分析法进行了综合评价。戴维红等（2013）通过特尔菲专家调查法，对全国10个省份的体育用品、制造销售、体育服务、体育建筑及整体体育产业的核心竞争力进行研究。刘贯飞（2013）从全国选择7个省作为研究样本，然后从经济因素、政府投入因素、人口因素、体育资源因素等四个方面构建指标体系，采用熵值法、层次分析法对七个省进行体育产业竞争力的实验研究。闫琳琳（2014）用综合评价指标体系，采用因子分析法评价了河北省各个地区的体验产业竞争力。胡效芳（2014）从产业发展水平、经济发展水平、市场研究基础构建中国体育产业的区域综合评价指标体系，并运用因子分析法对31个地区进行了实证分析。张铖、陈颇（2015）为获得体育产业核心竞争力的评价指标体系，采用了模糊综合评价法，并进行了理论探索。江珊（2017）通过对我国31个地区的相关数据采集，再通过聚类、因子分析对不同地区的体育产业竞争力进行分析，得出相关结果，发现我国体育产业综合实力大体上是"东强西弱"的发展状态。

第四，围绕着体育产业政策展开相关研究。易剑东和袁春梅（2013）为构建体育产业政策执行效力评价指标，通过运用分层分析法对评价指标赋予权重，然后通过模糊综合评价方法对它的执行效力进行综合评价。郑志强（2014）通过对我国中央各级政府制定的体育产业政策进行比较研究，根据比较结果得出关于我国体育产业的相关政策建议。姜同仁（2016）通过研究新常态下我国体育产业政策演变的趋向，提出"十三五"时期是我国体育产业政策制度、体制改革、公平环境和动态评估的好时期。陈晓峰（2017）指出，我国现如今的体育产业政策主要是政策内核系统"双重问题叠加"、主体逐渐清晰、系统结构失衡的局面。牛莹（2017）将体育产业政策实践划分为五个阶段，即孕育阶段、萌芽阶段、起步阶段、形成阶段、发展阶段，并通过特尔斐法、层次分析法，对体育产业政策效应评价模型进行了详细的政策分析。

（3）国内关于休闲体育服务业的相关研究

近年来，体育产业的作用在不断被挖掘，特别是在建设健康中国、保障和改善民生等有关方面。国家对体育产业也提高了重视程度，特别是对体育服务业发展。学者也对体育服务发展产生浓厚兴趣，其主体围绕体育服务业发展的制度约束、整体发展概况及现在存在的问题进行研究。

有关政策制度研究。霍德利（2011）认为对于体育制度的不创新，主要原因是集团的利益维护、制度创新的成本、固化的思想观念。然而好的经济发展水平、政策的正确导向、社会好的舆论方向和体育的发展需求将会促进体育创新，如针对体育产业实行现代企业制度，针对竞技体育实行联盟制和行政命令制相结合的模式，针对群众体育实行联盟社团制和行政命令制相结合的模式。王飞、池建（2014）分别从制度经济学的视角，对我国体育产业发展的制度约束组成呈现出的问题取得关键性的突破。其主要突破的方面包括：①容易受市场主体的偏好影响；②体育产业效率不高；③监督与管理法规不完善；④缺乏激励制约等因素，影响了我国体育产业的发展。姜同仁、张林（2015）对《国务院关于加快发展体育产业 促进体育消费的若干意见》进行了重点解读，认为这些意见将会改善体育的产业结构、需求结构以及部门协调机制和约束机制，我国的体育产业发展速度将加快；但是目前我国的政府职能越位，监管缺位，各部门与公共服务平台之间的格局也阻碍了新政策的红利释放，所以要更加积极地推动政策转化和落实，走直路少走弯路，多加强市场资源配置，强化制度建设，为体育产业发展扫平障碍。

陈晓峰（2017）认为我国的体育产业政策有不平衡的发展，其主要体现在："双重问题叠加"和政策支撑系统失衡，主体框架越来越清晰，然而对比之下，其系统、整体内容和内部结构失衡，主要的供给型和需求型的工具也缺失，然而环境型的工具却过剩。于是他将体育产业政策分成三个部分：政策内核系统、政策支撑系统和政策环境。

整体发展概括研究。姜同仁、夏茂森（2015）对体育服务业的发展状况进行研究，他们认为体育服务业已经向朝阳产业转变，因为其发展速度越来越快，规模不断扩大，领域不断拓展，良好的发展机遇接踵而来，如方式的转变、结构的调整、政策的红利发展。石岩（2014）认为，体育服务业的机遇包括许多方面，例如人口红利、城市化发展的带动以及体育消费爆发临界点、体验经济的到来等。

艾瑞咨询（2017）对我国体育服务行业进行了较详细的研究，从行业现状、发展历程、行业环境与规模结构等多方面分析，将我国体育服务行业的发展历程划分为四个时期：萌芽期（1998—1992）—探索期（1992—1998）—成型期（1998—2008）—黄金发展期（2008年至今）。现如今的中国体育服务行业处于发展期，政策激励、技术带动、发展形势好，但是基础薄弱、发展不均衡、老龄化人口速度快等问题，都影响了体育服务业的发展。

现如今，随着体育服务行业的规模扩大，对体育服务行业的研究也越来深入，研究重点更加趋向于那些还未充分拓展的领域、有潜力的体育赛事、健身休闲等行业，这些成为炙手可热的热点。

体育竞赛表演业的研究。王凯（2016），王志学、张勇等（2016）对我国2015年体育赛事版权的分析发现，体育赛事版权的引进要注意多方面的问题，特别是赛事资源囤积带来成本变高的难题，还有非理性竞争带来的消耗，版权保护隐患等。李燕领、王家宏（2016）认为在体育竞赛业的发展中要注意多方面的问题，要围绕赛事内容和直播技术进行改革，还要注意营销手段和策略创新、完善赛事的法制法规，然后还要建立联赛的品牌。易观智库（2016）通过对我国与其他国家体育赛事的版权进行对比分析发现，中国体育赛事的价值挖掘得还不够深入，容易受到国家体育总局的严管，市场化程度较低，而且用户对赛事付费没有养成习惯。针对体育健身休闲活动发展，艾瑞咨询（2017）认为大众体育服务可以挖掘更多的市场，满足人们更多的需求和机会点，特别是在细分领域，如跑步运动、球类运动，还有体育培训、体育游泳等交叉领域，都有较大的潜在价值。安踏联合《经济学人》发布《中国开赛：崛起中的中国体育健身产业》（2016）中提到中国人口消费增长、人口老龄化的趋势，与年龄相关的保健需求的产品，可以为新型的体育产业健身机构提供新的机遇。

体育场馆业的发展研究。陈云欣、姬庆（2015）通过对大型体育馆运营发展的现状、问题与对策的分析，发现其运营效率低的原因主要有前期空间设计不合理、主体地位未确立、竞赛表演发育不成熟、政府管理过度等。李燕领、王家宏（2016）指出体育场馆需要打造设计，实现一体化模式，突出本体产业、供给强化、体制改革与平台集聚扩散效应。艾瑞咨询（2017）指出，场馆是球类运动的核心资源，目前是市场化的启动期，运营水平低，应向信息化、智能化、多元化服务方向改变。

体育传媒业的发展研究。互联网与各行业融合趋势日益增强，体育行业也不例外。阮伟、钟秉枢针对网络视频的发展及趋势进行了分析，发现目前中国体育视频产业重点投入在体育赛事的版权购买上，营收主要途径为广告和付费点播。

朱建国以"互联网+体育"为背景,分析了我国体育赛事、体育场馆、体育营销和体育用品行业运营现状。李恒(2016)分析了互联网对我国体育服务业影响,认为互联网会打破体育行业的传统,可以打通体育核心产业链与附属产业、基础设施和外部性产业之间的关系,从而实现核心产业价值最大化,满足客户多样化需求。易观智库(2016)结合互联网发展的背景对体育竞赛表演业的变化进行了分析,认为互联网逐渐优化体育产业供给链条,对接供需两端,出现了一系列新兴营收方式。

发展存在的问题研究。张林、黄海燕(2013)认为我国体育服务业发展主要存在产业发展不够、主体不明、结构发展不平衡、市场化不够、区域发展不平衡、供需信息获取较慢、人才缺乏等问题。孙素玲、臧云辉(2015)从总量、结构和主要业态的发展分析了我国体育服务业发展的现状及问题,发现目前我国体育服务业总量小且结构不合理,中低端市场有效需求不足,中高端供给不足,以致存在着高端体育服务消费主要流向国外且社会资本投资不够、国家政策不够完善等问题。要想使这些问题得到合理解决必须做到:培育市场需求,拉动体育消费,培育产业主体,增强供给能力,促进结构优化升级,深化体制改革,完善产业相关促进政策,加强基础性、保障性工作。

刘娜、姜同仁(2017)认为我国体育服务产业的发展有明显增长,但是在经济拉动方面还不够强,主要原因是区域发展的水平差异化较大、组织规模较小、盈利水平和能力都有待加强,所以造成资源被"有后台"的企业垄断,从而对市场的秩序和质量标准没有好的管理和控制,使市场的发展方式不断地被固化,改革也不断被掐断。

冯红新(2015)从市场供求理论的视角,研究了我国体育产业面临的问题和发展策略,发现了有效需求和有效供给是制约我国体育产业发展的主要原因。李博(2016)通过"供给侧改革",对我国体育产业存在的不足及新形势下体育产业如何抓住机遇、实现跨越性发展进行了探讨。路泽全(2017)从产业发展结构不合理、产品体验不佳、政策支持不足等方面分析我国体育产业的结构问题,并对此情况提出了相应的优化对策。

(4)国内关于休闲体育专业人才培养的相关研究

罗林(2006)提出,参加休闲体育行业的人数越来越多,且还在不断增加,所以这方面的规划需求量很大,我国高校应该加强对这方面的研究,设立并采用一些有效方法。

李相如(2009)提出,学校在教育方面应该把学校教育与社会市场供求结合起来,以学校规定的教程为主,校外教程为辅,减少校内开设的一些课程,加大校外实践活动,这样可以培育在社会各个领域的应用型人才。加强对学生实践锻炼能力和知识培育能力的培养,从而能够在各方面把学生的整体素养提升上去,这样可以更好地使学生在社会立足,同时可以把学生培养成应用型人才。

彭文革（2007）认为，要想培养杰出人才就要加快培养的步伐，将权力分配，因为只有这样，才能够让他们把各自的特点在不同的地区根据情况自行发展，对于不同专业人士的要求，我们要更加促进他们对休闲的热爱，这样可以提高他们的积极性。

石振国（2006）等人做出了一些假想，为了促使人们的休闲观念变得成熟，可以强化所学课程并设立一些供学生选择的休闲体育专业。要设立专业机构同时开展一些对社会产生意义的，可供人们利用的专项研究，多方面、全方位加强宣传力度并确立其社会地位，用心组建良好的为人民服务的体系，同时大力倡导对人文方面的关怀。

曹士云（2008）认为，中国与国外的教育制度有着许多方面的不同，其休闲体育专业就大有不同，它们都有各自的优缺点，因为各国对自己培育人的方式，是根据适应自己的特征和趋向去培养的，必须符合引导服务、谋划构造与规模等多个领域。我国休闲体育专业主要培养应用型人才。

1.2.3　国内外关于体育空间布局的相关研究

（1）国内关于公共体育空间布局的相关研究

蔡玉军（2012）在《城市公共体育空间结构研究》中对城市公共体育空间提出定义，它是指由城市政府主导或者直接提供的可供城市居民大众进行体育活动的场所。它的"公共性"主要体现在两个方面。一方面，服务目的是公益的。因为主要是提供给城市居民使用，不收取费用，是一种社会福利。另一方面，供给主体的公益性。由政府主导或直接提供。政府主导指不是由政府直接提供而是由第三方组织在政府的领导下组建。所以只有在目的性和主体性两者都具备公益性时，才能称之为城市公共体育空间。刘雯雯（2012）在《我国城市公共体育空间与设施管理模式初探》中对城市公共体育空间给出如下定义：在城市中的社区公园、广场街道等一切不影响其自身用途与秩序的开放性公共场所，公众不受背景年龄、职业等限制，能够自由进入、自发参与和体育运动相关的健身娱乐休闲活动的场所。著名学者罗普磷（2015）在2015第十届全国体育科学大会——城市公共体育空间与概念的界定将城市公共体育空间定义为"能够满足市民的活动健身需求，可供其日常体育锻炼及相关活动，并且是公共开放的空间体，包括广场、街道社区、户外场地、体育场地公园等。公共体育空间还可以分为开放性和专用空间，前者主要是指广场、街道、公园等，后者是指体育馆、体育中心等"。

有的学者从体育场地的现状、问题、成因和优化策略等方面对体育空间进行研究。杨雨、张锦年（1981）通过对我国四大体育场地的调查，发现很多大中城市没有把体育竞技中心纳入城市总体规划中，没有明晰体育运动在国际事务中的重要意义，从而难以认识到建设经济中心的重要意义。另外，体育建设在规划、布局、工艺、结构等方面缺少法律效益的"体育建筑设计规范"。

郭敏、刘聪（2009）通过对不同时期的体育场的建设背景和场地发展状况调查研究，发现我国体育场总体数量较少，存在发展趋势和结构的不平衡、利用率低等问题，强调体育场地的布局规划要以政府主导、宏观调控并且与城市的发展规划相契合。

陈祥岩、邹本旭、马艳红（2007）认为在"十一五"期间，体育系统将会受到会议的影响、全面建设小康社会的社会因素和人口因素的影响，场地的数量将会越来越多，从而提升我国的国际竞争力。并且提出我国的体育场地建设应该向资金渠道多样化、场地功能综合化的方向发展。

张玉超（2006）认为，我国体育场地存在多方面的问题，主要有区域发展不平衡、内外场分布失当、公共场地较少、各地体育馆开放时间和利用率不高。根据以上问题，我国要提高体育场地的经营能力，发挥各级政府在场地建设中的主导作用，制定提高场地的开放率与利用率等发展策略。

（2）国外关于体育场地空间布局的相关研究

相比国内学者研究体育场地的现状和问题，国外的学者更加注重分析场地的布局和演进过程，然后通过演进的过程来推算场地的发展趋势和优化对策。John（2007）提出在早期奥运场地中主要是以单体部局为主，但是随着经济水平的发展，后期是以奥林匹克中心区为核心，其他围绕中心进行布局，体育场地规划模式也从单一比赛场地演变成注重场地布局与城市发展之间的关系。通过前辈之前的研究，Baade（1996）认为体育场地的选址主要依靠区域空间，好的空间要通过运用地理学体系进行研究，并且从大型体育设施位置演变特征、趋势的评价、趋势产生的后果等多方面研究体育场地的空间布局问题。

通过研究，Tim Chapin（2000）指出，在20世纪80年代，体育场地的郊区化与城市郊区化的发展不一，自从1980年以来，体育场地的建设大多位于城市中心区，主要是为了满足城市区域的需求，并且现在已经形成了趋势，比如迈阿密、奥兰多、凤凰城、华盛顿、温哥华等新建的体育场都是建于城市中心地区。

综上所述，根据体育场地布局趋势可以分析出，国外学者以布局演变为研究切入点，分析区域场地布局的空间特征，从而深入研究影响场地布局的因素，以及对未来场地发展的趋势，上述国外研究将会对我国体育场地空间的布局具有较大的借鉴作用。

（3）国内外关于体育产业空间布局的相关研究

20世纪30年代，英国经济学家阿伦·费希尔提出，体育产业是以活劳动的形式向社会提供各类体育服务的行业，是体育服务业的简称。霍华德（Howard, D. R, 1980）和克朗普顿（J. L. Crompton, 2007）在其研究成果里，介绍了体育作为产业的观点，而且还重点论述了商业经营与体育事业发展的关系，从而提出了建立体育产业理论体系的研究主题。20世纪80年代中后期再次掀起了世界性体育健康浪潮，但是关于如何使其更接近产业市场经营运作的研究，仍然是体育产业研究中反复强调的重要内容。此外关于将体育产业的理论结论等方面作为中心的基础理论分析，主要有体育产业的特征分析、体育产业经营的作用、体育产业与体育社会学的关系、体育管理中的体育产业学、体育产业理论体系等方面。福克斯艾尔（Foxall，G，1984）、马斯林（Mullins，B，1985）、扬奈克斯（Yiannakis，A，1989）、山下秋二（2000）等是主要代表人物。

20世纪80年代末期，我国著名的体育产业权威鲍明晓在他的著作《体育产业——新的经济增长点》中就我国体育产业的形成和发展论述时认为，"我国明确提出发展体育产业，是在1992年的全国体育工作会议，也就是现在常提到的'中山会议'上。但是，发展体育产业的实践应该说始于党的十一届三中全会之后"。谢琼桓（1999）在《从可持续发展的角度看体育的现状和未来》中以详细的数据为依据，在高度总结、分析我国体育产业发展现状和存在问题的基础上，提出了未来我国体育产业发展的相关政策建议。蔡军（1999）等在《体育经济学》一书中对体育产业的理论问题进行了分析。李郭厚、鲍明晓、卢元镇等学者就体育产业问题现状、趋势与未来进行了较系统的分析。刘江南（2001）在其文章《美国体育产业发展概貌及其社会学因素的分析》中分析了影响美国体育产业发展的社会影响因素。李明（2001）以系统论述我国体育产业发展时期、体育产业类型、体育产业经营体系为基础，在理论上初步构建了我国体育产业理论体系框架。徐本力（2002）的文章《对我国体育产业理论研究中的几个问题的调查与研究》，在对我国体育产业理论和实践发展现状进行综合分析研究的基础上，提出了我国体育产业有可能发展成为国民经济的支柱产业，并据此初步确立了一个由本体产业、相关产业和外延产业构成的我国体育产业框架结构模式的初步构想。陈东岗（2003）等在文章《中国城市体育发展趋势和模式的思考》中分析了中国城市体育发展的趋势，对城市竞技体育市场化、城市居民体育社区化的城市体育发展方向进行探讨，提出构建城市体育发展模式的新思想。武军（2006）在《国内外体育产业比较研究》中论述了体育产业与经济文化社会的关系，体育产业不仅为国民经济做出了巨大贡献，同时还为社会提供工作岗位，解决城市就业问题。康建敏（2007）在《国内外体育产业发展的比较分析》一文中，通过与发达国家体育产业在体育用品市场、健身娱乐市场和竞技表演市场、体育广告业及无形资产开发方面的比较研究，分析我国体育产业发展的现状并展望前景。胡晓军（2009）在其硕士论文《我国体育产业结构的演进及其优化研究》中分析了我国体育产业结构，指出合理化与高度化是优化我国体育产业结构的路径选择，认为协调是体育产业结构合理化的核心内容，体育产业结构的高度化的实质是体育产业的结构从低水平状态向高水平状态的发展演变，是一个动态过程。巴艳芳（2006）在其硕士论文《城市体育设施空间布局与体育产业发展对策研究——以武汉市为例》中，从体育设施空间布局入手，在调研和比较国内外城市体育设施空间布局的基础上，以武汉市为例，运用调研和综合分析的方法，对武汉市体育设施的空间布局做出详细的分析，找出其布局的规律，在分析体育设施区位布局的基础上，找出武汉市体育设施布局的特点和问题，提出了体育产业的发展对策。喻小红（2003）在其硕士论文《长沙市体育场馆开发利用研究》中，对比了国内外体育场馆建设和经营管理状况，分析了长沙市体育场馆现状，探讨了发展过程中存在的问题，提出了长沙市体育场馆"一中心、一环、四区、多点"的空间格局。

张玲（2005）从体育市场的视角，对我国体育产业及体育市场发展中存在的问题进行了初步的探讨，对体育市场的开发与发展的关系进行了分析。林显鹏（2000）从经济学的视角，对建立我国体育产业统计指标体系进行了系统的分析，提出我国体育产业统计指标应包括体育产业总量指标、体育产业结构指标等。骆秉全（2006）对体育商品属性以及体育商品的特征与本质特征进行了分析研究，认为体育商品具有两重属性，其区别于一般文化商品的本质特征在于它的健身性与竞争性。傅京燕（2002）在了解国外体育产业发展特点的基础上，分析了我国体育产业存在的问题，并就如何发展我国的体育产业提出了若干政策建议。

(4) 国内外关于休闲体育服务业空间布局的相关研究

现有研究认为，三大产业结构的演进会由农业化和工业化逐步向服务化进行转型。郑克强在研究中总结出服务业内部结构演进的一般规律是由劳动密集型向资本密集型进而向知识与技术密集型演变，由低效化向功利化进而向知识化与信息化演进。

服务产业的区位选择是服务业空间布局的重点。关于这一领域的研究，德国地理学家 W. 克利斯泰勒和经济学家 A. 廖什创立的中心地理论较为有代表性。中心地理论将区域服务业产品市场划分为一个个以六边形市场区为单元的体系，在单个中心地体系中，一个高级中心地向它本身和周围六个较低级市场的三分之一范围提供商品和服务。这种六边形的空间分布可以避免市场的重叠，但地区中心之间缺乏了保护自己需求市场的经济壁垒。而另一种区位指向理论则阐述了服务业在空间上的集聚原则：一是意识集聚利益指向，即为了得到外部经济利益和减少不确定因素的影响而在空间上的集聚；二是劳动力指向，中心 CBD 区域是各种高端管理人才和技术人才的集聚地，为了获取这些高端劳动力，服务型企业也多集聚于此。

在服务业空间布局经济发展的研究层面，张文忠（1999）基于经济区位论视角，以中心地理论、地租理论、集聚理论、兼顾公平与效率原则等方面为依据分析服务业布局，研究不同类型服务业的区位特征：由于大城市信息灵通、经济、技术交流广泛，以及拥有更大的市场需求，以企业为对象的服务业区位特征是高度集中在各大城市；而具有事务所职能性质的服务业其信息交流极为频繁，也同样具有极强的集聚性。

陈秀山和倪小恒（2006）认为，信息通信技术改变了服务企业地理布局的成本收益格局，从而驱使服务企业做出布局调整，而面对面交流在企业内外交流中的重要性限制了这种布局的调整。信息通信技术带来的新的外部竞争和收益驱动导致了服务企业的分化重组，由此形成的新服务企业分别以不同的布局形式，适应了新的地理分布的成本收益格局。在信息通信技术影响下，整体服务业新布局的形成正是沿着这种企业分化重组的路径实现的。同时，知识背景和文化传统则影响到不同地域服务业布局调整的程度。

陈殷和李金勇（2004）认为，集聚和扩散是生产性服务业区位空间的两种最基本的组织形式。从宏观态势来看，以大城市和区域为尺度，生产性服务企业更多是以集聚形式存在，以此带来的交易成本相对节约、可达性增强以及业务机会相对增多，弥补了高租金及高薪水导致的高营业成本。从微观态势来看，生产性服务业在部分城市内部又有扩散的趋势，这种扩散的驱动力主要来源于技术创新和产业关联。

高春亮（2004）提出，生产性服务业的空间可分性、集聚经济、知识密集产业特征决定这一产业通常集中在大城市。赵群毅和周一星（2005）从生产性服务业的增长动力、在城市和区域发展中的作用、生产性服务业的空间分布、生产性服务企业的空间行为和全球城市框架下的生产性服务业等几个方面，对西方生产性服务业地理学研究进展进行梳理，归纳西方生产性服务业地理学研究的主要特点，提出在新的发展背景下我国生产性服务业地理学研究的拓展方向。

范秀成和王莹（2007）提出，生产性服务业对空间布局具有重要影响，有利的区位模式可以促进生产性服务业的增长，在早期全球化下，从集聚和扩散两方面对国内外生产性服务业的区位选择模式进行分析，并提出合理的对策建议。

胡霞（2008）提出，中国城市服务业呈现产业集聚现象，强度高于先进工业，并且集聚大小与社会性质有关。实证检验得出，市场环境的改善与机制的不断改进有利于促进服务业的集聚。

上述研究从不同的层次对我国服务业的产业结构现状进行了全面分析，有许多值得借鉴地方；但研究都未结合生态经济学的观点对服务产业如何进行包容性发展，避免增长极背后的区域地理经济塌陷进行深入研究。

1.2.4 国内外关于体育空间合理化的相关研究

（1）国内外关于公共服务设施的相关研究

在西方学术思潮以及我国公共服务设施配置实践的推动下，于20世纪90年代后期，我国学者开始着力研究与建设公共服务设施配置，对公共服务设施配置现状进行分析研究并提供借鉴意义。崔冬霞（2009）调查研究了郑州市城市社区体育设施配置的现状，探析了设施配置不足的原因及对策，并提供了宝贵建议。

公共服务设施规划决定了公共服务设施项目的空间和配置规模，我国学者就公共服务设施的空间优化布局和设施整合规划等重点关注。朱华华（2008）采用 Voronoi 图分析方法，给出了基于人口导向、面积导向以及人口—面积综合导向的三种不同的优化布局方法实现多类设施空间布局的优化。肖晶（2011）就公共服务设施的分类进行研究，分析了城乡不同类型公共服务设施的布局特征及服务人群和半径特征。

关于公共服务设施配置的评价研究，我国学者主要关注设施配置的布局合理性以及公平性。陈秀雯（2007）就居住社区公共服务设施发展的特点和居民对居住社区内公共服务设施的需求进行研究，同时结合国际和国内部分大城市的公共服务设施配建指标项目，构建了以居民生活质量为主的评价指标，采用层次结构模型，建立了居住社区公共服务设施性能综合评价指标体系。宋正娜（2009）提出，空间可达性是评价公共服务设施布局合理与否的重要指标。曾建明（2012）则从效率与公平关系的视角，分六个方面揭示了体育场地资源配置所存在的问题及原因，并为体育场地资源的合理配置提供了详细的理论分析依据。

关于城市公共体育设施规划布局方面的研究，则主要从各类学科出发，围绕城市公共体育设施规划设计策略、选址布局方法、现状问题及如何优化，实现公共服务均等化进行。曾建明（2013）从时空演变的分析角度得出影响武汉市体育场地布局演进的主要因素，进一步提出武汉市体育场地空间布局发展趋势及其规划构想。钱文军（2011）对我国目前居住区公共体育设施规划过程中存在的问题进行了系统的分析，提出了居住区公共体育设施规划的对策建议。陈旸（2010）从社区体育服务设施布局的现状出发，提出将地理信息系统技术引入社区体育服务中，利用 GIS 的空间分析与辅助决策功能进行社区体育服务设施选址和布局优化。胡红（2007）对沈阳市大众体育设施现状进行了系统分析，并从数量与质量——初级层次需求，布局与规模——中级层次需求，经营与发展——高级层次需求三个层次提出存在的问题。郑志明（2009）认为合理的公共体育设施规划布局，可以促进城市空间布局结构的完善，实现城市系统的自我优化和良性发展，并对公共体育设施的规划分级、规划标准、规划布局方法进行深入探讨。毕红星（2012）认为广大人民群众日益增长的体育需求和社会体育资源相对不足之间的矛盾逐渐突出，公共体育设施规划布局是整合与优化我国城市相对不足的体育设施资源的必然选择。史宾（2010）认为体育设施的空间布局是体育地理学研究的重要内容，并以西安市羽毛球馆的空间布局为例，对商业性体育设施发展进行预测。

自 20 世纪末期开始，随着信息时代的到来，关于公共服务设施配置的研究逐步向空间和设备优化发展。

迈克罗斯（Michalos A.C, 1999）等人运用线性模型针对公众对于市、省和联邦政府提供的公共服务满意度进行了分析研究。尼普（Nip D, 2009）认为，由于缺乏公众的参与，现有的公共服务设施管理系统掌控在专家学者和规划管理部门手中，因此提出了公司合作的新形式，以促进公众参与在公共服务设施配置管理中的积极作用。欧利维尔（Olivier Bochet，2010）提出广义多元决策机制。

设施配置空间优化研究主要涉及设施布局、选址以及区位，其影响因素有设施可达性、服务范围等。米切尔（Mitchel Langford，2008）基于可达性和空间分析交替性人口分布对公共服务设施可达性影响进行测度模型研究，并针对相关地区进行了实证研究。比利尔（Bilal Farhan，2008）则以某地区的驻车换乘设施选址规划为例进行研究，并提出了一种多目标的空间优化配置模型。里奥秦（Liao Chin-Hsien，2009）采用 GIS 网络分析研究认为，公共服务设施服务范围设定准确与否可以直接影响其配置规划的效果。

学者们从效率与公平、社会价值、设施绩效评价等方面，对于公共服务设施配置的评价研究日趋深入，并取得了一定的研究成果。麦克阿里斯特尔（McAllister，1976）通过研究，认为城市公共服务设施中心规划设计者应当坚持公平与效率相结合的原则，并且建立了效率与公平指标，对公共服务设施配置水平进行评价。麦克伽文（McGovern S. L.，1998）等从服务价值和影响角度对加拿大国家多设施体育训练中心进行了评价。戎森（Tseng ML，2010）对公共服务设施绩效评估系统进行研究，提出了公共休闲性、包容性和简单性几个评价标准。

（2）国内外关于体育产业结构布局合理化的相关研究

通过查阅文献，国内关于体育产业结构布局合理化理论层面的研究内容主要包括优化体育产业结构的意义、体育产业发展的战略地位、体育产业在当前经济社会中的地位作用。侯光辉（2009）等在《略论体育产业在国民经济中的重要地位》一文中指出：体育产业是关联面极广的上游产业，其发展的可持续性强，能够为社会提供多种就业机会，促进第三产业的发展，有助于我国融入全球化经济的产业发展进程。彭连清、林玲（2004）通过产业经济学研究的一般内容和体育产业统计资料得出体育产业结构布局的一般演变规律，他们认为体育产业在国民经济和第三产业中的地位和作用将日益突出，在社会需求结构变动的大趋势下，居民的消费需求层次升级，作为满足人们发展享受和精神消费需要的体育产业将会有一个大发展。杨正才（2008）从体育消费对国民经济的促进作用入手提出了政府应该充分利用人们对于体育消费需求的无限制性来发展体育产业，从而刺激消费，鼓励消费，并开拓新的消费热点来扩大内需，以消费拉动国民经济增长，解决劳动力就业的问题；这不仅要依靠良好的理论基础与现实环境，还应借鉴国内外体育产业营运的经验。李建明（2009）认为，武汉城市圈的体育产业规模较小，缺乏品牌产品，圈内体育企业规模较小，外部规模经济和范围经济效应难以有效形成和充分发挥；同时，由于缺乏龙头企业带动，专业化分工协作大都处于层次较浅的网状结构，而非金字塔形的纵深结构，从而难以真正形成现代产业集群意义上的外部经济。因此应该加强城市圈体育产业集群的区域品牌建设，打造体育产业园区，形成规模经济。于洋（2008）和陈艳林（2009）分别从经济全球化与后奥运的角度提出了我国体育产业结构布局优化的建议。这些文献从不同侧面对我国体育产业发展进行了研究，其研究角度值得借鉴。

从实证层面对体育产业进行研究的主要包括城市体育产业现状分析研究和区域体育产业中某一具体行业类别的体育产业集聚效应研究。王德平、任保莲（2005）以区域体育产业竞争力的提升为研究视角，认为福建省在一定程度上存在着体育人力资本和知识资源比较薄弱，大众体育消费的总体水平普遍不高，体育产业中的大多数行业缺乏支持性产业和相关产业形成的产业簇群的支持，市场结构及管理的合理性较差，非价格竞争极为薄弱，体育服务业发展相对滞后，体育产业核心部分（健身娱乐业、竞赛表演业）的整体成长性仍处在较低水平等问题。余守文（2009）在《体育产业的结构效应》一文中指出，产业结构在经济中起着"资源转化器"的作用，其结构效应是决定经济增长的一个重要变量。通过对体育赛事产业带动的旅游产业进行实证分析，他认为体育产业结构布局效应的特点一方面表现在体育产业广泛的关联效应，另一方面表现在体育产业的关联产业的主体是第三产业。他同时介绍了对体育产业结构布局效应估计的投入产出模型和规划分析影响模型。游战澜（2010）等从产业集群发展的角度对武汉市城市圈体育产业发展的环境支持做了实地考察分析，她认为武汉城市圈的发展还处于初步阶段，还存在着体育产业市场化程度不高、企业规模小、竞争力不强、经营者观念相对落后等问题；发展武汉体育产业集群，要优势互补，协同发展，加快周边城市与武汉中心城市一体化格局的进程；武汉城市作为增长极，要带动周边八个城市的发展，更好地推动武汉城市圈体育产业整体的发展。刘远洋（2007）在2007年申报的国家体育总局社科基金项目《体育产业结构布局评价指标体系及实证研究》中提出了构建评价体育产业结构的原则、方法和模型，并对南京市体育产业结构布局进行实证研究。这些实证研究的研究方法和体系值得借鉴。

国外体育产业普遍是一个复合型结构，与市场其他行业具有高度的关联性，并在产业结构中占据了重要的地位。池深（2008）等通过对发达国家体育产业的研究，认为体育产业已经成为发达国家新的经济增长点，体育产业依托地缘优势对当地经济发展具有较强的促进作用。徐云（2006）在研究美国体育产业特点时指出，美国的体育主体产业突出，辐射带动作用大，就业贡献率高，结构合理。刘青健（2008）在研究西方发达国家体育产业时从产业规模、内部基本构成简略描述了发达国家的体育产业，认为政府的政策具有极强的导向作用。源于他并未深入挖掘西方国家的相关体育政策对其产业内部构成和发展的影响，因此其所提出的一些建议意义有限。

（3）国内外关于体育产地布局合理化的相关研究

体育场地布局的合理化是挑选场地的标准，是学术界研究的重点。与此同时，大量学者致力于研究体育场地的布局因素。

原玉杰（2007）运用空间计量分析方法，对北京市体育场馆布局的若干影响因素进行了计量分析，得出影响北京市体育场馆布局的因素众多，且存在着场地布局与人口和公共财政不匹配的问题，并就问题提出了北京奥运会后场馆的布局要结合城市的长远规划，加强不同类型场馆间的交流和凝聚力。王西波、魏敦山（2008）认为大型体育场馆的选址有城市型、近郊型和远郊型三种，影响大型体育场馆选址的因素有城市发展格局和进程。

韩佐生、杨兰生（2007）提出，经济、自然环境、区位条件和场地容量等因素与场地空间布局关系密切，并且强调经济对体育场地空间布局影响很大。此外，由于各因素对体育场地布局的影响程度不一，相互之间存在差异性。

Rod Sheard（1998）认为，消费市场、土地成本、土地可利用性、土地使用法规等因素可以对体育场地选址起到决定性作用。Danielson（1997）认为合理规划布局体育场地离不开政府的支持。如早期美国体育场地建设主要是由政府公共资金拨款投入修建；然而，20世纪90年代，政府公共部门转变职能，政府已不再是建设场地项目的绝对主体，公共服务部门不再对体育场地建设投入资金，而仅仅负责场地内部管理、周边区域设施的优化等具体工作。

Raymond（1999）就20世纪美国体育公共场地设施的投资与选址问题进行了深入分析。20世纪，美国累计有150亿美元公共资金投入场地建设中，60亿~70亿美元投入在1985—2005年的场地建设热潮中，使体育场地向城市中心回归。同时，美国地方政府还采用大量方式向全社会筹集资金进行场地建设，以及推出各种优惠政策鼓励私人资金促进体育场地建设。

发达国家对体育场地区域内建筑的布局设计尤为重视，认为合理的布局设计可以有效地提升体育公共服务水平以及促进城市整体发展，并且将合理设计体育场地布局纳入政府设施规划指南中。如澳大利亚体育与娱乐部（DSR）推出西部澳大利亚体育场地规划指南（2008—2015），该指南为体育场地布局设立了一个长期目标，并试图通过各类方法合理设计体育场地布局。

综上所述，政府对体育场地空间布局的宏观调控具有重要意义，特别是政府制定的相关政策，对体育场地合理布局具有重要意义。

1.2.5　国内外研究现状评述

从现有文献来看，国内外学者对休闲体育做了一定研究，在理论研究和实证分析方面都取得了丰厚的研究成果，这些都为本书的进一步研究提供了有力的支撑材料。国内外学者对城市休闲体育的研究已经有了长足的发展，但仍处于起步阶段，目前的研究主要集中在休闲体育空间的内涵和优化路径等方面，对休闲体育空间结构演变的研究还比较少。国外体育产业发展起步较早，体育产业的理论与实践研究比国内研究丰富。基于以上认识，城市居民休闲体育空间结构演变及其布局优化研究，已成为当今社会发展中较为迫切的问题。

第一，现有的研究对休闲体育的内涵和特征把握不清，对休闲体育的内涵没有深入的研究，未形成体系化的研究结论。因此，一方面，本书从语法解释角度、时间角度、活动角度、心理角度四方面对休闲体育的概念进行了全面解析；另一方面，本书主要从休闲空间、休闲体育空间、休闲体育产业三个方面来研究长株潭城市群休闲体育空间结构合理化及其布局。本书在现有的研究基础上从多个角度对休闲体育概念进行界定，以空间结构模式作为长株潭城市群休闲体育发展的对策，有利于优化长株潭城市群休闲体育空间结构及其布局。

第二，现有的研究主要是从时间的角度来分析城市休闲体育结构的演变规律，休闲体育的空间特征未能得到深入认识。休闲体育的演化规律需要从时间角度和空间角度来把握，仅仅从空间角度分析城市休闲体育的演化规律容易忽视城市休闲体育的时间效应，导致城市休闲体育空间结构的研究不全面。本书运用时空分析方法对长株潭城市群休闲体育的区域空间分布格局及其集聚模式进行研究，更加有利于把握长株潭城市群休闲体育空间结构的演变规律。

第三，对体育产业的研究，现有的研究主要集中在休闲体育产业政策、问题及对策等理论的研究，而实证研究主要针对休闲体育产业竞争力，缺少对休闲体育产业空间异质性的研究，总体比较，理论研究与实证研究不平衡。研究发现，我国休闲体育产业具有空间异质性。虽然有少数学者通过空间计量法对休闲体育产业研究，但是未发现对休闲体育空间异质性的研究。

第四，国外文献主要研究经济发达地区的体育设施建设以及体育场地布局，国内文献主要研究城市公共休闲体育相关方面。从已有文献进行分析，国内外文献研究差距较大，主要表现在实证分析方面。我国对城市建设与公共体育设施布局融合发展的研究一直停留在现状分析、规划层面，缺少相关案例分析，未结合案例研究未来城市休闲体育发展模式，城市建设与休闲体育设施建设布局的相关研究未形成系统的结构体系，需要学者对这方面进行深入研究。

1.3 研究目标、研究内容和研究方法

1.3.1 研究目标

本书以长株潭城市群休闲体育空间结构合理化及其布局研究为目的，通过对休闲体育空间结构合理化特征的认识，提出与长株潭城市群提质扩容相适应的休闲体育空间结构合理化的优化路径，为促进城市群体育事业及社会经济可持续发展提供政策依据。具体如下：

①通过对长株潭城市群居民休闲体育空间的实地调查，了解长株潭城市群居民休闲体育空间结构的基本情况，提炼出目前长株潭城市群居民休闲体育空间发展不合理的原因，提出进一步科学研究的必要性和可行性。

②结合已有文献资料与实际情况，分析长株潭城市群空间结构，从时间与空间角度对长株潭城市群休闲体育空间结构的演变规律进行分析，找出长株潭城市群休闲体育空间结构演变条件。根据长株潭城市群社会经济发展与有关休闲体育发展情况，探索长株潭城市群休闲体育演变阶段。

③根据实地调查与分析，从空间结构便利、消费需求导向、供给结构创新、空间规划布局四方面形成四位一体的空间结构耦合演变体制，探索影响长株潭城市群休闲体育空间结构合理化的制约因素。

④研究探讨城市居民休闲体育空间优化的理论依据，聚焦城市居民休闲体育空间优化问题，提出体育中心地整合模式、滨水空间一体模式、城市 RBD 结合模式、社区空间融合模式、城市绿地贯通模式的五位一体城市群空间结构演变整合模型，以期构建城市休闲体育空间结构合理化的理想模式。

⑤根据长株潭城市群休闲体育空间结构不合理的原因，结合影响长株潭城市群居民休闲体育空间合理化的主要因素，从认识瓶颈、选择主导、认识优势、合理布局、协同资源、提升水平等方面提出长株潭城市群居民休闲体育空间结构优化的对策。

1.3.2　研究内容

本书主要从理论机制与实证检验两个方面进行深入剖析，将空间结构和休闲体育作为主要研究对象，采用调查方法与理论分析进行实证检验，提出相关政策建议，以达到促进长株潭城市群休闲体育空间结构合理化布局的目的。主要从以下 8 个章节做重点讨论。

第 1 章　绪论。首先，简要说明选题背景和选题意义、主要研究内容和研究方法；其次，梳理了国内外关于休闲空间、休闲体育空间、休闲体育产业的文献；最后，点明了主要创新和不足之处。

第 2 章　休闲体育空间结构合理化及其布局的理论基础。参考休闲体育理论、休闲体育空间理论、城市空间理论、城市公共空间理论和城市空间结构理论等相关理论，分析休闲体育空间结构合理化及其布局的相关理论。

第 3 章　长株潭城市群休闲体育空间结构内涵与结构研究。首先对长株潭城市群休闲体育空间的内涵及其特征进行分析；其次，构建了层次结构、开放结构、渐变结构、等级结构四位一体的组成结构；最后，打造出资源多元整合、水平服务提高及全民素质提升的三位一体主体功能。

第 4 章　长株潭城市群休闲体育空间结构演变的调查分析研究。通过对休闲体育空间结构发展历程、现状以及动态变化的分析，着力研究长株潭城市群休闲体育空间结构的影响因素，掌握空间结构演变规律与实际状况，以推进休闲体育空间优化创新的发展趋势，完善区域内休闲体育产业开发布局策略。

第 5 章　长株潭城市群休闲体育空间结构合理化的制约因素研究。结合长株潭城市群休闲体育空间结构演变的基本情况，总结目前长株潭城市群休闲体育空间结构演变发展不合理的原因，通过对政治因素、经济因素、产业因素、社会因素四个方面的分析，以动态、发展、联系的观点有针对性地深入探索长株潭城市群休闲体育空间结构合理化的制约因素。

第6章　长株潭城市群休闲体育空间结构合理化的整合模式研究。根据城市空间优化理论，结合目前长株潭城市群体育休闲空间面临的一系列问题，提出体育中心地整合模式、滨水空间一体模式、城市 RBD 结合模式、社区空间融合模式、城市绿地贯通模式五位一体的整合优化模式，从微观层面为长株潭城市群休闲体育空间结构优化提供合理建议。

第7章　长株潭城市群休闲体育空间结构合理化的优化路径研究。通过对长株潭城市群休闲体育空间结构合理化的制约因素的分析，提出长株潭城市群休闲体育空间结构合理化的优化路径，并从休闲体育、休闲体育空间布局、休闲体育空间合理化和城市空间四个方面提出了长株潭城市群休闲体育空间发展的具体路径。

第8章　结论与展望。主要是对全书的一个总结，总结研究的基本结论，并提出进一步的研究展望。

1.3.3　研究方法

（1）调查研究法

本书通过实地考察的方式，对长株潭城市群休闲体育空间结构合理化进行研究。在研究过程中，进行详细的调查，充分了解长株潭城市群休闲体育资源开发情况，了解事态发展状况和进程，掌握长株潭城市群休闲体育空间结构发展现状，并发现其存在的问题。

（2）文献资料法

本书通过图书馆、中国知网、Emerald 全文期刊库、Elsevier Science 等数据库，广泛查阅相关文献资料，收集、整理现有关于国内外休闲体育发展、休闲体育空间结构的研究文献和数据资料，分析长株潭城市群休闲体育空间结构的制约因素和整合模式，分析长株潭城市群休闲体育空间结构的合理化及布局。

（3）系统分析法

本书在相关文献及材料的基础上，对长株潭城市群休闲体育空间结构中相关问题进行深入的理论分析。以长株潭城市群休闲体育空间结构合理化为目标，遵循系统性、整体性、动态性、相关性，找出城市与城市之间、区域与区域之间的休闲体育空间结构发展的差异性；对城市功能核心区、拓展区、发展新区、生态涵养区进行分析，研究不同时空、政策、环境下长株潭休闲体育空间发展模式的异同点，掌握不同地区休闲体育空间的发展结构，探究不同区域内休闲体育空间结构的优化路径，为长株潭城市群休闲体育空间结构优化提供建议。

(4) 比较分析法

比较分析法是通过对同一时间的不同主体或者同一主体的不同时间的相关表征进行探讨，以揭示时间差异和个体差异的一种分析方法。一般可以把比较分析法划分为两类，即横向比较分析法和纵向比较分析法。横向比较法可以描述同一时间、不同主体之间的表征；纵向分析法可以描述不同时间、同一主体的表征。本书结合国内外休闲体育发展，对长株潭城市群休闲体育进行有效分析，横向比较区域差异，合理规划空间发展模式，为全国休闲体育空间结构合理化布局发展提供经验借鉴。本书通过纵向比较空间结构对长株潭城市群休闲体育发展的影响，揭示休闲体育空间结构演变过程，优化布局空间，为休闲体育发展提供依据。

1.4 研究思路与技术路线

1.4.1 研究思路

本书的核心目标是研究长株潭休闲体育空间结构合理化及其布局，主要通过休闲空间的内涵与特征、休闲体育空间合理化、休闲体育空间结构三个方面来研究。为实现研究目标，从理论分析和实证检验两个角度进行分析。具体来说：首先，通过对长株潭城市群休闲体育空间的实地调查，了解长株潭城市群休闲体育空间结构演变的基本情况，通过系统性分析与比较分析，提炼出目前长株潭城市群休闲体育空间结构演变发展不合理的原因。其次，根据文献资料与长株潭城市群休闲体育的实际情况，以动态与静态、发展、联系的观点探索长株潭城市群休闲体育空间结构演变发展的制约因素。再者，聚焦长株潭城市群休闲体育空间发展问题，优化长株潭城市群休闲体育空间结构，提出以体育中心地整合模式、滨水空间一体模式、城市RBD结合模式、社区空间融合模式、城市绿地贯通模式的五位一体的长株潭城市群休闲体育空间结构演变整合模式，构建城市区域休闲体育空间结构模型。最后，基于空间结构对休闲体育理论分析，提出空间结构便利、消费需求导向、供给结构创新、空间规划布局的空间结构耦合演变体制，探究长株潭城市群休闲体育空间结构中存在的问题。根据空间区位条件因素、要素空间流动因素、交通综合发展因素、政府政策推动因素等提出长株潭城市群休闲体育空间结构演变的优化路径。

1.4.2 技术路线

长株潭城市群休闲体育空间结构演变及其优化研究的技术路线如图1.3所示。

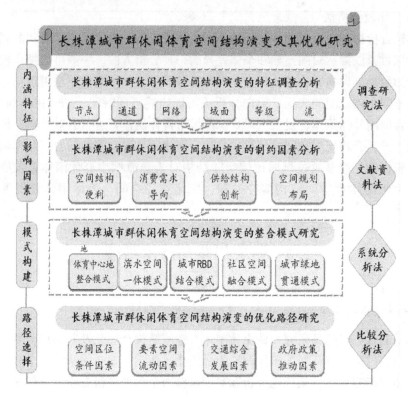

图1.3　长株潭城市群休闲体育空间结构演变及其优化研究的技术路线

1.5　主要创新与不足之处

1.5.1　主要创新

第一，研究空间结构演变对长株潭城市群休闲体育的影响，在立意上具有一定的创新。现有对休闲体育的研究主要聚集在分析现状、内涵、影响因素等方面，较少涉及空间结构对城市休闲体育的影响。以长株潭城市群休闲体育空间结构演变优化为目的，从城市空间结构演变层面的认识，提出与长株潭城市群提质扩容相适应的优化路径，为促进城市群体育事业及社会经济可持续发展提供依据。

第二，在研究内容上具有创新。根据已有的文献看，休闲体育的研究成果丰硕，但内容上缺乏创新。本书从休闲体育空间结构演变、休闲体育优化模式两个维度来研究休闲体育产业发展，具有路径上的创新。

第三，本书运用系统分析方法和比较分析方法分析长株潭城市群休闲体育的空间结构。本书运用空间结构演变对休闲体育进行分析，同时对长株潭城市群休闲体育空间结构产业进行合理的分析。相对于文献资料法，系统分析法和比较分析法更加有创新性和时代性。通过理论研究和实际情况，分析长株潭休闲体育空间结构的整合模式和优化路径，有利于长株潭休闲体育的发展更具有科学性。

第四，提出"四位一体"的空间结构耦合演变体制，探索影响长株潭城市群休闲体育空间结构演变的制约因素。基于空间结构对休闲体育理论分析，提出空间结构便利、消费需求导向、供给结构创新、空间规划布局的空间结构耦合演变体制，探究长株潭城市群休闲体育空间结构中存在的问题。

第五，提出"五位一体"的城市群空间结构演变整合模型，以期构建城市休闲体育空间结构演变的理想模式。根据已有文献资料，结合长株潭城市群休闲体育空间结构发展情况，提出以体育中心地整合模式、滨水空间一体模式、城市RBD结合模式、社区空间融合模式、城市绿地贯通模式等五种模式，构建城市区域休闲体育空间结构模型。

1.5.2 不足之处

第一，社会方法体系研究是一种新的研究视角，而且社会研究是一种丰富的认识活动。休闲体育空间结构研究是一个复杂烦琐的过程，也是一个动态变化的过程，如何更好地利用现有理论全面地表征这一过程，始终是一个需要不断实践和总结的问题。当然，这些问题都值得深入研究，也是今后的研究展望。

第二，研究结论的有效性还需进一步检验。城市群休闲体育空间结构研究需要结合的社会因素众多，需要考虑经济、文化、科技、环境对城市群休闲体育空间结构的影响。本书的研究视角不可能面面俱到，因此，研究结论的有效性需要进一步检验。

第 2 章
休闲体育空间结构合理化及其布局的理论基础

本章对休闲体育、休闲体育空间和城市空间这三个方面进行分析,三者存在一定的联系和区别。休闲体育科学体系是综合和升华社会学、经济学、人类学以及文化学等相关学科的理论知识和方法而形成的科学体系,是以多种学科的多种方法来揭示休闲体育的根本问题,为之提供科学的原则和理论基础。在休闲体育空间的发展过程中,从概念的角度来看,它分为物质空间与行为空间;从供给主体的角度来看,休闲体育空间分为私人休闲体育空间和公共休闲体育空间。城市空间理论可以分为城市空间理论、城市公共空间理论、城市空间结构理论和城市空间的经济学理论,这四者相辅相成,具有一定的包含关系。通过对理论的分析,为长株潭城市群休闲体育空间结构合理化及其布局的研究打下坚实的理论基础。

2.1 休闲体育的学科理论基础

2.1.1 休闲体育的人类学基础

(1) 休闲体育的人类学理论

休闲体育是人类生活水平上升以及生活方式进化过程中的产物。随着经济的高速发展和人们生活水平的上升,人类对闲暇时间的需求不断发生演变,休闲体育也应运而生。相对来说,休闲体育根据人们的生活方式进化而来,与此同时,休闲体育的产生也大大加快了人们经济文明的发展。

从原始社会开始,休闲体育随着人类创造文明开始而产生,但当时人们的生产力低,为生存不得不耗费全部的时间和精力去从事狩猎、采集等各种维持生产生活的活动。随着人们生活方式的进步、农业的产生,这时人们能够分出十分之一的时间用于休闲,但仍然区分不了休闲和工作的关系。因此,原始社会人们的活动有了休闲体育活动的性质,但是这些活动的参与者并不认为它们是一种休闲体育活动,而是觉得它们只是平时生活的一部分。因此,原始社会不存在有意识形态的休闲体育活动。

在奴隶社会,社会阶级分为奴隶主和奴隶。奴隶的工作时间占据了生活的全部时间，除了必要的生理时间，没有任何的自由时间，即使生理时间也被奴隶主严格限制，根本没有空闲时间进行休闲生活；奴隶主阶级获得了空闲时间，他们可以过着相对休闲的生活。因此当时的休闲运动通常被用来代表人们的地位和声誉。显然，在这种奴隶思潮的环境下，奴隶主阶级的闲暇时间并不能促进休闲生活的完善和社会的文化改善，相反，他们只是徒劳地利用时间来获得自己的地位。

在自给自足的封建社会中，由于耕作方法的落后，农民在土地上花费了大部分的时间，从事繁忙的劳作，人们只有很少的空闲时间，没有多余的时间进行休闲运动。

在资本主义阶段，特别是工业革命后的时期，劳动生产率达到了前所未有的水平，工作时间随着劳动生产率的上升而减少，人们的休闲时间日益增长。此时因为社会的特点和人们对美好生活的需求，休闲体育很快便成为人们休闲时的首要选择。

在中华人民共和国成立初期，我国休闲体育和休闲体育产业的发展基本处于停滞状态。直到1978年，我国开始实行市场经济体制，使得经济发展迅速，人民生活质量提高。一方面，物质消费支出在居民消费中的比重有所下降，而非商业支出有所增加，就近几年看，消费结构的这种变化已成为稳定的形式。另一方面，随着中国经济的快速发展，休闲体育与休闲体育产业的发展具有良好的社会环境和经济基础。

从以上分析得出，人类社会的不断进化发展，促进了休闲体育的产生与发展；而它的发展与人类社会的进步息息相关，也可以反映出休闲体育的进步是人类社会进步的一种体现。

（2）休闲体育的民族理论

休闲体育中不同种族和族裔之间存在共同点，主要表现在起源上，都是起源于生活方式的形成。但不同种族和族裔之间的文化、地域等生存条件不同，休闲体育活动的表现也大不相同，这些活动带有浓郁的民族特色，可以反映某些民族的独特思想和文化。人类在生产活动中拥有许多相同的发明创造，休闲体育的发展就像各民族和种族的相互作用、传播、学习、移植和吸收某些独特的发明创造一样。例如，中国和西方国家的休闲体育表达形式大不相同，中国人的休闲运动主要是静态的，如气功和太极拳，西方国家的休闲运动主要是动态性的，如拳击、蹦极、攀岩等。但是，东西方休闲运动之间的差异随着各民族文化的交流逐渐缩小，互补性和融合性逐渐出现，这有利于文化的交流与传播，最终实现共同发展进步。

可以看出，休闲体育在提升人类身体素质的同时，它以全球化的观念打破各个界限，向世界展示了丰富的生活内容和自我完善精神。同时，休闲运动也有利于实现种族之间的平等、民族之间的平等和人与人之间的平等。

(3) 休闲体育与现代科学技术理论

科学技术的产生经历了几千年人类文明发展的过程,科学的主要作用是帮助人类了解世界的本质,而技术的主要作用是改变世界现象。科学理论上的突破已越来越成为技术进步的前提,技术进步不仅为科学发展提供了强有力的实验手段,而且推动了生产力发展与进步。两者之间是密不可分的,相互成长,共同进步。科学技术在休闲体育的应用主要为两种,一是帮助人们了解休闲体育的发展规律,二是直观地推动休闲体育的发展。休闲体育方面的科学与技术都是通过结合现代科技中的理论与实际进一步创造、发展的,最终形成自己的模式。

在现代社会中,科学的进步与技术的创新引发人类世界的社会改革,使社会朝着"信息化、数字化、网络化、全球化"的方向发展。知识经济时代的到来,使得人类社会发展进入了新的层面。现代科技对人类社会的影响主要是对思想管理与制度上的改革。此外,现代科技影响着人们的生产环境与方式,面对激烈竞争和不断变化的现代社会,人们必须具有现代人必需的素质,例如创新、自主、效率、竞争和协作等,适应现代社会的各种复杂的生活环境。因此,体育娱乐休闲的内容将在未来的社会中得到充分拓展,娱乐休闲将成为新世纪体育运动的新趋势。同时,科学技术的发展不断创造新的休闲体育活动,例如射击、跳伞、汽车、摩托车、摩托艇比赛等。

(4) 研究休闲体育的人类学意义

人类学的主要研究方向是人体和文化的演变。换句话说,研究整个地球和历史长河中的人类是人类学的主题,其主要研究方向是人类的身体与文化相关方面的内容。研究表明,文化与身体的发展处于一种不平衡的状态,这已经超乎我们的预料。所以从人类学的角度分析和研究休闲体育有利于人体与社会文化的共同进步。

现在学者主要是从宏观的角度研究休闲体育人类学的意义,为体育的过去进行定义,为未来指明目标。休闲体育学无论是从地区还是从历史的角度来看比其他学科更加广泛,所以,从人类学的角度来看休闲体育的过去、现在和未来是最为合适的,而且休闲体育对人类学思考是十分有意义和必要的。

2.1.2 休闲体育的社会学基础

(1) 休闲体育与人的社会化理论

人类的社会化理论是指在社会生活过程中,人从生物人成长到社会人的环节,主要包含三个过程:一是接受社会文化和规范;二是适应社会生活;三是获得社会成员的资格。这三者是自我发展和成长的过程。也就是说,人的社会化发展是指将刚出生的"自然人"成长到能够达到社会成员标准的过程。一方面,社会化是个人形成社会属性并适应社会生活的过程,这是社会根据某些标准培训和塑造其成员的过程;另一方面,这是社会文化持续不断地发展、延续的过程,社会化也是人们学习生活在一起并彼此有效互动的过程。这个社会化过程不仅要求人们掌握人际关系的技能，形成某些特定的社会规范和社会功能，而且要求获得必要的技能和技巧以成功实现这些目标。

人类的社会化从教学的角度看是一种教化的步骤，社会成员或团体是否社会化，主要有两个方面影响：一是自身，影响自身的生存和发育；二是社会，对社会的安定与发展有一定的影响。所以，从某种意义上讲，人类社会化的程度是社会发展、文明与进步的象征。休闲运动是一种健身运动，它走向社会并与大自然融为一体，参加休闲运动的人们使用健身作为直接沟通的媒介，增加人的沟通与收集资料与信息的能力。休闲体育活动通常是采用户外活动的方式，通过风吹日晒，对人体素质和适应能力的提高有一定的帮助。

简而言之，人类社会化对个人和社会具有重大的意义。根据休闲体育的自然活动，可以加快人的社会化转变进程。社会化的最终实现是指某个人适应当前社会的制度和道德规范，我们可以把这种规范化、标准化作为休闲体育活动过程中的自然演变，促进人类社会化并改善人类社会功能。

(2) 休闲体育与社会互动理论

人类社会的发展离不开人与人之间的互动交流，甚至可以说，互动是人类社会日常生活中最基本、最普遍的现象，在互动中我们形成了人性、自我乃至社会。社会互动是社会学的专用名词，是指人与人之间在日常生活的社交互动，或人们对他人的行为和反应。

互动理论是指人的行为多变主要是因为选择的缘故，而选择的基础是基于人们沟通和交流而产生的含义或"场景定义"。根据相互作用论的理论，人类的行为和选择不能自动对周围的世界做出回应；相反地，当我们选择某种行为时，会期望着自己的行为可以达到影响自己、影响周围的人以及我们生活的社会。

从交互论者的角度来看，当我们采取行动并看到我们的行动对自己和其他人造成的深远意义时，我们会自我反思，会自问。反思自己怎样与社会世界相联系，自问即是对自己的认同。认同是在我们了解并解析生活与世界存在的联系时形成的，然后，认同会影响我们与其他人交流并"构建"社会世界的选择。换句话说，我们生活中自我指导和自我控制的基础就是认同。认同的形成不会一劳永逸，因为它来自我们与他人的关系，当我们遇到新的人、新的变化，并面对新的情况时，认同将发生变化。

目前的社会是大众社会。由于社会的发展，工业化、城市化、大众媒体和社会服务的日常使用已经消除了人际交往的个人水平。各种现代的通信方式、互联网和其他技术的提升导致生活变得复杂，导致一些弊端的产生，比如威胁着我们的身份。在这样一个大众社会中，我们积极寻找社会认可和对我们自身的认可。休闲体育提供了这种可能性，这是因为大多数休闲运动只能在人与人之间直接、开放和全面的互动中进行。马克思说"人与人之间的联系以及各种人际交往中都存在人的需求及其满足方式。人与人之间的联系不仅存在于物质领域，而且在精神上相互创造。人格的全面发展与人际关系的全面性密不可分"。但在休闲体育中，人们与伙伴共同进行了广泛的休闲运动交流，主要表现在技能交流、技能相互转移、合作默契、合作协调等，这些都是人们表达情感的好时机。它不仅获得令人满意的个人和社会认可，而且为可能的创作提供了一个总体环境。

（3）休闲体育与社会角色理论

社会角色主要是指有特定的权利、义务和行为准则的人。对于个体而言，角色决定了被其他人所期望的行为。同时，它也是自我知觉的主要来源，该角色使个人有一定的经历，这些经历会影响其后的态度、情感和行为。

人总是以不同的角色来适应社会，按照社会要求以不同的角色来安排自己的行为。休闲体育对人们来说是自我的表现和自主进行角色扮演的地方，主要是由于休闲体育能在一种愉悦的场景中，达到满足人们的社会生活的需求，并为人们提供可以尝试不同社会角色的各种机会。在休闲体育中，人们为详细地感受社会生活而扮演不同的社会角色，从而了解社会中不同角色的期望，了解角色的多样性和稳定性，锻炼扮演角色的技能以及培养角色的心理，这有助于人们习惯社会角色意识，帮助人们在现实生活中扮演角色和接受社会并适应社会。通过角色扮演的各种体验和感受，人们可以有意识地了解自己以及与集体和社会的关系，逐渐了解自己的社会角色地位，了解自己的行为，然后不断提高自己。

从社会发展的角度看，休闲体育是人们在积累和逐步进步的过程中寻求自我并成为自己的地方。在社会角色中，人们学会了在一般社会情况下该做什么，以及如何在为自己提供一些发展和表达机会的同时发挥作用。政治隐喻分析了社会制度结构中扭曲人性的潜力，这限制了自我发展所必需的基本自由。换句话说，每个人的职位都有未实现的潜力，人们都有潜力变得比现在更好。休闲体育可以帮助人们更好地挖掘潜力。

当然，休闲体育也许不能完全摆脱角色结构或评价，但它仍然是生活中最有可能自由尝试而不用担心失败的领域。休闲体育并不脱离生活，但它们确实包含一些暂时脱离生活主流持久承诺的因素。因此，休闲体育作为个人选择的一种表现，是个人能力的一种反映，它能使人们对自己的生活力量和未来的可能性有信心。

（4）研究休闲体育的社会学意义

随着社会的发展，人们生活的各个方面发生着深刻的矛盾变迁。人一边是日渐社会化，一边是自我封闭与隔阂；一边渴望友谊与温暖，一边残忍地竞争。当一种良好的社会关系被阻断，人将会产生孤独感，处于一种失衡的状态。如何摆脱这种困境，休闲体育是一个重要途径。休闲体育作为一种以满足和适应小康社会人们以休闲需要为对象的新型活动形态，能够为人们提供社会规范教育的场所，是社会实践的重要典范。关于休闲体育与人的社会化的研究，对于加快人类社会发展进程、培育现代人健康意识、开阔视野、丰富生活内容意义重大，因此充分挖掘休闲体育自身的价值与功能意义重大。

2.1.3 休闲体育的文化学基础

（1）休闲体育与精神分析理论

从文化精神方面来解释休闲体育，首先要考虑人的本质问题。家喻户晓，人与动物最大的区别在于社会性高、智力高、语言能力、能够独立思考问题。弗洛姆在《为自己的人》中指出生命的本质在于维护和确认自己的存在，人也不能避免这一点。但是人不能仅仅满足于基本的物质需要，还需要追求更高的生活质量，对生活充满热情。自从公元前800年起，人们就试图对自身进行研究，来突出人在自然界独一无二的地位。在人类发展历程中，人的状态主要表现在精神层面，为我们研究休闲体育提供了理论依据。换句话来说就是休闲体育体现了文化精神，更适合人的需要。

休闲文化是指人们在休闲时间所参加的活动，从中所形成的价值观念、语言、思维模式的物质和社会关系的总和。休闲文化与人们能否自由控制自己的休闲时间密切相关，主要表现在社会、个人价值认同、文化素质的高低、文化品位的追求等方面。由此可知，"休闲"一词随着时代的发展不断被丰富。休闲文化的提出表明现代社会已经形成一种休闲活动的氛围，与人类文化相融合形成一种新的文化层面。休闲体育文化也是文化的一部分，由人类自己创造产生，又可供人类自己享受。休闲体育文化起源于物质文化，物质文化又能为休闲体育提供物质条件，所以休闲体育文化不仅能体现时代的精神风貌，更能体现人的本质与本性，反映人类文化精神面貌和人的追求。此外，通过休闲体育文化能够了解其他的文化形式。

（2）休闲体育与大众传播理论

文化是一种精神活动及其文化产品，文化本身不能主动传播，不能从一个地方传到另一个地方，但文化无时无刻地不断在影响着我们，其中文化传播媒介起着很重要的作用。所谓文化传播又称文化扩散，是指把想要传播的信息从一个地方传入另一个地方的互动现象。

通过大众传播，文化在社会生活中不断地交流、发展，构建人的价值意识，从而发挥文化的价值。大众文化传播具有目的性和需要性。文化传播不是简单的文化价值的传递，而是一种心理过程，要根据人们的经验、爱好、兴趣等主观意图来确认文化价值。在文化价值确认的过程中，人们不仅评价和确定了某一文化的原始价值，而且还增加了许多新的文化价值和意义。在一定情况下，文化价值增值和新的文化意义具有一定的限度，人的心理活动、整个社会有机体是一个有自我能力的大组织，自我组织系统领导大众文化、文化增值和价值观念的衍生。当文化价值信息与人的心理机制、整个社会机体相适应时，自我能力的大组织才能处于开放状态，文化价值才会增值，并在社会交往中利用文化价值信息衍生各种价值观念。

休闲体育根据其本身特有的文化属性，以及休闲体育由自身特点所决定的特殊机理，在文化传播中会发展出一种新的文化意义，促进文化价值信息的增值。休闲体育是人们在休闲时进行文化创造、文化欣赏的一种文化活动，其价值在于它的文化性。休闲体育的文化增值，与个人经济条件、社会角色、宗教信仰、文化知识有直接关系。所以说休闲空间作为一种传播文化的途径，不仅仅是对文化的传播与保存，而在于如何使文化更具有生命力、怎样让文化增值。

(3) 休闲体育与闲暇教育理论

在全面建成小康社会中，人们的经济发展水平提高，更加注重对空闲时间的利用，休闲越来越受消费者青睐，休闲文化不断地发展、丰富，休闲方式也多种多类。休闲文化作为一种文化现象，对社会发展有积极作用，也有消极作用。我们不能让文化的消极作用随便发展，不去约束，应该把文化的消极作用引到正确的轨道，避免消极作用产生坏影响。作为一种具有最广泛、最普遍和最复杂的社会意识形态的休闲文化，我们绝不能掉以轻心，必须尽力避免它的负面后果，因此，我们必须开展闲暇生活教育。

休闲教育家曼迪和奥德姆对休闲教育进行了大量的阐述。休闲教育是通过休闲娱乐的方式来提高自己的生活质量，使人明确自己的休闲目的和休闲价值观，从而有利于帮助人们独立地决定他们在休闲生活中的地位，从休闲的角度更加了解自己，进而树立终身学习的休闲教育观念。人们根据对休闲体育的需求、休闲价值趋向、休闲文化的认知水平，进行休闲体育的选择，从而获得满意和高质量休闲体验的活动。

从上面可以看出，休闲体育具有发展的特性，是一个持续的过程，使人能够在空余时间全心全意地投入休闲体育中，在休闲过程中不断地学习，改变自己，增加技能，能够让人在活动中成长。休闲体育作为一种被大家所认可的休闲娱乐方式，不仅能让人品尝到无限的快乐，而且有利于人的个性与心理往积极一面发展。休闲体育受到社会尊重的原因与它强调文化享受有很大关系。休闲运动不是在浪费空闲时间，而是充实生活、享受生活的一种途径，休闲体育不仅能够让人享受休闲文化，增长经验和知识，还能使人提高文化素养，改变个人的举止和气质。当然，如果没有这样的闲暇教育理论，自然形成的休闲意识是不完整的、分散、不正确的，所以我们鼓励人们积极参加休闲体育活动，加强休闲教育文化建设。

(4) 研究休闲体育的文化学意义

在《休闲——文化哲学层面的透视》中，马惠娣指出，休闲是物质的，是一种新的文化现象，是衡量人类文明程度的标准，会因每个时代不同人的经历而变化。所以说文化与休闲是密不可分的，文化是在休闲中所形成的一种环境，而休闲是人们生活的一种放松方式，具有时代性和种族性，各种文化的休闲方式都有所差别。同时文化也是休闲的材料和休闲体验的发源地。换言之，休闲体育总是具有文化环境的特殊性（休闲体育的选择取决于经济条件、角色界定、宗教取向、文化史等类似因素）。休闲体育有利于文化的健康发展，因为金钱至上的价值观念仍然影响着很多人，他们过分地看重物质财富，在这种污浊的环境下，休闲体育为有利于文化环境的净化提供了现实依据。通过对休闲体育的文化学意义的研究能够找出休闲体育出现的漏洞，有利于更加清晰地了解休闲体育的发展方向。

2.1.4 休闲体育的经济学基础

（1）休闲体育与经济发展理论

休闲体育产业与区域经济相互协调发展。经济发展是休闲体育消费的基础，休闲体育消费直接或间接地促进经济发展，这是一种良性循环。因此，发展经济，刻不容缓。如今，我国面临的最大难题便是经济发展不平衡，促进经济发展，全面建成小康社会，解决西部地区贫困问题成为全党全国各族人民首要发展目标。发展经济需要产业的发展推动，休闲体育产业是目前急需发展的产业项目。目前我国社会的主要矛盾是人民日益增长的美好生活需要和不平衡、不充分的发展之间的矛盾，因此，休闲体育文化产业是建立健全小康社会不可或缺的一部分，是我国经济社会发展的标志。

人类文明随着历史的发展逐渐成熟，在过去，人们一味地追求物质财富，在改革开放初期更是出现了"向钱看""造原子弹不如卖茶叶蛋"的说法，人们盲目地追求经济发展，忽视了社会精神文明建设。到如今，我国已经成为世界第二大经济体，人们拥有丰富的物质财富。因此，人们在满足于富裕的生活水平下，更加寻求精神财富的富足，于是人们逐渐把眼光放在了休闲娱乐产业，例如休闲体育、健身、旅游等，这些逐渐成为人们生活的一部分，其中休闲体育正在逐渐变为人们休闲生活的核心。随着经济的发展，人们的思想也在逐步改变，人们对社会的认知也在发展。在以往，经济发展便是社会进步，现在，人们对进步的要求更高，不仅仅局限于经济发展，更要注重精神文化水平的发展，因此，现在人们对于社会发展的要求逐步提高。所以基本公共设施急需完善，休闲体育产业也应不断发展，以满足人们日益增长的对美好生活的需求，以及带动第三产业发展，促进国家经济发展结构转型升级，推动社会经济可持续发展。

（2）休闲体育与人力资本理论

贝克尔在人力资本理论方面做出了很大贡献，他通过对日本经济发展的描述，阐述了形成人力资本的各类投资及其产生的收益。日本是东亚一个由岛屿组成的国家，注定了资源匮乏。日本钢铁资源匮乏，但是生产量位居世界第三，汽车第二；石油资源稀缺，但石油消费占据世界第三；有色金属资源匮乏，却生产出世界第二大工业产值,等等。这些都是由于日本重视教育,注重细节,加强职业培训,重视信息和健康,以及迁移投资。在资源匮乏的情况下,日本却能够创造出位居世界前列的工业体系。

随着我国经济的高速发展、人们生活水平的提高,休闲体育作为生活不可或缺的组成部分悄然兴起,并受到社会普遍的关注。休闲体育的兴起对于促进人的身心健康发展,促进经济的发展都有积极的作用。休闲体育不仅仅是一种放松方式,也是一种社会发展资源,人们通过参与休闲体育活动,放松身心,从而提高劳动生产效益。美国学者早在生产研究中发现人力资源对于经济社会生产所造成的影响,并提出"员工健康和工厂设备同样重要""付钱给员工锻炼身体比职员缺勤、迟到、肢体障碍所造成的损失要小"。因此,发展休闲体育产业可以看作人力资源投资的一种。加强休闲体育投资可以增进劳动力体质以及人口预期寿命的提高和死亡率的降低,从而提高劳动生产效率,这无疑增加了一种隐形资产,从而促进经济可持续健康的发展。因此发展休闲体育对于人力资本的提升有着不可估量的作用。

(3) 休闲体育与市场发展理论

经济学家认为,人们的消费状态反映了一定的经济发展水平,而国家财政赤字也往往在一定程度上好于财政富余,因为充满活力的消费水平往往反映了国家经济活跃程度,消费能够带动生产发展。由此可见,发展休闲体育不仅仅能满足精神文化需求,而且能够带动相关产业链的持续发展。从历史角度看,社会的发展有赖于经济发展的推动作用,然而现如今,情况正在逐渐转变,社会休闲文化的发展正在慢慢带动经济的可持续化发展,以往经济发展仅仅依赖资源的时代已经一去不复返了。在一定程度上来说,发展休闲体育就是在促进消费,带动经济发展。休闲体育强调的是以人为本,突出人的主体地位,它的发展不仅依赖于经济,而且受经济的制约,又反作用于经济,这是休闲体育与经济的一种发展规律。休闲体育作为一种新的生活方式日益融入现代社会,休闲体育的发展不仅仅是这个产业的发展,更是整个国家经济的活跃发展。从休闲体育产业发展至今可以发现,休闲体育产业的发展已经不仅仅只是一个产业的进步,它的意义已经超过它的价值本身。从整体上看,它的发展带动了全社会的经济、文化的进步,有以下几个方面的作用:

第一,发展休闲体育产业增加了就业岗位,提供了大量的就业机会。一个产业的发展与繁荣,离不开丰厚的人力资源的支持,在产业发展过程中,大量的岗位产生,发展休闲体育产业需要大量的劳动力去填补空余岗位,以满足广大消费者的消费需求。发展休闲体育产业可以缓解我国社会就业难的问题。不仅如此,发展休闲体育产业同样也可以缓解员工紧张的生产工作,使得社会两极分化的现象得以缓解,从而达到一种均衡发展的状态。经济增长和充分就业是一个国家宏观经济政策的主要目标,从世界各国经济发展的历史来看,经济增长与就业增长一般有着正相关的关系，经济增长越快，越能吸纳更多的劳动力就业，同时一个国家的就业状态良好，越能够带动经济发展。所以发展休闲体育产业可以增加就业岗位，带动经济增长。

第二，发展休闲体育产业带动消费者的消费需求，促进消费结构的合理化发展。从整个的消费结构来看，当今人们的消费观念从传统的以衣食消费为主的生存型，向新兴的追求生活质量的享受型消费领域转变。休闲体育便是现代社会消费的热点，消费者需要休闲体育产业提供的精神文化产品。现如今，人们的知识文化水平逐步提高，人们对于休闲文化产品的需求逐步增大，而休闲体育产业正反映了现代人所需求的。休闲体育不仅使人们身心得以放松，而且可以提高人们的综合素质水平，从而促使人们理性化消费，促进消费结构的转型升级。

第三，休闲体育产业促进了人们观念的发展，带动了人类文明的进步，休闲体育与文化血脉相连，二者彼此交融，相辅相成。随着经济社会的发展，休闲体育产业不断扩大，人们的精神文化水平也在不断提升；同样，消费者不断提升的消费价值观对于休闲体育产业发出了更高的要求，它不仅要求休闲体育产业继承中华传统文化的共性，还要求继承各民族文化的个性，从而在二者的相互作用下，推动人类文明的发展。

综上所述，发展休闲体育产业对于带动消费，推动经济发展有着极其重要的作用。现如今，我国的休闲体育产业刚起步，还有很大的发展空间，与西方发达国家相比，我国的休闲体育产业还不够成熟，还有很多短板。因此，我国应该大力发展休闲体育产业，制定适合各个区域的发展规划，从而引导休闲体育产业健康发展。

(4) 研究休闲体育的经济学意义

劳动力自始至终都是经济发展中最重要的生产要素，人力资本在未来经济发展中的贡献率将日益增大，加大人力资本投资必然能促进经济发展。休闲体育作为休闲文化的重要组成部分，它以丰厚的内涵，为现代人的精神追求提供了领域和手段，它以人的本质的力量和社会的活动来肯定人、赞扬人、陶冶人、美育人，化解现代生活对人们精神的种种束缚，以其特有的功能在满足现代人的精神追求方面发挥着极其重要的作用。因此，休闲体育产业凭借其特有的优势，对于培养高素质人才发挥着特有的作用，高素质劳动力对于社会经济发展的作用是不可估量的。

随着经济的发展，人们对于休闲文化产业的需求越来越大，逐渐发展出多种多样的休闲娱乐方式，因此，休闲体育产业的基础设施更应该完善多样，以满足人们多种多样的需求，以此带动相关产业的发展。随着休闲体育产业发展规模的逐步扩大，涉及的相关产业也逐步增多，从而带动整个休闲文化产业的发展，最终成为社会经济发展的支柱产业之一。

休闲体育在经济社会发展进程中起着举足轻重的作用，发展休闲体育产业需要经济的足够发展，需要巨大的资金支持，可以说，发展休闲体育需要建立在经济发展的基础上；与此同时，休闲体育的发展可以促进消费、盘活经济、繁荣市场，促进经济发展。二者是一种良性循环关系，二者不断相互作用，共同促进彼此发展，这正是发展休闲体育产业的意义之一。

2.2 休闲体育空间的理论基础

2.2.1 休闲体育空间的提出

我国很早就对城市休闲体育空间有了深刻的研究与思考，其中最具有代表性的是郑华于 2009 年发表的《后奥运时代我国城市休闲体育空间发展趋势探讨》。这一论文首先从对城市休闲体育空间这一名词进行直观解释，然后进一步论述其空间建设的目标性和功能性。作者从空间的公共性能分析，认为城市休闲体育空间为社会大众提供了运动休闲的公共场所，因此将其定义为具有社会公共效益的空间场所。该论文还从社会的综合发展层面论述了城市休闲体育空间的重要意义：它为人们以及社会带来各种益处，不仅能推动城市经济的快速发展，而且能浓化城市的文化氛围，提高城市居民的精神面貌，推动城市整体性发展。城市休闲体育空间可以作为城市发展的一张个性名片，还可作为城市发展的一面镜子，推动城市更快更好的发展，扩大城市公共影响力。在北京夏季奥运会成功举办之后，政府加强了对城市内休闲体育场所设施建设的重视程度，不仅加大了资金投入力度，还安排了专门的管理部门进行专业化管理。随着体育场地设施的不断增多与完善，城市居民的运动积极性有了极大提高，并且将中国的体育文化向全世界传播，给全世界展现了一个日趋强大的中国，也让全世界认识到了中国人民的美好精神面貌，与此同时也向世界各国传递了我国全民健身的重要国家战略。作者通过奥运会后国家政策、城市空间以及社会大众的心声，全面分析并总结我国城市休闲体育今后的发展趋势与发展前景。由于种种因素的制约，其中最重要的是地区经济发展水平的高低，要求城市休闲体育设施的建设必须具有一定的综合性、适应性，并通过各种方式来满足城市居民的多元化需求。作者还强调人们不能仅仅满足目前的状况，在此基础上要将中国民族文化融入其中，大力弘扬中国民族文化。

休闲体育空间是一个多元化概念，从空间类型的角度来看，它不仅包含了休闲体育空间资源所形成的物质空间（健身房、体育场馆、俱乐部、户外体育场所等），还包含了人们进行体育休闲活动所构成的行为空间。从供给主体的层面来分析，可将休闲体育空间分为两大类，主要包括个人空间与公共空间。个人休闲体育空间的服务对象具有极大的商业性，空间建设注重以营利为目的，专门针对某一消费阶层的付费服务，比如健身房、俱乐部、羽毛球场等场所。政府一直以来都是公共休闲体育空间的主导者，其次是以政府为主导的第三方社会组织，旨在为人们提供公益性的服务来满足人们对休闲体育的需求，例如广场、开放性绿地、公共体育场所、公园等地，以便更好地推动城市化进程。公共休闲体育空间是城市不断向前发展的产物，它体现了现代城市在大众体育服务方面的先进性。由此可得知，公共休闲体育空间具有公益性、大众性、普惠性等综合性特征，因此将其纳入公共物品的范围内。城市休闲体育空间作为休闲体育的重要载体，为人们提供了休闲体育活动的重要平台。

2.2.2 休闲体育空间的发展

我国在竞技体育方面一直跻身世界前列，但休闲体育、大众体育还存在很多方面的不足，一直奔跑在赶超欧美发达国家的道路上。欧美等发达国家的发展具有其特有的优势性，其中主要体现在思想文化层面，民众从小受到各种精英文化、个人主义以及挑战精神的思想文化熏陶，使得他们从小潜意识里就具有运动锻炼和打磨意志的思想。相反，在中国的历史发展潮流中，流失了许多优秀的思想文化传统。例如在圣贤孔子的儒家文化中不仅有关于人文伦理、诗书道德的思想，其中还介绍了个人身体锻炼的方式。《论语》中曾提到在人与人之间发生争执时，通过射箭比赛来决定胜负是一种很好的方式。

（1）国内体育空间的发展

郭晓勇在2006年发表的《城市公共休闲空间刍议》中指出，城市公共空间是一个具有开发性的空间，没有阶级、文化水平高低的限制，是社会各类人群都可以共同享用的共享空间，人们可以利用该空间进行各类社会活动与交往。李倩在《体育场馆室外景观规划设计与建设管理初探》一文中指出了体育场馆建设的不足，认为相关部门与组织在其规划与建设中不仅要考虑到馆内的空间设施，并且要充分考虑到场外的各种空间布置，与此同时也要将场馆周围的环境纳入规划范围，防止出现只注重社会经济效益而忽略环境效益的问题。这不仅能提高体育场馆的质量与效益，而且能在城市品质的提升方面发挥积极作用，打造高品质城市。2009年，李蓉在《重庆市主城区公共体育设施需求及分布研究》一文中强调，城市公共体育设施是政府与社会组织为运动员和社会群众提供的共享空间场所，这不仅能为竞技者提供比赛场地，还能为社会群众提供观看与运动场地，这些举动都取得了可观的社会效益。卢燕在《城市广场体育文化初步研究》一文中论述了广场体育这一概念，总结与分析了城市广场的不同特点以及功能，主要强调了广场体育具有公开性与时代性等特点，并向人们展示了广场体育随着时代的进步所发生的各种变化。2010年，祁微在《关于免费开放公共体育设施的理性思考》中阐述了体育馆免费开放的重要性，同时也指出了政府与社会组织目前面临的各种疑难问题，并提供了相应的解决方案，解释了体育场馆免费向社会大众开放的原因。首先，随着人们生活水平的提高，美好生活需要日益增长，精神层面的需求逐渐被人们所重视，人们在体育运动方面的参与度逐渐增强，并且对体育设施的多样化需求也在不断提高；其次，目前存在大量管理不到位、体育设施不健全的体育场馆，管理和维护资金的缺乏导致许多场馆处于长期闭馆的状态。针对存在的问题，作者提出了几点具有针对性的意见，在场馆开放运行过程中首先进行试点，分析并找出适合场馆运行的管理机制与方法，再进行逐步推广，最终完成场馆的免费对外开放，并以高效的运营管理机制推动场馆发展。2013年金银日在《城市居民休闲体育行为的空间需求与供给研究——以上海市为例》中指出，体育设施的建设不能局限于数量的积累，更要注重空间的分布与多样化设施的组合，以便发挥体育设施的最大化社会效益。相关部门在体育设施的建设中还应考虑不同人群、不同阶层的差异，通过分析其生活方式和对体育设施的多元化需求来实现公共资源配置的公正性。体育设施资源的配置要与城市其他资源相整合，实现不同资源的双赢，尤其要与城市周边资源、绿地资源相结合，最终建成具有各类等级的多样性体育场馆。

（2）国外体育空间发展

美、英、法三国对城市休闲体育进行了深入的探究，由于这些国家拥有成熟的学术环境和良好的国家政策，并且民众大多生活在高水平发展的城市环境中，因此众多学者依靠优良的社会条件对早期的城市休闲体育空间进行了系统的研究与整合，并于20世纪初构建了较为健全的研究体系与法则。

休闲体育空间的商业化研究是国外学者早期的研究主题，再进一步发展到研究城市休闲体育空间的范畴。由于欧美国家侧重于资本的原始积累，因此将经济要素渗进了生活的各个层面，休闲产业就是其中最具经济效益的朝阳产业。休闲产业随着资金的不断投入而全面发展，城市商业休闲体育空间也随之迈入了新的台阶。

随着哲学性问题的探讨与相关理论的研究不断深入，在20世纪末期信息化时代取代了工业化时代，社会氛围也随之融入了娱乐和休闲的气息，人们对社会的关注点发生了转移，休闲理论开始得到了大众的关注，随之开展了更多人性化、理论化、专业化的研究，以此取代过去的商业化休闲观点。社会以及居民主要探讨的问题包括以下几点：一是随着人们空闲时间与休闲活动的增多，人们思想中存在的社会价值是否发生了新的变化；二是如何平衡私人休闲与人们生活各方面（工作、社交）之间的关系；三是政府如何通过制定与完善相关政策来规范休闲产业的运营。

进入21世纪后，关于休闲活动在全球范围内展开了激烈的讨论，人们探讨了休闲与全球化之间的相互影响关系，并开启了新的研讨论点。人们针对如何建立规范合理的城市休闲体育空间、如何推动本国休闲体育产业面向全世界发展这两大问题进行了深入的分析。部分学者利用人们遵守环境指引的心理，将其运用到休闲公园的规划与设计当中。其中最具权威性的代表作是《人性场所——城市开放空间设计导则》这一著作，作者向人们详细描述了美国不同类型公园的特征，找出其中出色的设计，人们在这些出色的设计或场景的指引下去公园进行体育锻炼。作者指出，在公园的设计方面，设计者应该注入人性化思维，积极考虑到不同年龄层面的参与者，确保其真正做到为社会大众所用。

2.2.3 休闲体育空间的意义

休闲体育空间被人们视为公共服务空间的基本组成部分之一，体现出一个具备公共服务性能的动态体系，拥有特定的空间层面和框架。人们所理解的休闲体育空间模式，是指休闲体育空间组成要素的结构、形式、规模大小，还包括不同要素之间联系、互动、作用的模式。马斯洛需求理论提出：由于空间载体的存在，人类的行为意向受到了极大的影响。休闲体育空间作为人们休闲娱乐的场所，其空间结构是否具有合理性直接影响着人们休闲活动的展开。因此，充分考量体育休闲空间结构的合理性是必要的，这对城市公共体育公平化建设，以及对政府有效落实体育强国战略和全民健身计划具有指领性作用。

休闲体育空间的研究领域涉及体育学、地理学、设计学、经济学、规划学等城市发展学科，休闲体育空间的研究有利于城市体育的健康发展。城市公共体育空间在城市的分布范围和公共设施的建设水平直接影响居民的体育健身的质量，但目前在我国研究城市公共体育空间的理论层面有待加强，对城市公共体育空间的群众体育健身活动调查更是少之又少。从长株潭体育空间分布的调查研究中，笔者着重分析了各个空间的位置和分布情况、空间体育建设水平、空间体育参与者的文化素养和经济情况以及体育活动的特点，为城市体育设施和体育服务提供建议，为城市空间参与者提供帮助。

2.3 城市空间的理论基础

2.3.1 城市空间理论

（1）城市空间理论的提出

随着学术的介入，系统城市空间慢慢发展为城市空间形态学。20世纪柯布西耶在《明日的城市》提出"现代城市"设想方案：为了适应现代经济发展的需要，城市功能需要划区，城市中心往高处发展，提高城市的空间密度，降低城市建筑面积，采用棋盘式道路网提高交通的运行效率。20世纪五六十年代，世界第三次科学技术革命深刻地影响到社会经济的各个领域，提供了更多的就业机会和发展空间，推动了一些大城市的发展。20世纪六七十年代，世界第三次科技革命发展处于低潮，欧美国家开始经济膨胀，城市发展江河日下，于是通过发展郊区的小中城市，缓解大城市发展面临的问题，城市中心向外围扩散。20世纪 80 年代，霍德华在他的作品《明天：真正改革的和平途径》中提出了"新城市规划运动"，快速便捷的交通连接分散的小城镇，从而形成一个能满足几十万人口全部需要的"社会化城市"。20 世纪 90 年代，"紧凑型城市"成为一种解决城市问题的新途径，"紧凑型城市"最早由 Dantzig. G 和 Satty. T 在其出版的《紧凑城市——适于居住的城市环境计划》一书中提出，即对城市功能、规模、结构加以紧凑，高效地利用土地资源，这种城市精致发展的新思维有利于城市的重生和复兴。

（2）城市空间理论的发展

城市空间理论着重对城市空间进程、形态领域进行研究。2000 年东南大学的齐康首次提出了城市形态研究的提纲。2003 年朱喜钢在《中国城市发展的若干趋势与特征》中提出城市区域发展一体化的设想方案，并明确了城市空间的差异化。2013 年周春山和叶昌东在《中国城市空间结构研究评述》中提出，有必要对中国城市空间结构相关研究进行系统总结，从中找出存在的问题，以及与国际研究的差距，未来中国城市空间结构的重点研究领域应当集中于转型期城市空间结构理论模式的探讨、城市空间结构深层机制的分析等方面。

（3）研究城市空间理论的意义

单纯地从某一方面去研究城市空间，研究范围受限，研究成果不准确。可从以下几个方面来研究城市空间：一是从城市建筑、设施着手，以城市的重要建筑物为中点，对城市建筑地位进行划分；二是从城市发展状况和科学技术着手，有利于当地的全面发展；三是从社会、自然环境与人的关系着手，有利于城市绿色发展和人的协调发展；四是从城市文化底蕴和现代信息方面着手，有利于提高城市规划的效率与科学性，发展现代化文明城市，提高信息化水平，不断满足居民的需求。

2.3.2 城市公共空间理论

（1）城市公共空间理论的提出

在有关人类公共活动的早期探索中，德国哲学家汉娜·阿伦特的著作《人的条件》中就有关于"公共领域"（Public Realm）这一观点的论述。她认为在人的生存意义中，政治性是最突出的特性，公共空间具有开放性，所有人群在共同的活动中表达和传递自身的价值观念，并接受着来自不同人群的价值熏陶。公共空间是一个没有种族歧视、性别区分、阶级高低的人们所向往的理想场所，公民能通过参与公共活动来吸取生活的价值，明白生活的意义。这一理论的提出影响着人们对城市空间规划的认识，不同学者都表达了自己的见解。如美国学者克莱尔·库珀马库斯等的著作《人性场所——城市开放空间设计导则》中表明，公共空间与政治变革运动有着千丝万缕的联系，它不仅为政治变革拥护者提供了革命的基本阵地，而且能巩固革命者的政治领导权力。他在书中多次强调城市形态与城市功能两者的紧密性与联合性，认为公共空间在人类发展的历史长河中一直发挥着举足轻重的作用，在历史的浪潮中不断变更着不同的角色。总而言之，时代的发展深刻影响着人们生活方式的变革，进而推动着城市公共空间的推陈出新。库珀马库斯认为在一个信息大爆炸以及不同地域文化融合与冲击的时代中，人们应把发展的目光集中于如何构建一个以地区周边特定建筑物去服务特定人群的新型空间。

来自台湾的学者夏铸九所著的《公共空间》是当今国内对于研究公共空间较为详细的学术作品。在他看来，权利、政治是公共空间中较为突出的要素，也是对于城市公共空间建设最大的影响因素，这些条件使公共空间的定义具有局限性，同时也影响着人们对于公共空间的理解。他论述了不同人群与不同公共空间的界限，不同群体的划分与不同人群的需求时刻影响着公共空间的性能、使用途径、呈现形式。夏铸九认为"人"是城市空间中的核心部分，公共空间应服务于人民大众、服务于社会，而不仅仅局限于某些特定建筑物上，否则会导致公共空间失去其原本的功能。公共空间作为一种媒介，是一种能将城市居民的生活方式与文化活动紧密联合起来的空间载体，是人们能从中获得生活幸福感和满足感的共享空间。

国内学者王鲁民、马路阳在《现代城市公共空间的公共性研究》中详细阐述了城市公共空间系统，并将它作为城市精神生活的缩影来反映人们精神生活水平的高低，这有利于更好地反映民情，是建设精神文明城市的需要。有关部门在城市规划与建设中应将工作重心转移到如何更好地建设和完善公共空间及其公共性方面，这对政府及相关部门的工作有明显的帮助。

(2) 城市公共空间理论的发展

城市公共空间（Urban Public Space）是有关各种学问的复杂性概念，不仅仅局限于某一学科或者某一方面的学问，因此到目前人们对它还没有统一的定义。许多学者将城市规划设计的对象限定为城市公共空间的规划与建设。早期国内主要存在两种观念。第一种观点是有关城市室内空间与室外空间或者开敞空间的认知，其中李华德（2001）关于城市公共空间的概念最具代表性，反映了一部分民众对于城市公共空间的认识。他们认为城市公共空间应从狭义和广义两个角度去分析，狭义的城市公共空间主要包括为居民提供日常生活场所以及社会活动的室外空间，其侧重于关注民生，主要由街道、公园、广场、小区居民活动场所、体育场所、社区活动场所等组成，这些场所都紧贴人们的日常生活，所论述的范围较小，因此被称为狭义概念。广义的城市公共空间则是对狭义概念的拓展，在原有的基础上还增添了公共设施用地空间，其中城市公园绿地、滨水区、商业区、中心区等最为典型，这些空间设立的出发点不仅仅局限于居民生活，还延伸到了社会经济、政治以及文化方面。第二种观点是将人为因素作为城市公共空间规划与建设的主导因素，并将它称为"城市人工开放空间"。赵蔚（2002）、赵民

(2001)、周进（2005）在城市公共空间的认知方面持有共同的观点，认为城市公共空间是以人为中心而展开建设的城市开放空间。以上两种认知都是将城市公共空间视为居民活动的物质载体，从城市公共空间的物质性和实体性出发，两者具有共同思想基础，认为城市公共空间主要是依据与私人居住场所以及工作区域相对照而存在的，强调其公共性、开放性。在过去几年中，城市居住区模式的不断变更，各种半公共空间的激增，从直观角度反映了人民生活水平的变化，也说明人们对城市公共空间要求日趋提高，这就意味着城市公共空间的扩展已经成为一种必然的趋势。当今的城市公共空间已经不仅仅局限于国家及其附属机构，更多的是具有公共性，是全社会所共享的区域，例如佐金（S. Zukin, 1995）将城市公共空间作为城市居民活动的公共场所。

南京大学顾朝林在《中国大城市边缘区研究》（1995）一书中阐述了我国城市地域划分的理论方法，即按照核心区、边缘区以及影响区三类进行划分，还从城市边缘区的功能、组成因素、人口特征、社会特征、经济特性以及土地利用特征等方面详细介绍了城市边缘区实证研究的成果。作者根据大城市边缘区公共空间扩展模式（纵向扩展和横向扩展）以及扩展要素（经济、交通、区位、政策、社会心理等）明确指出了四点规律：一是我国城市边缘区的地区差异和功能演化规律；二是城市边缘区由中心向外延不断扩展的推移规律；三是指状生长—充填—蔓延空间扩展规律；四是轮形团块—分散组团—条带形城市空间演化规律。这些从广义角度分析的演变规律都在直接或间接影响着城市公共空间的变更体系，随着城市空间结构的变化，城市公共空间也随之产生了时代性的转变。

城市公共空间的总体概念是指开放空间场所，主要存在于城市中各种实体建筑物之间，其功能主要体现在为城市居民提供公共交往活动，具有明显的大众性。与此同时，城市公共空间还作为人类与大自然进行紧密联系的纽带，在城市生态系统中发挥了重要的作用，是城市形象的象征之一，被人们称为城市的"起居室"和"橱窗"。因为城市公共空间在城市总空间中所占的比例较大，且具有综合性功能，所以一直扮演着承担各类社会活动（政治、经济、文化）的主人公角色，城市公共空间是城市生态、文化、艺术等与可持续发展土地的使用方法相统一的多元化目标，并且城市公共空间不仅处于静态发展变化中，动态发展也是其一大特色。王鹏（2002）在《城市公共空间的系统化建设》中将现代系统理论与原则相结合，根据城市空间理论与人们的实践活动，构建了城市空间系统化研究的框架，利用该研究框架对我国局部城市（以北京为例）的公共空间系统的形态结构开展了详细的研究，概括了从总体到部分的各种不合理问题的因素，力图总结分析出中国城市公共空间内部体制不健全的问题。

富利（L. D. Foley, 1964）将城市空间结构概念理解为多层次结构。首先，城市空间结构主要由社会功能活动、实体环境、文化价值三部分组成。其次，城市空间结构有空间和非空间两种特性，空间特性包括社会功能性活动、实体环境、文化价值；非空间特性包括人们共享的精神空间等。最后城市空间结构的属性主要从形式、过程来体现，形式是指城市空间结构的组成要素在城市中的布局情况，过程是指城市空间结构发挥其空间作用的形式，形式与过程的结合代表着空间与行为的互存互助，人们在空间中的行为活动时刻体现着城市空间结构的动态功能。此外，每个历史时期的城市空间结构都深受前一历史时段潜移默化的影响，其演变过程中发生的一系列变化都是明显的，因此人们对于城市空间结构变革状况的认识一直属于一种直观的状态，这就是在城市空间结构的概念框架中加入时间概念的重要因素。

韦伯（Webber, 1964）对于城市空间结构的认识过于侧重其空间特性，而忽略了其他特性，他强调城市空间结构主要有形式和过程两个层面。城市空间结构的形式包括物质要素和活动要素在城市中的空间格局，过程则主要体现在各种不同要素之间的相互作用，在不同要素的碰撞与融合下表现出来的优势或者劣势，以不同形式的"流"呈现在人们面前。与此相对应，城市空间结构被划分为"静态活动空间"以及"动态活动空间"两种活动形式，分别是由固态建筑物和交通流所构成的空间形式。城市空间主要由物质、活动、互动三种要素组成，其中物质要素是指在城市空间结构中各种实体空间的布局位置，活动要素是指人们从事的各种社会活动在城市空间中的活动情况，互动要素是指城市空间中不同形式的"流"，例如人流、车流、物质流、信息流、货币流等各种形式。

伯纳（Bourne, 1971）通过系统理论知识对城市空间的概念进行了详细的阐述，并且分析了城市公共空间的三大要素。首先是城市形态（Urban Form），指城市各要素在城市空间结构中的布局形式，其中包含了硬件设施、社会群体、政治经济活动以及社会公共机构等。其次是城市各要素之间的相互影响（Urban Interaction），指各要素之间不同的功能属性、相互作用的关系，促成其成为一个完整的功能实体，进一步完善城市的公共空间结构。最后是城市空间的组织法则，即城市各要素的空间分布规律以及相互影响的内在体制机制，积极促成各个局部系统联合组成一个完整的城市系统。伯纳认为在人们的社会实践中不仅要注重积极探索其形态功能，并且要研究其形成的体制机制，保证城市空间结构能最大化地发挥其功效。它的组织法则主要体现在社会经济原则和社会规范两方面，根据伯纳的观点，其中主要包括三个要素：土地的市场竞争、政府与社会公共法则的功能性、人们可接受的社会行为的评判准则及其规范程度。

哈维（D. Harvey, 1973）向人们提出了一个跨越限定学科的概念模式，这打破了人们一直以来的单一思考模式。在任何城市空间理论的研讨中研究其空间形态模式是极其重要的，与此同时要研究其与城市空间内在体制机制之间的相互关系，以此来促使城市空间理论发挥最大的社会效益。由于各类社会学科与地理学科中存在不同的研究方法与各种理论概念，导致了传统城市空间的研究受到了极大的限制。在社会学科的城市研究方面过于侧重过程，同时在地理学科的城市研究方面局限于空间形态，由于管理过于片面化，导致城市的发展速度逐步放慢。哈维强调，城市研究中的跨学科框架是指在社会学科与地理学科的方法体系中逐步建立"交互界面"。城市空间结构包含了两个层面：从浅意角度分析，城市空间结构不仅是各种社会组成物质的属性，而且是各类空间组合的分布格局；从深意角度分析，它属于人类的各种政治、经济以及社会文化活动在社会历史发展进程中的物质形态，是能够给人类直观感受的物质要素，同时也时刻反映出人类的社会活动与自然要素之间相互影响的动态结果。

（3）研究城市公共空间理论的意义

全民健身活动正受到世界各国的重视，并在进行新的改革和探索，而且都得到了很好的发展，实施效果显著，群众体育事业呈现良好的发展趋势。国外针对城市公共体育空间问题有比较成熟的经验和方法，这些经验和方法对我们有重要的启示：需要国家和政府制定比较完善的法律法规，建立健全社会体育组织体系，合理规划现有的体育资源，合理利用公共体育空间，大力发展新的体育活动形式，丰富群众活动内容，促进体育事业良好发展。

2.3.3 城市空间结构理论

城市空间结构是指构成城市的具有各种功能及其相应的物质外貌的功能分区，又称城市内部空间结构，它由不同功能区的组合和分布构成。它是在一定空间范围内不断演变和发展的。城市在发展过程中，职能分化带动形态的分化形成城市内部空间布局，各个功能区有机地构成城市整体。伯吉斯、霍伊特、麦肯齐、哈里斯、乌尔曼等人对城市空间结构理论深有研究，并发表了一系列著作。他们依据城市历史发展的表现，总结规律，从多种角度阐述城市空间结构，并创立了城市空间模型，为后世研究留下了丰富的资料。后人也站在前人的肩膀上不断完善城市空间结构理论体系。例如埃里克森通过总结同心圆模型、扇形模型和多核心模型的特点，从中分析剥离出优劣，并对其总结升华，提出折中理论模型，扩宽了工业发展的道路。

（1）经典城市空间结构研究

1925年伯吉斯通过对美国芝加哥市的调查，总结出城市人口流动对城市功能地域分区的5种作用力：向心、专业化、分离、离心、向心性离心。具体是指城市土地利用的功能分区，环绕市中心呈同心圆带向外扩展的同心圆结构模式。它们在各功能地带间不断交叉变动，使城市地域形成了由内向外发展的同心圆式结构体系。由内向外的城市空间结构依次是中心商业区、过渡地带、工人住宅区、高收入阶层住宅区和通勤人士住宅区。这个简单模型说明了城市土地市场的价值区分带：越近闹市区，土地利用集约程度越高；越向外，土地利用越差，租金越低。该学说的可取之处为：在方法上采用动态变化入手分析城市；在宏观效果上，同心圆模式基本符合一元结构城市的特点。但由于仅考虑了芝加哥市的城市发展状况，并未系统调查，具有特殊性，且划带过多，过于规则，未估计到城市交通的作用，所以并不值得推广。

扇形模型是关于城市居住区土地利用的模式，其中心论点是城市住宅区由市中心沿交通线向外作扇形辐射。霍伊特自1934年起收集了美国64个中心城市房租资料，后又补充了纽约、芝加哥、底特律、华盛顿、费城等大城市资料，画出了平均租金图，发现美国城市住宅发展受以下倾向影响：住宅区和高级住宅区沿交通线延伸；高房租住宅在高地、湖岸、海岸、河岸分布较广；高房租住宅地有不断向城市外侧扩展的倾向；高级住宅地多集聚在社会领袖和名流住宅地周围；事务所、银行、商店的移动对高级住宅有吸引作用；高房租住宅随在高级住宅地后面延伸；高房租公寓多建在市中心附近；不动产业者与住宅地的发展关系密切。根据上述因素分析，他认为城市地域扩展是扇形，并于1939年发表了《美国城市居住邻里的结构和增长》，正式提出扇形模型学说。他认为不同的租赁区不是一成不变的，高级的邻里向城市的边缘扩展，它的移动是城市增长过程中最为重要的方面。这一模型较同心圆模型更为切合城市地域变化的实际。

多核心理论认为大城市不是围绕单一核心发展起来的，而是围绕几个核心形成中心商业区、批发商业和轻工业区、重工业区、住宅区和近郊区，以及相对独立的卫星城镇等各种功能中心，并由它们共同组成城市地域。这是城市内部地域结构三个基本理论之一。多核心理论最先由麦肯齐1933年提出，后来哈里斯和马尔曼于1945年加以发展。该理论强调，城市土地利用过程中并非只形成一个商业中心区，会出现多个商业中心，并且其中一个主要商业区为城市的主要核心，其余为次核心。这些中心不断地发挥成长中心的作用，直到城市的中间地带完全被扩充为止。而在城市化过程中，随着城市规模的扩大，新的中心又会产生。由于核心的数量和位置是历史发展的结果，所以它在每个城市是不同的。

(2) 国内城市空间结构研究

与国外研究相比，中国城市空间结构研究起步较晚，20世纪80年代之前，还主要是对西方理论与方法的引进和介绍。20世纪80年代以后，中国社会主义经济体制发生了根本性变化，给城市发展注入了新的活力，城市空间结构相应地发生了急剧变化。这种转型时期空间结构的变化引起了越来越多学者浓厚的研究兴趣，胡俊就是其中之一。他于1993年提出了中国城市空间模型，在国外研究理论的基础上，注入中国元素，形成了适合中国城市发展的空间结构理论模型，为中国城市发展建设指明了方向。中国城市空间模型将城市分为中心区位、城市建成区位以及中心市区周边三个部分，然后依据不同区位的特征以及影响因素，因地制宜，综合考虑，制定适合各个区位的城市发展方向。城市中心区位是城市中经济功能高度集中的、空间物质载体集聚的、空间交通交结的、信息流汇聚的地区，承担着一个城市的主要经济职能，因此在城市中心区位适宜发展高精尖的高新技术产业，以及文教、政治等中心产业。城市建成区用来反映一个城市的城市化区域的大小，具体指一个市政区范围内经过征用的土地和实际建设发展起来的非农业生产建设的地段，包括市区集中连片的部分以及分散在近郊区域与城市有密切联系，具有基本完善的市政公用设施的城市建设用地。此外，在中心市区周边分布着重工业基地、交通枢纽以及旅游景点等，从中体现了中心市区周边的环境分布特征，并由此将城市空间范围扩宽。

从目前中国城市空间结构理论体系的发展方向看，目前我国城市空间结构发展主要分为内外两部分，以及城市核心分布方向。其中城市核心是一个区位发展的中心环节，通过核心的发展，带动相关产业的发展，从而推动区位的发展。同时，内外围的发展需要经济、社会发展的推动，在内外双重作用力下，促进城市发展。如图2.1所示。

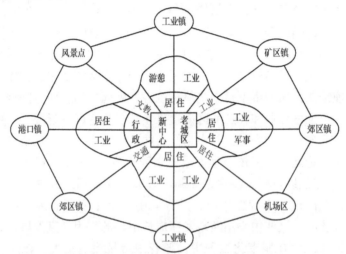

图 2.1　中国大城市空间结构模型

2.3.4　城市空间的经济学基础

（1）城市空间及其经济属性

经济学、地理学、规划学、建筑学和其他学科对空间有不同的定义。

地理学认为，空间是岩石圈以上，大气层以下无穷无尽的球形，是由物质和非物质所构成的，着重研究人文聚落的分布情况。

建筑学重点研究城市空间问题。在我国，建筑学中的空间原本局限于建筑空间内部，在新思想和新的学科发展的影响下，建筑学对空间的定义范围放大，由建筑内部空间向外部延伸。

规划学认为，城市空间是由空间建设各种要素所形成的。国民经济发展计划指导着城市规划空间的建设强度、形态设计等方面。城市规划由建筑学衍生，所以建筑学对规划学的影响甚大。在规划学研究领域，比较倾向于发展空间的物质形态，从而忽视空间的社会属性。

经济学把空间定义为区位结构关系。1950年佩鲁提出增长极理论，在增长极理论发展后期，佩鲁首次提出一个不同于地理空间的"经济空间"，是一个以抽象的数字空间为基础的经济空间。

城市空间作为城市各种活动的载体，应该同时具备物质属性、社会属性以及经济属性。

①城市空间作为资源的稀缺属性。城市空间是一种动态概念，随着城市的发展而发展；城市空间的核心功能伴随社会多种要素发展而逐渐复杂，城市空间中土地资源越来越稀缺。

作为城市空间的应用者，空间的竞争主要表现为对土地资源的占用、空间功能分区、城市建设方式和强度的界定。由于空间土地资源的有限性、空间秩序的不安全性，可能会直接影响城市建设的生产效率、建设地的使用频率以及居民地的生活质量，所以说，区位选择会直接影响城市活动，从本质上来说，空间竞争就是土地资源的竞争。

因为城市空间土地资源的有限性，不同区位的土地具有质量差别性等自然特性，所以城市空间的供求是不平衡的。

②城市空间预期增值的资产属性。城市空间价值体现在人与环境、内外部环境、文化底蕴等方面的综合价值上。城市空间作为一种资产属性，通过土地的增值来获得资本，所谓资产是指通过一定的途径获得的经济价值的资源。

城市空间建设会直接影响城市空间市场价值，如城市建设的用途、建设空间的容量、城市建筑水平的改变，以及城市基础设施的建设都会影响城市空间的市场价值。

可以通过对房地产的投资来拉动经济增长，从而实现城市空间的市场价值。根据对以往数据的统计，货币发行过多和人民经济收入增加，可推动以房地产为代表的相关企业的发展。20世纪90年代末，我国取消了福利分房制度，加之城市化进程的推进，居民对房地产的需求增加，房地产进入了鼎盛时期，导致房地产价格上涨，城市空间的市场价值增值，围绕城市空间的投资和建设需求迅速提高，城市空间快速增值。

③城市空间的外部性特征。外部性是指从事经济活动的主体对他人造成好的或坏的情况，不需要完全由主体负责。空间的排他性和不可重叠性决定了城市空间具有外部性，空间外部性是对城市空间外部性分析的前提。其中空间成本是由交易活动中城市空间的负外部性（经济活动中使他人受损）导致的需要额外支付的费用。

空间的外部性表现为聚集和辐射。聚集是一种吸引力，具有相互作用，既吸引相应的外部资源，增加经济空间场的吸引力，又对外部经济环境产生影响。辐射是一个较强的经济空间场对周围环境的影响。

（2）城市空间配置与经济发展理论

经济学是研究人类经济活动的规律，即价值的创造、转化、实现的规律，经济发展规律的理论，分为政治经济学与科学经济学两大类型。经济学的核心思想是通过研究、把握、运用经济规律，实现资源的优化配置与优化再生，最大限度创造、转化、实现价值，满足人类物质文化生活的需要与促进社会可持续发展。将空间与经济学结合起来，极大地促进了经济学的发展。保罗克鲁格曼和赫伯特西蒙都曾客观评价过经济学，称其勉强挤入科学亚流，但空间却是经济学最后的堡垒。经济学随着经济发展应运而生，至今还存在许多不足，例如在逻辑分析科学性方面还有缺陷，对于解决城市的规划建设问题还不够完善。但是存在即合理，经济学的产生对社会发展起着强大的推动作用，经济学也凭借其完善的科学体系以及强大的逻辑分析能力成为经济社会发展的有力助手。

主流经济学是指在经济学界拥有领导权与话语霸权、对政府经济政策的制定和实施起指导、主导、引导和主要影响作用的经济学。在其理论研究过程中，研究者往往通过对现实的虚化和假想，虚拟出一个完善的超出现实的经济社会，在完好的社会经济体制下，通过调整各种要素之间在城市发展的活动，从而分析出推动经济发展的主要要素。然而，现实中的市场并不完美，经济体制也并不完善，在经济发展过程中，不确定因素充斥市场。因此，经济学家为了减少研究中所出现的误差，通过放松假定的研究方法，研究各种不确定因素在经济发展的过程中所产生的影响，从而产生了有关现代经济发展的"新制度经济学""公共选择学派"以及"空间经济学"，以更好地适应现代经济发展规律。

空间经济研究的是关于资源在空间的配置和经济活动的空间区位问题，尽管区位理论拥有长久的历史，但是，与时间不同，空间一直也没有能够成功地纳入经济学主流。原因在于，空间研究本身就是错综复杂的，所以将其应用于经济学之中并加以分析有着极大的阻碍。

19世纪初期德国经济学家运用地租学说和比较成本学说，创立了古典区位理论，其中最负盛名的便是冯·杜能的农业区位论和韦伯的工业区位论，二者分别从农业和工业两个方面对经济学中的空间组织做了深刻阐述。二者虽身处德国生产力发展的不同时期，但是有其相似点，二者不约而同地将经济发展与空间结构相关联，同时采用成本收益分析作为其研究的基本方法，研究问题立足于如何使经济活动中运输费用最小化，即成本最小化。随着时代的发展，在20世纪初期，克里斯泰勒和廖什所提出的城市中心地理论成为城市发展的主要发展方向，城市中心地理论将经济发展放在首位，注重利益最大化，在关注利益的同时，考虑成本，进行综合考量，依据各个市场的不同发展状况，划分不同的市场区域，研究不同市场的网络形成，从而寻找出最适宜城市发展的道路。

埃萨德于20世纪50年代召集了一批各个专业的专家学者，从多重角度对区域经济发展进行研究，从而寻找出最适宜区域经济发展的发展模式。自此之前，从未有专家学者将空间问题带入经济发展的研究之中，他们开创了历史之先河，并试图在现有的经济发展研究上开创空间区位经济学。在不久之后，新城市经济学派进一步对区域经济发展理论做出了二次发展，阿隆索、穆斯以及米尔斯等人，为空间经济学的发展付出了巨大努力。然而由于区域空间经济发展理论尚未完善，并不被主流经济学家所理解接受，因此，尽管空间经济学家为空间经济学的发展付出了巨大努力，但空间经济学依旧无法成为主流经济学的一部分。

（3）研究城市空间的经济学意义

城市空间的研究领域具有多元化特征，主要领域包括城市规划、建筑学、经济学等。传统城市规划与建筑学的城市空间研究侧重于城市空间的物质特性及其策划与设计层面，这其中存在的弊端对城市空间的可持续发展造成了一定的阻力。自从我国社会主义市场经济体制改革以来，城市空间的经济特征在学科的可续性发展中所受重视的程度越来越大。

在经济学层面对于城市空间研究主要从区位问题入手。长期以来，实现城市空间的抽象化与简洁化特征一直被人们作为主流经济学分析的基础，人们为其设置了一个具有假象化的社会经济环境，其主要特征是抽象性、均匀性、超越性，但缺乏现实性、实践性。正是因为存在大量严格的假定条件和约束机制，使目前的主流经济学对城市空间的研究深度处于浅层的理论层面，始终无法触及经济学研究的关键领域，严重阻碍了现代经济学的发展。新制度主义经济学强调人们应专注于研究经济制度与行为，并深入分析行为结果之间存在的异同。新制度主义不仅深化了人们对城市空间研究领域的认知，而且提升了人们对现实空间的理解与解释能力，为人们提供了一个崭新的理解层面与高效的分析方法，并不断推动我国各地区城市空间的资源配置进入全新的优化环节。

2.4　本章小结

首先，本章分析了休闲体育、休闲体育空间和城市空间的理论，并分析了这三种理论的分类和特征，进一步阐明研究范围，梳理国内外发展的基本理论，挖掘其内涵，借鉴其先进的经验和思想。其次，总结国内外休闲体育空间建设的经验和相关学者的研究结论，并对休闲体育、休闲体育空间与城市空间理论发展的理论基础进行总结。最后，结合长株潭城市群休闲运动空间的发展现状，为研究长株潭休闲体育空间的合理化及其布局提供坚实的理论基础。

第 3 章
长株潭城市群休闲体育空间内涵与结构研究

体育项目建立之初是以休闲、娱乐的功能呈现的。我们所了解的大部分体育活动基本以群体性为主，团体间需要高度协调配合，这一性质体现出体育运动群体性特征。例如，从我国古代的马球、蹴鞠到篮球、足球、排球等现代球类项目其特征就是团体性。在团队合作的同时，团内成员彼此间以情感为纽带，因此情感成为城市群休闲体育中成员的关键因素，有利于个体彼此熟悉，增强社群认同感，强化社群意识，从而深化、稳固城市群关系。本章系统地描述了城市群休闲体育、城市群休闲体育空间、城市群休闲体育空间布局及城市群休闲体育空间合理化的内涵，对长株潭城市群休闲体育空间的特征进行分析，提出长株潭城市群休闲体育空间的组成结构，总结长株潭城市群休闲体育空间的主体功能，为长株潭城市群休闲体育空间布局研究提供理论基础。

3.1 休闲体育空间的内涵研究

3.1.1 休闲体育空间的定义性分析

（1）休闲体育

社会性体育具有自由、文化、非功利性等特点。它有利于增进健康、强健体魄、预防疾病与康复，有助于加强社会精神文明建设与培育文化素养，拉近人际关系，丰富生活，推进人的个性化与社会化的形成。现今，关于休闲体育的概念在国内外的争端很多，多数学者根据差异性角度、视野对休闲体育进行定义。"Leisure Sport"被多数学者翻译成"余暇"，它是指人们利用空余时间开展健身、娱乐、刺激、宣泄等活动。

卢锋（2005）用三维六相立体思维模式对休闲体育进行描述，最后得出休闲体育的定义，即"在相对自由的社会生活环境和条件下，人们自愿选择并从事的各种形式的体育活动的统称，它是体育的一种社会现象，也是体育的一种存在形态，是社会休闲活动的主要方式之一"。薛海红等人认为，"休闲体育是指在工作、学习之余开展的群众性体育活动，为了排解内心的压力和恢复疲惫的身心。它作为余暇生活的重要组成部分，可以在相对开放的环境中，在充满和谐欢快的气氛中随意选择自己所钟爱的体育活动,达到增进健康、增强体质、愉悦身心、促进人与人之间的交流与合作、培养高尚的情操,满足精神追求及享受人生乐趣等目的的活动。"2001 年,马惠娣发表了《休闲问题理论探究》一文,对休闲本质和休闲传统进行了探讨;2005 年 11 月 9 日,马惠娣在"文化多样性与休闲发展"国际论坛上做了题为《文化多样性与中国人的休闲智慧》的报告,她认为休闲是一种生存的状态、一种生命的态度、一种精神的态度、一种价值观、一个民族的文化气质和智慧的体现,是"成为人"的过程,是展示文化多样性最大的舞台。

现存的文献对休闲体育界定存在以下特点:从时空角度来说,利用社会劳动、维持生活等必须花费时间以外的空闲时间内进行休闲体育活动;是社会群众为健身休闲等进行的休闲体育活动;注重参与者的心理感受。

休闲体育与余暇体育、休闲娱乐、娱乐体育,从字表面来看似乎没有太大的差别,都是居民进行消遣娱乐、体育锻炼,但它们在内涵和外延上存在显著的区别。如表 3.1 所示。

表 3.1 休闲体育与它相近概念的区别

名称	定义
休闲体育	在相对自由的社会生活环境和条件下,人们自愿选择并从事的各种形式的体育活动的统称,它是体育的一种社会现象,也是体育的一种存在形态,是社会休闲活动的主要方式之一
余暇体育	人们利用余暇时间,为达到健身、娱乐、消遣、刺激、宣泄等多种目的所进行的各种身体活动方式
娱乐体育	既有一定程度的身体练习,又能在活动过程中使人获得愉悦情感的娱乐形式
休闲娱乐	可以放松心情,能让人感觉轻松愉快的活动

人生活在传统乡土社会中,往往会受到血缘、地缘、亲缘等因素的影响,禁锢在那个小小的、被传统因素所束缚的熟人社会,可能会被熟人社会中的血缘、地缘和亲缘伤得体无完肤,在熟人社会中渐渐封闭自己,不愿与外界沟通交流,渐渐变成孤立的个体;但是这些个体却愿意去寻找能够与外界交流、与陌生人接触沟通的空间与场所,希望能够实现自己的自我构建。休闲体育的兴起恰好适应了这种需求。休闲体育需要城市资源的支持辅助,同时也离不开社会居民的认同,也需要从城市独特的文化、历史底蕴,城市的动态发展中汲取力量。随着经济的发展,人们生活条件和经济状况的改观,人们对休闲体育的渴望将日趋加大,而休闲体育对人们生活的积极调节作用也必将进一步表现出来。

如今,城市休闲体育迅速发展,广泛存在于居民日常生活之中,但是学术界并未对其进行明确的定义和界定。根据休闲体育的特性、学者的研究、个人对它的认知,笔者将其简单地理解为:城市居民在空闲时间通过体育活动满足其对休闲体育的需求,靠自发或者人为组织手段形成特定的组织。休闲体育组织是一种非正式的组织，没有科学的组织设计与科学管理。各类居民可以根据个人喜好经过体育活动、人际交流，形成共同的行为、价值观。体育活动渐渐群体化，越来越多的居民参与到休闲体育活动中来。

（2）休闲体育空间

空间是一个抽象概念，按《现代汉语词典》可以理解为：空间是任何物质存在的一种客观形式，由长度、宽度和高度表现出来，是客观物质存在的外延性和伸张性的表现。

休闲体育空间指的是城市范围内，由政府控制、市场和社会提供辅助功能，能够满足居民休闲体育、健身运动、经济竞赛、休闲娱乐等需求的活动场所、空间、设施等。它可以为体育运动参与者提供锻炼、享受生活、促进人际交往的空间，在休闲体育空间内可以进行跑步、散步、竞走、足球、篮球、排球、门球、高尔夫、跳绳、乒乓球、羽毛球、网球、瑜伽、游泳、轮滑、武术、台球、健身、广场舞等体育活动。体育空间的构成要素如图3.1所示。

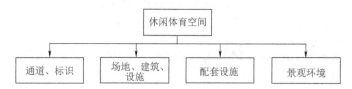

图3.1 休闲体育空间构成要素

休闲体育空间具有公共性、舒适性、科学性、文化性、多样性、便利性、安全性、生态性和合理性等鲜明特性，如表3.2所示。因此在休闲体育空间建设中需要满足以上特性，为居民的身心健康提供帮助，同时积极推动城市发展。

表3.2 休闲体育空间的建设的特性与内涵

特性	内涵
公共性	是公共开放空间，能为广大城市居民共享（部分空间为了维护设施以及提供相应服务收取一定的费用，但其本质是对所有民众开放的）
舒适性	给人提供舒适安逸的心理环境
科学性	有效提升使用者的身体素质和提高锻炼效果
文化性	具有文化内涵，体现当地文化特色
多样性	功能与形式灵活多样
便利性	应与居住空间充分结合，保证出行距离在人的接受范围内
安全性	充分考虑各个年龄和不同身体机能的人在参与体育活动过程中的安全隐患，通过场地设计和空间组织来提高安全性
生态性	尊重自然、历史和人文，保护生态，具有绿化、安静、空气清新等特点
合理性	符合城市发展的合理布局以及可持续性

休闲体育空间同时具有鲜明的时代性。一座城市的城市化水平可以决定一座城市公共体育空间水平的高低。虽然我国接触休闲体育空间的时间很晚,城市化水平不如西方发达国家,但中国地大物博,不同地区可以利用其优势来建设不同的休闲体育空间。同时也可以促进我国体育旅游的发展,为体育旅游的发展带来巨大的经济效益。体育旅游行业的发展不仅给本行业带来巨大的经济效益,也会拉动其他相关产业的发展,进而促进整个国民经济的发展,这些都显示着发展体育旅游的巨大经济潜力,同时也为城市增添了独特的魅力。

如今我国休闲体育还处于慢速发展阶段,专门的休闲体育的建设场所、设施较少,不能充分满足居民的需求。大部分居民休闲体育场所集中在城市广场、公园、社区空地、街边空地等公共场所,但这些场所不仅为休闲体育提供服务,还具有休憩、嬉戏功能。

休闲体育空间包括所需的场地、参与人员和休闲体育项目活动过程。以广场舞来说,场地是平坦空旷的地面,参与人员有喜欢体育活动的老年人、游客、精通舞蹈的老师,参与者可以通过跳广场舞获得放松、愉悦的心情,促进了身体健康。上面要素构成完整的休闲体育空间,三者缺一不可。

(3)休闲体育空间布局

休闲体育空间布局是城市或区域体育发展特征的空间反映,是体育产业或体育活动的空间地域体现,其本质是体育相关因素在空间上的集散和流动。休闲体育空间与城市建筑空间存在一定的关系。休闲体育空间是城市服务休闲体育人群的基础,建设和完善休闲体育空间布局可以提高体育服务效率,增强居民健身锻炼的热情。但是部分体育设施场地开放程度低,城市住宅体育配套设施建设滞后,营利性体育设施、运动馆收费较高,这些因素不利于休闲体育健康发展。而且农村几乎没有运动馆,休闲体育规划仅仅服务于城市居民,对周边郊区、农村的辐射作用较弱,所以在城市规划过程中不应该只考虑城市居民,而应该以公共体育中心画圆,实现服务效率最大化、公平最大化。体育空间还需要考虑交通的通达度和可达性,交通因素可以影响居民对休闲体育场所的积极性,距离休闲场所的距离、交通服务水平、交通花费、所需时间都会影响居民对休闲体育的需求。

(4)体育空间合理化

休闲体育资源所构成的物质空间(健身房、体育场馆、俱乐部等)与城市居民体育休闲活动形成的行为空间(公园、广场、开放绿地等)的合理布置,实质上是城市公共体育设施规划与空间布局结构的完善。

社区体育设施可以为居民日常生活提供体育服务,满足居民需求,具有研究、建设的价值和潜力。社区体育器材为居民提供了休闲娱乐、健身锻炼、体育活动的场所,承担居民的物质活动。但体育设施并不是简单的堆放、数量的叠加,而需要进行合理的空间规划,充分考虑居民的需求,考虑场所建设的可行性，不能一味地增加体育设施而不考虑实际现实。体育精神是体育运动、行为的核心，更具有居民日常交流、文化活动、社区精神等多个层次。

体育活动具有独有的特征，包括强身健体的体育行为、日常体育活动。在国家全民健身政策的推动下，我国休闲体育得到了一定的发展，我国体育事业取得了很大成就。群众性体育活动蓬勃开展，参加体育活动的人数不断增加，人民体质与健康状况有了很大改善，全民健身工作日益受到社会的重视和支持，群众性体育活动的内容和形式更加丰富多彩，群众体育健身的物质条件逐步得到提高，体育在提高人民整体素质，促进社会主义精神文明和物质文明建设方面发挥着越来越显著的作用。因此，在休闲体育建设中不仅要建设大型体育场馆，更要建设日常的社区体育设施。

通过关注时空行为可以了解居民体育活动行为，同时也是地理学研究居民体育行为的方法，而全民健身计划的实施成为居民参与休闲体育的政策鼓励。

3.1.2 长株潭城市群休闲体育空间的可行性分析

（1）助推长株潭城市群休闲体育空间的合理规划和建设

城市休闲体育空间包含了体育的空间形式，它强调了空间存在的前提性和人在其中的能动性，是城市公共服务体系的一部分。满足城市居民的体育需求是城市休闲体育空间建设的根本出发点，其主要是为居民提供体育场地。城市休闲体育空间坚持公平性与差异性结合、区域统筹等原则，在地区发展建设差异的基础上，整合优化空间布局，推动休闲体育行业的可持续性发展。长株潭城市群休闲体育空间的规划和建设应在充分了解、全面把握居民实际需求的基础上，尽量避免体育资源的重复建设和分布不均。在结合现有体育空间资源的基础上，研讨分析未来城市体育空间结构的拓展方向。为保证居民能充分享有体育资源，创新组合空间模式，形成以社区、城区、郊区三圈组成的生活圈，构建新型的全方位、宽领域的网状城市休闲体育空间。

加强对休闲体育空间的理论研究成为城市规划首要考虑的重要因素，合理的休闲体育空间理论对指导居民体育活动和追求高质量的户外活动提供了一个标准。体育事业的发展，使得城市公园休闲体育空间在城市建设中占有重要地位，其质量的高低成为城市建设和居民文化水平的一个判断标准。不同年龄、不同阶层的体育爱好者对体育空间的布局也有不同要求，政府应将体育类企业、高校、体育爱好者联合在一起，收集对体育空间布局的不同意见和需求，丰富休闲体育空间的理论。

长期以来，简易的体育空间布局虽能够满足居民的体育运动需求，但这种布局在经济上耗费太多，造成资源浪费。经济实用、简单易行是布局者追求的基本原则，但随着社会经济的发展和生活水平的不断提高，这种原则已逐渐跟不上布局的要求。此外，人们更加注重精神、心理上的需求，这对体育空间布局提出了更大的要求。基于这一前提,以人为本的原则成为休闲体育空间布局的首要原则,从居民的角度考虑,更加人性化地考虑休闲体育空间布局,例如设置伤残人士和老年人的专用通道。

(2) 助推长株潭城市群居民休闲体育消费水平的提高

根据居民的体育行为和心理需求,应合理设置布局点,避免造成空间冲突,影响居民正常进行体育活动。合理处理休闲体育、自然环境、商业化三者的关系能够更好地发挥休闲体育空间的作用,发挥出三者各自的优势,使居民能够最大限度地享受体育乐趣,这也是体育休闲空间的根本职能。

(3) 助推长株潭城市群休闲体育空间立体开发利用

在休闲体育空间的开发布局中,地价成为重要的阻碍因素。中心城市地价居高不下,休闲体育空间布局成本高。在学校、医院、交通要点等重点区域,休闲体育空间需求大,然而却是休闲体育空间布局的难点地区。在有限的城市空间中解决这一问题的最好办法是加强对空间的立体化利用。

参与者的需求定位分析是开发立体空间的重要因素。从居民的需求分析中可以了解项目和相关场地的占比,能更好地确定使用空间的大小。社会文化分析则是影响立体空间开发的另一重要因素。城市传统休闲体育项目发展为开发立体空间提供了巨大动力,政府可以在公园内设立专门的参与传统休闲体育项目的设施。

通过对以上空间需求的分析,能够确定立体空间开发的大小,使休闲体育空间布局更加合理,减少资源浪费。在满足居民需求的基础上,适当加入一些商业元素也会被人们所接受,使企业和对应的使用者共同承担资金的投入,减轻企业负担。这样既减轻了政府负担,保障了空间资金来源,又满足了居民需求,达到了空间利用率的最大化。

(4) 助推长株潭城市群休闲体育生态化持续性发展

生态环境的好坏直接影响到长株潭城市群休闲体育的持续性发展。改善休闲体育空间的环境能改善局部气候,营造良好的自然环境,这不仅能够为居民提供健康、舒适、安全的户外空间,也能协调人类活动与自然环境的和谐发展。

为实现这一目标,休闲体育空间的布局者通过对不同服务对象活动特点的研究分析,创造符合休闲活动特点的休闲体育空间,激发了不同年龄层、不同身份人群的活动热情,营造了轻松、优美的休闲空间气氛。

随着我国科学及经济的快速发展,居民文化水平和道德素质的不断提高,政府对体育事业的高度重视,城市公园休闲体育空间将朝着更好方向发展。

(5) 助推长株潭城市群居民身体健康及素质的提高

长株潭城市休闲体育圈充分利用湖泊、森林等现有的自然资源开展体育活动,吸引了更多的参与者,带动了体育活动的开展。另外城市休闲体育设施是否完善、体育活动开展的程度是居民体育活动参与度的反映,也是城市的发展水平和文明程度的反映。

对休闲体育的认识，我国的学者还只停留在对概念的界定和与休闲的关系的层面上。休闲体育在我国才刚刚起步，对其体系构成和场地分布研究还不够全面。因此为充分挖掘休闲体育的价值，还需要学者对休息体育的文化特征及其与生活方式、现代社会的关系进一步研究。

体育的本质是通过运动来提高人们的生活质量和生命质量，促进人们身心健康发展。但从另外一个角度来认识体育的本质，它是人们休闲时的依托对象。1980 年，Bedar 和 Ragheb 的研究表明，人们在体育运动时希望获得一些期望的体验：一是心理上的自由感、轻松；二是获取运动技能方面的知识；三是希望通过运动和他人建立和谐的关系。

休闲体育的参与价值主要有以下几个方面：

①美学价值。人们对于体育的认识不只限于强身健体的方面，而是希望通过体育活动的参与得到更多的精神享受。自古以来就表明，人们对体育的热爱不单单是对速度、力量、技巧的崇拜和对运动规则的玩弄，更多的是对体育真、善、美的追求。人们把肌肉和优美的曲线作为体型美的一种标志，最直接的美表现在活动过程中所展现出来的身姿。如和谐美，健美操运动时动作、音乐、舞蹈的完美融合；曲线美，跳高运动员在起跳、过竿时展现的身姿；舞蹈美，跳舞者柔美的体形和优美的舞姿。

②娱乐价值。人类社会的发展孕育了体育活动，原始的体育以游戏的形式呈现。过去，体育的娱乐性和休闲性被忽略。美国学者密慈谈道："竞技运动从根本上讲是游戏领域的延伸，它的基础在于游戏，它的主要价值是从游戏中派生出来的。"在休闲体育活动中挖掘娱乐性的特点，对于激发人们加强锻炼的积极性、养成良好的运动习惯意义重大。

③生理价值。以一定的身体活动为基本手段促进身心发展的文化活动即体育。体育独有的显性价值即生理学价值。现代生物科学和体育科学的研究均表明，体育运动对增强人的体质、增进健康、娱乐身心、保持健美的身材、提高生命质量、延年益寿等方面效用显著。"野蛮其体魄，文明其精神"的观念已经为人们普遍接受。《世界卫生组织宪章》对健康理解为：健康，乃是人在躯体上、精神上和社会上的完美状态，而不仅仅是没有疾病和衰弱的状态。如果以现代文明社会的健康观科学地、整体地评估人体的身心健康，健康的内容应包括生理健康、心理健康和社会适应方面的健康。休闲体育在满足人们生理需要过程中所承载和传递的影响人体健康状态的作用，即休闲体育的生理价值。人们从事一切社会活动的前提条件是拥有健康的体魄，健康是生命得以延续的基本保证，正如阿拉伯谚语所说："有健康的人，便有希望；有希望的人，便有了一切。"

④社会心理价值。在满足人们的身心需要过程中所承载和传递影响人的社会心理的作用即休闲体育的社会心理价值。现代工业化的飞速发展给人类带来巨大财富的同时带来一系列心理问题。社会发展速度与人的心理承受能力呈反向发

展。休闲体育成为人们释压的最佳方式，进行休闲体育能缓解生活中的各项压力，增强人际交往，添加乐趣，促进身心健康，使人们将心理调节到适应社会的最佳状态。

⑤社会学价值。随着社会的发展，现代社会的生产、生活方式变化为人类的健康生活创造了条件，同时也面临着挑战。休闲体育以其增强体质、加强人际关系、融洽氛围等特质造福了人类社会。马克思指出：人的需要和满足需要的方式存在于人际关系和人际交往的活动中，人需要在社会这个大染缸里历经千锤百炼才能修成正果、造福社会。而在进行休闲体育活动时能提高人们适应复杂社会的能力。实例证明：从事休闲体育运动群体普遍富有阳光心态，乐观向上，对生活充满激情和热情。在社会关系中，休闲体育成为人与人之间情感交流的重要渠道，扩大了人们的生活内容和生活圈，所以，组织开展丰富多彩的社会公益与文体活动，加强社会群体的参与度十分必要。

⑥文化价值。从文化的角度看，休闲体育文化的外部体现即休闲体育技术。休闲体育技术包含的游戏、娱乐成分广受休闲体育参与者的追捧，其目的是为满足参与者获得精神与心灵上的愉悦与享受。休闲体育自身蕴含的艺术文化价值在休闲体育技术、休闲体育装备上得以体现，只是在表现方式上有差异。因此，设计师在设计休闲体育产品时，保证实用价值的同时，应考虑到文化和美学的因素。一套兼具实用价值和美学价值的运动器材能给运动参与者良好的体验，把体育产品传递出来的文化艺术精神驻扎在他们心中。

3.2　长株潭城市群休闲体育空间的特征分析

居民对休闲体育不同的需求会产生随机性的特点，进而就会出现各种各样的场地。在城市或乡村都有居民休闲活动的地方，这些主要休闲场所在室内的有社区活动中心、室内球馆、游泳池以及健身房、农家乐，室外的有健身路径、公园、公共运动场所、健身绿道以及旅游景区等，如表3.3所示。

表3.3　不同城市空间内主要休闲体育场所情况

项目	城市社区型	城市公共型	城市商业型	城郊广域型
主要休闲场所	健身路径、社区室内活动中心等	公园、广场和公共运动场所等	室内球馆、游泳馆以及健身房等	农家乐、健身绿道、旅游景区等

3.2.1　城市社区型休闲体育行为特征

（1）年龄特征

调查发现，社区内的一些休闲体育设施过于简陋，一些健身路径还未建设完善，这给一些居民带来了一定的不满。在这些活动场所中 18 岁以下的和 60 岁以上的人数占的比重最大，18 岁到 60 岁的人非常少，如图 3.2 所示。这表明大多数人或缺乏体育运动，或不在社区运动，而老年人主动运动的意识在不断地增强。因此需要完善休闲体育所需要的器材和健身路径，方便居民运动，同时这也是城市发展的需求。

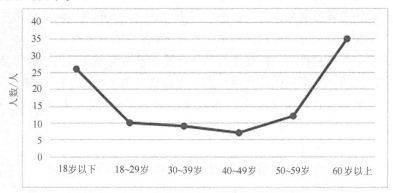

图 3.2　城市社区型休闲体育人群年龄分布情况

（2）时间特征

从居民每周体育活动次数的调查数据来看，不管是上班族还是非上班族每周都会根据自己的作息时间适当地参加一些休闲体育活动，很好的情况是每周休闲体育活动次数在 4 次以上的人数占到了总数的一半以上，如图 3.3 所示。但是每次周活动时间超过 2h 的却非常少，而超过 2h 的活动大多都是散步、跑步、小球类等运动量较小且便于开展的活动项目。

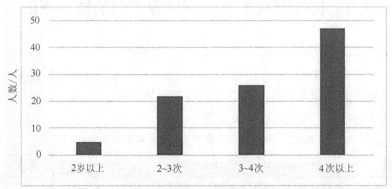

图 3.3　城市社区型空间下居民每周参与休闲体育活动次数

（2）运动场所特征

长株潭的居民休闲体育的运动范围是在离家很近的广场、活动中心等一些地方，如表 3.4 所示。而且这个范围还在不断地缩小，如在自家社区绿地空间的健身路径、小型空旷草地、社区道路旁都是现在居民活动的首选位置，还有一些中老年人甚至在广场或社区的一些空旷地上跳广场舞，因此在活动空间的选择上比较灵活。由于休闲体育活动空间还在建设中，难免会出现场所小、场所安全性低等一些问题。

表3.4　长株潭城市群居民参加休闲体育锻炼的场所统计

场地	占比/%	按性别划分	占比/%	按年龄阶段划分	占比/%
住宅空地	53.5	男	44.3	青年人	21.0
				中年人	24.5
		女	55.7	老年人	54.5
公园广场	30.5	男	51.4	青年人	11.0
				中年人	32.4
		女	48.6	老年人	56.6
公路街道	10.7	男	52.2	青年人	31.7
				中年人	32.4
		女	47.8	老年人	35.9
其他	5.3	男	56.7	青年人	32.6
				中年人	35.1
		女	43.3	老年人	32.3

3.2.2　城市公共型休闲体育行为特征

现在城市中体育公园将替代城市内大中型体育设施空间，一些城市主题公园、生活广场还有游泳馆，成为全民健身场地的新型资源。城市居民更喜欢居住在环境绿化比较好的地方，对运动气氛的条件要求比较高，对参与体育运动的过程中出现的经济消费并不敏感。

（1）时间特征

社区场地表现出的体育活动场地面积偏小问题，在城市公共型空间内明显得到改善。城市公共型居民休闲体育活动时间选择情况如表3.5所示。从每日活动时段来看，选择在下午时段进行活动的人数较多，特别是工作日的17~20时、休息日的14~16时是参与活动的集中时段。这类居民以20~40岁的中青年为主，工作日期间17~20时是该类人群自由时间阶段，参加体育活动的人数较多。

表3.5　居民参与休闲体育活动时段选择

项目	5~8时	9~11时	14~16时	17~20时	20时以后
工作日	8.7%	13.4%	19.7%	47.2%	11.0%
休息日	7.2%	20.8%	42.6%	22.3%	7.1%

城市居民在活动空间不受限制的前提下大多数舍近求远，去一些休闲体育设施比较完善的地方。在调查中发现有三分之一的居民从居住的地方到活动的地方所需要的时间在 30min 以上，超过 1h 的就少之又少了，每次运动时长所占的比重也不一样，运动时间在 1～2h 的居民所占的比重最大，如图 3.4 所示。

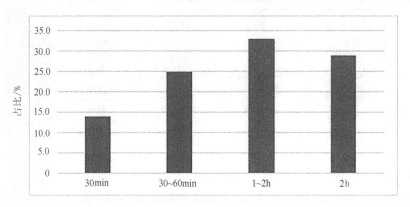

图 3.4 公共型休闲体育空间居民运动时长占比

（2）运动场所特征

一些公共休闲体育设施由于维护成本高而逐渐向经营性方向转型，以便满足维护设施所需要的费用，从而解决维护和使用之间的矛盾。由于私家车的不断增多，居民对距离更加不重视，如何在满足居民高层次休闲体育需求的同时，又能产生经济效益，是该类空间设施面临的矛盾和难题。

3.2.3 城市商业型休闲体育行为特征

现在休闲体育都具有经营性质，且此类空间活动的经济门槛较高，参与的人大多数也是带有目的性的，比如塑形、健美、交友，也有人通过参与技巧性和娱乐性较强的休闲体育活动以满足自身心理愉悦感的目的。

在这些经营性场所中，男性主要以力量健身器械的专业健身场所和标准化室内球馆为目标场所，女性多以减肥、塑形为目的，因此以室内瑜伽、健美操馆为主要目标场所。如表 3.6 所示，总体来看，消费在 500～1 000 元和 1 000～2 000 元的人数占的比重最大，这也是由该类休闲体育空间的商业性特征所决定的。城市商业型休闲体育场所的内部环境、建设规模以及知名度等因素决定了参与者消费水平的高低。

表 3.6 居民休闲体育消费情况统计表（$N = 134$）

项目	无消费	500 元以下	500～1 000 元	1 000～2 000 元	2 000～5 000 元	5 000 元以上
人数/人	8	23	51	28	17	17
占比	6.0%	17.2%	38.1%	20.9%	16.7%	5.2%

(1) 时间特征

与城市公共型休闲体育活动行为相比，在出行时间方面，两者有类似之处。30min 以下的出行距离同样是该类人群不敏感区，但 1h 的极限出行时间占比较小，如图 3.5 所示。参加此类活动的人群出行方式根据时间选择的原因在于这类场所空间通常在城市商业区，城市交通环境是影响出行时间的重要因素。

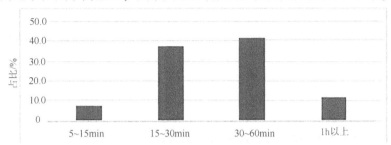

图 3.5　居民参与商业型体育空间出行时间占比

在参与活动时长方面，选择 1~2h 的比重最大，占 39.5%，而在 30min 以内的占比明显较小，占 7.4%，如图 3.6 所示。商业型体育空间的利用者，在参与休闲体育过程中体验较高品质的设施及服务，更多在意的往往是在消费基础上得到身心体验的最大满足感，而不过多地在意参与过程中所产生的经济消费。

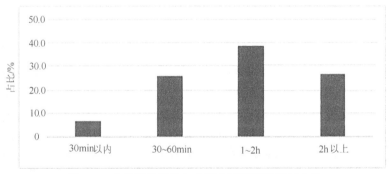

图 3.6　商业型休闲体育空间内居民活动时长占比

(2) 运动场所特征

这类空间的场所设施包括综合健身会所、综合游泳馆、台球馆和保龄球馆等在内的新兴的时尚项目场馆。为了满足城市居民不同层次的休闲体育需求，这些场馆的地理位置多数处于城市市区范围以内，各类商业运营费用决定了其消费性特质，进而形成了该类空间的可入性限制。为了获取更好的经营效益，形成利润的最大化，这类休闲体育空间不断更新着自身的经营环境与运营方式。商业型休闲体育场所大多是以会员俱乐部的形式运营的，会员卡销售是其主要的盈利模式，其中包含终身会员、年会员或季度会员等类型，其消费价格也随之增加。走访该类场所得知，参与者以会员居多，散客所占比重较小。另外，部分俱乐部会结合当日参与会员人数的高峰或低谷时段来调整每天的收费价格，也有的根据季度变化对收费价格做出相应调整。即使如此，参与该类型空间进行休闲体育活动的人员也趋之若鹜，可见，商业型休闲体育设施在城市休闲体育空间中所占分量是举足轻重的。

3.2.4 城郊广域型休闲体育行为特征

城市建设规模不断扩大，当代的都市人受困于钢筋水泥之中，因而对绿色充满了向往，在参与休闲体育活动中，都市人也渴望能在植被较多绿意盎然的地方进行。

城郊广域型休闲体育多是在城市郊区空旷区域，利用现有自然环境条件建立的休闲体育空间设施，以户外休闲、运动体验为主要目的的新兴休闲体育类型。相较其他空间类型，该类型休闲体育空间通常都处在城市郊区，突出特点在于地域的广阔性。从设施利用者角度来看，通常要具备一定的经济能力，到达体育空间需要考虑出行距离和活动时间，主要由家庭或运动友人结伴利用休息日或小长假等业余时间，以骑车或自驾车方式前往城郊参与休闲体育活动。受多种因素影响，参与者不可能实现高频率地参与该类型休闲体育活动。

经过调查得知，选择城郊型休闲体育空间作为活动场所的居民中，中年男性是主要发起人。居民对城市生存环境的生态化意识不断加强，推动着城市居民不断涌向城郊广域型体育空间参与休闲体育。

（1）时间特征

城郊广域型休闲体育的空间距离因素是参与该类型休闲体育产生较高时间成本的主要原因。经统计，前往城郊参与休闲体育活动的城市居民多以自由时间充足的休息日为主。就出行时间距离来看，受出行交通工具、城市交通环境和出行成本等多种因素共同影响，出行时间较其他类型休闲体育空间普遍偏长。经统计，用时1h以上可到达活动场所的人数占比最大，占42.2%，其次是30~60min出行时长的人，占比达到37.8%，如图3.7所示。

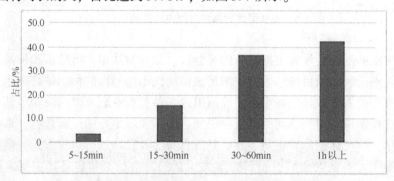

图3.7 城郊广域型休闲体育行为的出行时长占比

从参与时间段看，上午和下午各有高峰段，这与调查中以徒步游园和登山活动为主有关。根据参与者具体场所的选择不同，在参与活动时长方面存在着很大差异。从参与时长上看，较其他空间类型活动用时普遍较长，有时长在 1~2h 的，如绿道骑行、徒步游园等占比达到 39.7%，也有 2h 以上的，如徒步登山、户外露营等活动占比最大，达到 43.5%，如图 3.8 所示。

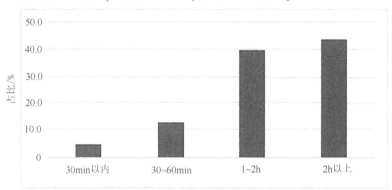

图 3.8　城郊广域型休闲体育空间内居民活动时长占比

（2）运动场所特征

城郊广域型休闲体育空间的广域性特点，为空间参与者提供了更多的活动选择，如以家庭为单位在周末举家出游的，或单位组织进行素质拓展活动的，还有与朋友组织露营、烧烤等活动的。总体来看，活动场所大部分与户外旅游行业有关。长株潭城市群政府大力扶持旅游行业，进一步挖掘和开发休闲体育空间。近年来，先后以郊游、爬山为主要休闲形式，开发了一系列旅游度假区，将自然环境与社会环境相融合，形成了一种人、体育、自然环境三者相关联，新型的、健康的体育发展模式。

现如今，居民对运动场所的时间距离干扰越来越模糊化，特别是机动车的普及增大了居民参与更远距离休闲体育活动的可能性。城市公共交通设施和居民交通工具的不断改善，使城市居民出行受距离约束的问题越来越不明显，出现了"只要时间允许就会前往参与"的舍近求远的空间选择偏好。

3.3　长株潭城市群休闲体育空间的组成结构研究

3.3.1　长株潭城市群休闲体育空间的层次结构

长株潭城市群休闲体育空间的层次结构是指为了满足社会上不同群体的差别需求，使不同层次等级的城市公共体育空间能够充分发挥各自的功能，特将城市内的公共体育空间按照服务内容和服务范围划分为几个层次，或实现为同一群体提供不同等级服务的目标。

由于"门槛"的限制，各级城市休闲体育空间所提供的服务有所差别。高等级的城市公共体育空间，其"门槛"较高，提供高层次的服务。随着城市公共体育空间等级的降低，准入"门槛"逐渐降低，服务内容的层次降低。换言之，较高层次的服务需要到距离较远、较高等级的城市公共体育空间才能享受得到，而越低层次的服务只需到附近较低级别的城市公共体育空间即可获得。较低级的体育空间使用频率较高，服务范围较小，数量多；较高级的体育空间使用频率较低，需要有较大的服务范围才能保证客源。

通常情况下，体育空间等级越高，其规模越大、吸引力越大、专门化程度越高、景观性越强、门槛越高、服务范围越广、服务内容越齐全、服务人口越多、出行距离越长、使用频率越低、需求数量越少；反之，体育空间等级越低，其规模越小、吸引力越小、专门化程度越低、景观性越弱、门槛越低、服务范围越窄、服务内容越少、服务人口越少、出行距离越短、使用频率越高，需求数量越多。如表3.7所示。

表3.7 不同层次城市公共体育空间特征比较

等级	规模	吸引力	专门程度	景观属性	门槛	服务入口	行距离	使用频率	需求量
城市级	大↓	大↓	高↓	强↓	高↓	多↓	长↓	低↓	小↓
地区级									
乡镇街道级									
居住区级									
居住小区级	小	小	低	弱	低	少	短	高	大

低级体育空间一般只能满足居民日常的休闲体育需求，当居民有更高的需求时，则需要前往更高级的体育空间以满足其需求。由于体育空间的等级越高其步行可达性就越差，因此居民要去往更高级的体育空间，通常需要花费更多出行成本。

3.3.2 长株潭城市群休闲体育空间的开放结构

长株潭城市群休闲体育空间的开放结构是指城市休闲体育空间可以不断地与其他类型体育空间进行转化。从城市空间多功能化的角度来看，一方面，城市休闲体育空间可以吸收其他类型体育空间作为其重要补充，或者直接将其他类型体育空间转化为专门布置的城市休闲体育空间，如随着"体育园林化、绿地体化"进程的不断推进，公园将成为城市休闲体育空间的有益补充，体育公园的出现，将公园转化为专门布置的城市休闲体育空间；另一方面，城市休闲体育空间也可以转化为其他体育空间类型，如大型体育场/馆/中心，在非赛期可以举办各类文化演出等活动，于是出现了上海大舞台之类的体育空间功能形态。如图3.9所示。

图 3.9　休闲体育空间与其他类型体育空间关系图

3.3.3　长株潭城市群休闲体育空间的渐变结构

长株潭城市群休闲体育空间的渐变结构是城市休闲体育空间结构逐步与城市功能不断变化相适应的结果。这种变化在理论上有两种形式：一是渐变。是指当外部环境发生的变化较小时，城市休闲体育功能正处于量变阶段，一个正需要不断去完善和充实的阶段。而为了顺应新的城市休闲体育功能的出现，则更多的是去继承与发展现有的城市休闲体育功能，且得在城市休闲体育空间结构的弹性变化范围内。二是突变。是指当外部环境发生的变化剧烈时，城市休闲体育功能处于质变阶段，新的城市休闲体育功能所造成的巨大压力，城市休闲体育空间结构已经难以承受。但为了适应城市发展的需要，必须打破原有的平衡状态，同时以最快的速度建立起新的及有效的动态平衡，这个平衡更多的是对以往的超越和创新，是一种对旧有结构的否定。在当代城市的发展中，渐变和突变是不相冲突的，是可以同时发生的。

但一般是不会有城市休闲体育空间结构突变现象发生的，因为人们的生活方式在短期内是难以改变的，再加上城市居民对城市体育的需要是随着人们认识的提高和社会经济的发展而逐步增长的。所以，城市休闲体育空间结构的演变一般是城市空间结构的量变过程，是一种渐变的过程。尽管如此，也应看到我国现阶段城市空间结构失衡的重要原因，仍是城市居民对体育空间的需求与城市空间资源的稀缺性之间的供需矛盾。化解供需矛盾、形成合理结构的主要手段，是对城市休闲体育空间进行优化组合。

3.3.4　长株潭城市群休闲体育空间的等级结构

长株潭城市群休闲体育空间的等级结构是根据系统论的层次性原理而来的，复杂系统中具有差异性的各个要素之间的关系不是并列的，它们在系统组织中的作用与地位、功能与结构上往往表现出等级秩序性，形成了具有质的区别的等级层次。系统中的不同层次，发挥着不同的功能。城市休闲体育空间的等级不同，其所提供的服务与功能也会不同，如果城市休闲体育空间是单一的、配置相同的，那么很难满足不同群体的不同需求。把城市休闲体育空间看作一个系统，理顺整个系统的脉络，将会为居民的休闲体育活动提供一个更加有力的保障。

应本着公平性、高效性、便捷性、中心性、集中与分散相结合、与居住空间结构相契合的6个原则，对城市的休闲体育空间进行合理的布局。一般情况下，交通便利、人口相对集中的区域都是城镇系统中心的设置区，所以可以先考虑将城市休闲体育空间与我国现有的城镇体系及行政区划相结合，将其布局在区位优势明显的行政中心区，然后再合理地安排低等级或其他等级的城市休闲体育空间，提高为周边居民服务的质量。基于此，本书依据我国现行的城镇体系及行政区划来划分城市休闲体育空间结构的等级体系。

我国现行的城镇体系及行政区划的最低层次，只到乡镇街道这一等级，但是本书研究的内容主要是论述城市内部的空间结构，涉及更加具体的层面。城市休闲体育空间属于社会性公共服务设施，它的布局应该以体育空间的可达性为根基，重视效率与公平。不能认为布置到乡镇街道这一级就够了。因此将其"截头续尾"，即：将乡、镇及街道以下的城市体系再进行一个细的划分，细化至居住区和居住小区这一级别；将城镇体系限定于城市内部地域范围，不涉及城市以外的"区域"这一广域概念。

根据服务的对象及范围的不同，与上述城镇体系和行政区划相对应，将城市休闲体育空间划分为五级，如图3.10所示。

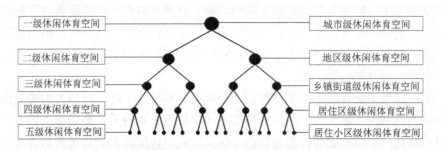

图3.10 城市休闲体育空间结构等级体系示意图

（1）一级休闲体育空间

此级为城市级休闲体育空间，其主要形态有城市级体育中心、体育馆、体育场、体育公园等。城市级休闲体育空间主要为整个城市范围内的居民服务，但其服务范围不止于城市范围，如外省市居民跨城市的体育旅游、举办世界级或国家级的体育比赛等。建设的主要目的是彰显政府政绩、服务体育竞技、展现城市魅力和活力、激发大众健身热情等。该级体育空间是城市中最高级别的体育空间，具有城市体育景观和健身场所的双重功能。从激发和引导居民健身热情的角度来讲，其景观功能有着非常重要的作用。所以，城市级休闲体育空间的存在是非常有必要的，它对于生活在其中的居民来讲更多的是一种象征意义，对于形成城市意象、激发和引导大众健身的热情具有不可替代的作用。

(2) 二级休闲体育空间

此级为地区级休闲体育空间，如区（县）体育中心、体育馆、体育场、体育公园等，主要为区（县）范围内的居民服务。相比于城市级休闲体育空间，地区级休闲体育空间的规模及其影响力较差，但是它作为各区（县）范围内的重要体育景观资源，有利于激发居民健身的热情。与城市级休闲体育空间相比，虽然地区级休闲体育空间举办大型比赛的机会有限，但其形式更加多样化。从城市居民利用程度来讲，地区级休闲体育空间被居民使用的频率比城市级的要高出许多。

(3) 三级休闲体育空间

此级为乡镇街道级休闲体育空间，如街道（社区）体育中心、（社区）公共运动场等，主要为乡镇街道范围内的居民提供休闲体育服务，处于城市休闲体育空间的中间层，是高级与低级体育空间的衔接层，起着承上启下的作用。

(4) 四级休闲体育空间

此级为居住区级休闲体育空间，如健身苑等，主要为居住（社）区范围内的居民服务。城市居民住房主要集中在区内，所以居住区内居住人口密度较大，居住社区是构成社会和组织居民生活的基本单元，也是构建和谐社会的中心和落脚点。居住区级休闲体育空间关系到居民的日常体育生活，是当前我国城市休闲体育空间规划和建设的最主要的层面。

城市规划中的社区与社会学中的社区概念有所不同。社会学中的社区是一个非常宽泛的概念，定义多达140多种，但比较有共识的一个说法，即社区是由地域、人口、区位、结构和社会心理5个基本要素构成的。而在城市规划中，社区常与城市、居住等概念联系起来，指城市某一特定区域内居住的人群及其所处空间的总和。居住区是指一个城市中住房集中，并设有一定数量及相应规模公共服务设施和公用设施的地区，是一个在一定地域范围内为居民提供居住、游憩和日常生活服务的社区。从我国的实际情况来看，我国的社区规划实践一直停留在居住区规划，同时居住区级休闲体育空间已成为当前城市休闲体育空间规划建设的重心。社区是社会的"细胞"，社会的发展首先需要社区的繁荣，社区体育空间规划建设则直接影响到和谐社区的建设。

(5) 五级休闲体育空间

此级为居住小区级休闲体育空间，如居住小区内的健身区域（健身点），主要为居住小区内的居民服务。该级休闲体育空间是城市休闲体育空间的最底层，起到基石的作用，为居民提供的是最基本的体育服务。

需要特别指出的是，并不是所有的城市都一定要按照上述的5个级别去设置城市休闲体育空间，而是要具体问题具体分析，依据城市规模、城市人口密度和城市经济发展程度等具体情况而定。大型城市（如我国行政区划中的直辖市和城镇体系中的巨型城市）则5个层级都应具有，而小城市的休闲体育空间可能只有城市级、乡镇街道级、居住小区级3个级别。但时代在发展，社会在发展，城市肯定也会不断地发展，规模扩大，环境改善，因此这些都可能会出现超出上述级别的划分。

城市休闲体育空间结构的等级层次性主要有两种：一是向心作用，是由高级体育空间所导致的，比较宏观，利于强化城市休闲体育空间结构的圈层特征；二是分形作用，是由低级体育空间所导致的，比较微观，利于巩固整个体系的层次特征。

城市休闲体育空间结构的等级体系是一个多层次、交叉重叠的开放系统，各个层次的职能分工有一定的区别。不同等级的城市休闲体育空间具有不同的功能，其所承载的服务能力不同，辐射范围及服务对象也有所差异。各级城市休闲体育空间具有相对的独立性，将各级体育空间进行叠加后，共同组成整个城市休闲体育空间结构体系，将会呈现出一种与城市居住空间结构相一致的分布规律。由于单个中心城市中心区引力较强，单个中心结构的城市有由内向外递减的趋势，呈等级波浪式。随着由内向外离心距离的增加，逐渐形成中心密集、外围稀疏的等级网络；由此也导致了高级体育空间整体可达性由内向外波浪式衰减，可达性衰减的速率由内向外逐渐增加，但这种衰减并不会影响高级体育空间在整个体系中的中心性。而多中心的城市则会围绕各城市中心表现出类似于单个中心城市的递减趋势。

另外，从政府的角度讲，休闲体育服务首先表现在体育空间等物质方面的供给上。城市休闲体育空间等级序列的建立，是深化体育公共服务层次性的重要途径。建设网络化的城市休闲体育空间，对于扩大城市范围内覆盖率，提高体育设施可达性，发挥体育空间对居民体育需求的引导而非制约起着重要的作用。

3.4 长株潭城市群休闲体育空间的主体功能研究

3.4.1 长株潭城市群休闲体育空间的资源多元整合功能

在如今的大环境下，休闲体育部门要力求创新，让休闲体育产业蓬勃发展。休闲体育部门与文化创意部门的相互借鉴，休闲体育部门与现代电子部门的相互合作，休闲体育部门与旅游部门的深度合作和发展，都可以使休闲体育事业快速发展。另外，还要结合长株潭城市群特有的资源优势，使休闲体育与其他产业快速融合。融合产业比单一产业更加丰富、细致、复杂，是未来休闲体育事业发展的必然趋势。

（1）休闲体育产业与旅游产业融合发展

湖南省有中国最多的红色旅游景点，这是湖南省的一大旅游产业，比休闲体育有更大发展空间。面对人们日益增长的休闲娱乐需求，应将休闲体育产业与旅游产业相结合，打造出更多的模式。

①健身娱乐业与旅游业的融合发展模式。由于湖南省的环境比较好，在省内兴起了很多体验性休闲娱乐活动，如生态园将旅游与休闲体育结合在一起。另外，像漂流等水上活动的发展，也促进了周边相关产业的发展，如体育器材和度假酒店以及美食娱乐场所等。这些产业逐渐融合成为一个整体，有利于湖南省的发展。

《关于促进旅游业改革发展的若干意见》（国发〔2014〕31号，以下简称《意见》）指出，要拓展旅游发展空间，积极推动体育旅游，加强竞赛表演、健身休闲与旅游活动的融合发展，支持和引导有条件的体育运动场所面向游客开展体育旅游服务。在产品结构上，将休闲体育与度假产品结合，带来更加新型的旅游方式，这类运动休闲型旅游度假区的发展模式列入国家体育产业统计分类中的体验性旅游体育活动。随着国民经济的快速发展，人均可支配收入不断增加，旅游方式开始由观光型转变为休闲度假型。而休闲体育在长株潭城市乃至全国已经开始发展，休闲体育旅游也将成为未来旅游的基本形式。

②体育竞赛与旅游业的融合发展模式。体育赛事活动与旅游业的融合，是指两者在经营模式上相互合作，通过开展体育赛事，吸引大量体育爱好者前来参观，间接促进当地的消费，并且在旅游景点，根据当地的旅游特色举办适合的体育赛事。这种融合模式我们称为赛事旅游，属于国家体育产业统计分类在"旅游体育活动"中的观赏性体育旅游活动。另外还有让旅游者参与的体育活动，这种体育比赛的水平不会太高，适合旅游者增加体验感和参与感。还有一种职业化比较高的体育赛事，让旅游者观赛带来经济消费。两个行业一起发展可以带来事半功倍的效果。

③体育场馆服务业与旅游业的融合发展模式。旅游业的发展促使体育场馆不断改进和完善各种设施，增加服务项目，提高服务质量。随着社会的发展，旅游业日益显示出它在国民经济中的重要地位。通过体育场馆服务业与旅游业的融合发展，极大地促进了体育场馆的使用效率，也增强了旅游者的体验感，在旅游中增加体能。《意见》指出，要为游客旅游消费创造有利的体育运动服务体系。国家体育总局2015年发布《体育场馆运营管理办法》，进一步强调旅游体育多元化发展。

（2）休闲体育产业与文化底蕴融合发展

体育产业、旅游产业，都可以称为"大文化产业"，都由内容产业、平台产业、延伸产业和标准体系产业四大产业组成。其中，体育场馆是平台产业，旅游景点也是平台产业。平台产业如果依托仅有的内容，比如旅游市场中观光的那一部分，就只是一种价值比较低的开发。

如何将传统的文化体育器材进行改造，是发展体育传统文化的重要环节。由于科技的进步，传统的文化器材（如舞龙、风火流星、传统花车等）不断得到改造。其中，在国庆大阅兵中，就将传统花车与现代技术相结合，将现代交通工具和民间娱乐项目改造融合，既显示出中国文化，又体现了创新精神，同时减少了其中可能蕴藏的危险性。

我国还有许多具有地方特色的体育活动，在保留传统文化的同时，也要对其进行改造，体现出新时代、新文化的特征，同时也能提高年轻群体对文化体育的积极性。目前有几种传统体育项目改造发展得较好，如大型彩车和打树花就加入了现代化的元素，使传统文化在创新中传承下去，既能提高当地民众的积极性，也对传统文化进行了保护。

3.4.2　长株潭城市群休闲体育空间的服务水平提高功能

城市服务体育设施建设是在城市休闲体育空间之上建设的供居民进行体育运动的各类器材设备的总称。良好的休闲体育设施不仅包括休闲体育空间的体育器材是否完善，而且包括体育设备的规模配置和使用效率，并且还需要专业的体育者进行指导和服务等。这样的休闲体育设施，可以使居民最大限度地参与体育活动。

休闲体育的发展趋势势必更加休闲化和娱乐化，同时更好地融入人们的日常生活当中。随着经济的发展，人们生活条件和经济状况的改观，人们对体育运动的渴望将日趋加大，体育运动对人们生活的积极调节作用也必将进一步表现出来。而休闲运动正符合人们这一体育生活化的要求，其发展方向必然是更加大众化和生活化。从战术上讲，探索休闲体育产业的零对接模式，充分利用互联网的技术优势，将互联网渗透于体育服务中，使体育服务更加便捷、丰富；同时将与体育相关的产业也与互联网进行合作，实现产业模式与互联网的零对接，让数字化的优势运用到体育生活中。

通过向社会和民间募资的方式，来构建休闲体育公共设施。目前，困扰休闲体育发展的主要因素仍然是资金不足。因此，需要找到一个新型多元的渠道，引进资金来建设休闲体育，让投资者以股东或其他形式参与到休闲体育的建设中，避免资金过度投向热门体育。逐渐提高休闲体育的服务度，之后还能通过售卖体育彩票的方式进行资金回流。

休闲体育设施应该为服务社会大多数人而建设。通过调查不同阶层、不同群体的消费娱乐情况，合理地在不同居民区进行休闲体育设施建设，如单位性的住宅、学校周边小区等。另外，还要根据人群居住的密度来合理规划休闲体育规模，力求实现休闲体育设施利用率的最优化。

此外，要实现城市体育空间体育服务的使用率最大化还包括两个方面。一方面加强休闲体育空间与城市交通设施的联系。城市体育设施最重要的是方便民众，让居民在体育活动中不会有太大的阻碍。另一方面加强休闲体育设施服务与学校之间的联系。学校是培养人的兴趣爱好和知识的地方，可以从根本上提高人的体育意识；同时，定期在学校举办体育活动，增强体育锻炼氛围。

为了进一步促进城市居民参与休闲体育活动意识的提升，实现对于休闲体育的知识、技能、方法的把握，有关部门在实际的操作过程中还需要加强对休闲体育公共信息服务平台的构建和完善。

3.4.3 长株潭城市群休闲体育空间的全民素质提升功能

"全民健身"和"健康中国"逐渐上升为国家战略，体育空间的合理布局与规划有利于促进第三产业的发展，推动实物型消费向观赏型消费转变，进而促进市场改革，为人民提供更丰富的产品，以提高人民日益增长的物质文化需求。全民健身计划纲要在实施的时候得到很多人的积极响应，但是大多难以长久坚持，既有经济、场地、时间的因素的影响，也有体育项目不够完善的原因，以至于人们参与积极性不高。结合休闲体育，这一问题即会得到解决。随着体育项目的调整，人们的积极性得到充分调动，人们在锻炼身体的同时也关注了体育事业的发展，进而推动全民健康计划的实施。

休闲体育使人们在关注自然、人与自然、人与社会的发展时获得心理的愉悦和精神的放松，它强调人的身心发展，体现居民的文明素质修养。居民的素养应不仅在思想道德、科学文化等方面来体现，还应体现在居民在公共场所的文明素养。居民通过各种不同的目的参与到休闲体育活动中，在活动中，不仅开阔视野，还愉悦身心，在活动过程中，人与人之间会相互合作、信任与交流，文明素养不可或缺，良好的休闲体育氛围对人们的精神活动起着重要作用。

社会中包含各个领域的不同文化，而休闲体育文化是居民最普遍的社会文化，不仅可以满足居民在物质活动中的需求，丰富自己的生活，还能在自娱自教中满足自身精神生活的需求。居民在休闲体育活动中可以感受自然，在运动放松自己。通过调查表明，经常参加体育活动的人都有阳光积极向上的性格，有助于社会良好风气的形成。

随着时代的快速发展和社会科技的进步，人们在满足基本生活需求的同时，更加追求精神生活上的丰富，因此文化活动越来越受到人们的重视。人们的工作压力逐渐增大，业余活动时间减少，使人们与外界、与他人的沟通和联系减少，人们开始变得内心孤独。而体育文化有助于人们相互之间加强沟通，接触到不同阶层的人群，收获更多的信息。在休闲体育活动中人们都是公平公正的，人们相互之间可以信赖，愉快地交流，促进社会和谐发展。

休闲素质是人们在参与休闲体育活动中养成的素质，包括体育者科学有效的方法、积极进取的生活态度。休闲体育是社会发展过程中出现的新的生活娱乐方式，有利于居民在生活中放松自己，养成一种健康、文明、和谐的休闲体育方式。

休闲体育活动可以提高人体的某些免疫能力，预防和治疗某些疾病，加速病患者在医学手段后的恢复；同时，有助于培养机智灵活、沉着果断和谦虚谨慎等意志品质，使锻炼者保持积极健康向上的心理状态。在休闲娱乐的同时人们有更多的时间来与他人交流沟通，使人们养成良好的文明习惯。

休闲体育不仅可以锻炼人们的身体机能，也可以丰富人们的业余生活，增加人际交流。体育运动还有助于自我教育，在比较正确地认识自我的基础上，便会自觉或不自觉地修正自己的认识和行为，培养和提高社会所需要的心理品质和各种能力，使自己成为更符合社会需要、更能适应社会的人。

休闲体育现在已经成为很多居民必不可少的活动方式，在提高人们身体综合素质的同时，还能加强人与人、人与社会、人与大自然的联系和沟通，使人们的精神层面得到升华。这样，人们可以更愉悦地生活，社会中处处体现着积极向上、文明和谐的氛围。体育休闲场所可以体现长株潭市民的精神风貌，通过政府鼓励和人们的宣传，有利于长株潭居民综合素质的发展，体现出长株潭的体育文化风貌，巩固长株潭城市文明城市建设的成果。

3.5 本章小结

本章首先对长株潭城市群休闲体育空间的内涵及其特征进行分析；其次，构建了层次结构、开放结构、渐变结构、等级结构四位一体的组成结构；最后，打造出资源多元整合、水平服务提高及全民素质提升的三位一体主体功能。

一是内涵研究。从城市群休闲体育、城市群休闲体育空间、城市群休闲体育空间布局及城市群休闲体育空间合理化四个关键词，基于定义角度对研究内容进行详细具体的阐述；从休闲体育空间的建设、全民健身及素质、生活质量等多角度剖析长株潭城市群休闲体育空间合理化布局的可行性及重要性。

二是特征分析。从城市社区型休闲体育、城市公共型休闲体育、城市商业型休闲体育及城郊广域型休闲体育多角度地介绍休闲体育空间的特征，对长株潭休闲体育空间的合理布局有一个清晰的解读。

三是结构分析。长株潭城市群休闲体育空间结构具有层次性、开放性、渐变性以及等级性4个特征。城市休闲体育空间的布局应遵循公平性、高效性、便捷性、中心性以及集中与分散相结合、与居住空间结构结合布局6个原则。按照服务范围的大小可将其分为城市级休闲体育空间、地区级休闲体育空间、乡镇街道级休闲体育空间、居住区级休闲体育空间、居住小区级休闲体育空间等。

四是主体功能研究。长株潭城市群休闲体育空间合理布局的主体功能包括资源多元整合功能、服务水平提高功能、全民素质提升功能三部分，分别从不同方面发挥着不可替代的作用，体现出居民对城市休闲体育空间的感知。

第4章
长株潭城市群休闲体育空间结构演变的调查分析研究

随着经济快速增长,居民生活水平不断提高,滞后的长株潭城市群休闲体育空间不足,导致居民休闲体育需求无法得到满足,因此如何公平有效地对城市群休闲体育空间进行合理的规划布局显得尤为重要。本章基于长株潭城市群休闲体育发展的现状分析,通过对长株潭城市空间资源进行实地考察,探究长株潭城市群休闲体育空间结构演变实际情况,分析当前长株潭城市群休闲体育内外部不合理因素,结合动态、发展、联系的观点对长株潭城市群空间结构的演变规律进行深入分析,探索长株潭城市群休闲体育空间结构优化布局方案,提出进一步科学研究的必要性和可行性。

4.1 长株潭城市群休闲体育基本概况与发展概况

4.1.1 长株潭城市群的基本概况

(1) 长株潭城市群范围界定

长株潭城市群,是由长沙、株洲、湘潭三市组成的城市经济群,位于中国湖南省中东部,与江西接壤,三市沿湘江呈"品"字形分布,如图4.1所示。2007年,长株潭城市群获批为"全国资源节约型和环境友好型社会建设综合配套改革试验区",是中部六省城市中全国城市群建设的先行者,是中部崛起的"引擎"之一。

长沙市是湖南省省会,简称"长",地处湖南省东部偏北,东西长约230km,南北宽约88km,全市土地面积1.181 9km²,其

审图号:GS (2016) 1605号

图4.1 长株潭城市群地理区位示意图

中城区面积 1 909.86km²。长沙是楚地文明和湘楚文化的发源地，有 3 000 年悠久的历史文化，约有 2 400 年建城史，属楚国。因屈原和贾谊的影响而被称为"屈贾之乡"，亦称"楚汉名城"。2015 年 4 月 8 日，国务院正式批复同意设立湖南湘江新区，成为全国第 12 个、中部地区首个国家级新区。经济不断发展的长沙市成为中部地区最具有竞争力的城市，是长江经济发展带的重要枢纽。

株洲，古称"建宁"，地处湘江下游，全市土地面积 11 262km²，市辖天元区（因在株洲湘江西侧，习惯性称之为河西）、芦淞区、荷塘区、石峰区、渌口区、云龙示范区 6 区，株洲县、攸县、茶陵县、炎陵县 4 县，并代管县级醴陵市，此外还设有云龙示范区。株洲是中华人民共和国成立后首批高度重点建设的工业城市之一，是中国的老工业基地。京广线、浙赣线和湘黔线在株洲交会，使株洲成为中国最重要的铁路枢纽之一，带动了株洲经济的发展，所以株洲也被称为"火车拖来的城市"。从 2006 年开始，株洲一直保持着中部六省非省会城市综合实力第一的称号，创造了多项工业的第一。

湘潭，湖南省地辖级市，简称"潭"，因盛产湘莲而别称"莲城"，又称"潭城"。下辖湘潭县、韶山市、湘乡市、雨湖区、岳塘区五个县（市）区，2016 年总人口 288.8 万。湘潭市总面积 5 006km²，其中城区面积达 168.21km²，是湖南省第 4 大城市。湘潭是长江中游城市群经济发展的核心成员之一、国家长株潭城市群"两型社会"综合配套改革试验区中心城市。随着长株潭城市经济群的深入发展，湘潭发展迅速，成为湖南省乃至全国重要的工业、科技城市。

（2）长株潭城市群历史沿革

长株潭城市群是我国最早提出一体化建设的城市群之一。20 世纪 50 年代，有专家提出合并长沙、株洲、湘潭三市为"毛泽东城"的构想，但受经济发展和城市化进程的限制，该方案未能实现。随着长江经济带的开发，中部地区的城市得到一定发展，城市化进程加快，三市的联系更加紧密，一体化开展的理念开始涌现。20 世纪 80 年代，一体化建设由设想开始转入实践探索，长沙、株洲、湘潭三地得到快速发展，意味着长株潭城市群开始进入快速发展的轨道。

1980 年，湖南省社科院提出建立长株潭经济区的方案，认真研讨了长株潭三市的展开现状和趋向，得到了省委省政府的重视和支持。1984 年，长株潭城市群经济区规划办公室成立。1993 年，区域布局体例实现。1998 年，成立了综合开展协调指导小组。2002 年，长株潭三地政府批准了长株潭产业一体化规划。2000 年，长株潭基础设施规划编制完成。2002 年，长株潭产业一体化布局获批实行，同时作为连接长沙、株洲、湘潭三市的 480km² 的湘江生态经济带开始建设。随着中部崛起战略的开展，国务院提出要搞活以上海为龙头的长江经济带，焦点在武汉城市圈、长株潭城市群、中原城市群、皖江城市带的建设，带动周边地区的发展，这标志着长株潭城市群一体化建设上升到国家战略建设层面。2006

年,在湖南省第九次党代会上提出了"3+5"城市群战略,即以长沙、株洲、湘潭三城市为中心、通勤1.5h,包括岳阳、常德、益阳、娄底、衡阳5市。次年,经国务院批准,长株潭城市群成为"两型社会建设综合改革示范区",开辟了新一轮发展空间,城市群体制机制不断创新。2011年,长沙、株洲、湘潭三市联合公布湘江流域重金属污染综合治理,采取"四化两型"的发展战略。今天,长沙、株洲、湘潭的城市规模不断扩大,实际距离已经进一步降低,湘潭和株洲相距长沙20km,株洲、湘潭相距仅10km。在过去几十年的改革开放中,长株潭城市群的快速发展成为长江三角洲地区的桥梁和纽带。

从1950年至今,长株潭城市群一体化的构想从理想变成了实践,长沙、株洲、湘潭三市成为密切联系、迅速发展的城市群。

(3) 长株潭城市群发展基本情况

长株潭城市群是湖南省对接珠三角和长三角核心枢纽,具有无可比拟的优越性,包括优越的区位环境和交通条件,雄厚的历史底蕴与文化基础。境内有京广、沪昆、武广、石长等铁路,有京珠、包茂、上瑞、长常等高速公路和106、107、319等国道经过,有长沙黄花机场、常德桃花源机场、张家界荷花机场、永州零陵机场等,厦蓉高速、娄衡高速、岳阳机场、衡阳机场等将于近几年内建成,将会进一步强化长株潭城市群交通区位优势。2019年11月10日,长株潭城市群一体化发展第二届联席会议在湖南株洲召开,会议总结长株潭城市群一体化发展第一届联席会议以来合作事项推进情况及取得的成效,并签署《长株潭城市群一体化发展行动计划(2019—2020年)》。

长株潭城市群是促进湖南省经济社会发展的关键所在,在经济发展中起着举足轻重的作用。长株潭城市群总面积97 065km^2,占据湖南省45.83%的土地。长株潭三市生产总值、地方性财政收入、全社会消费品零售额、全社会固定资产分别占全省42.2%、38.4%、43.2%和45.9%,日益成为湖南产业城市最为密集的区域。国家"十二五"规划明确提出要大力促进中部地区崛起,重点推进长株潭城市群发展,这标志着加快长株潭城市群的发展已成为国家促进区域发展的重要举措。长株潭城市群的土地面积不足湖南省一半,经济指标却占到湖南省50%以上,大部分指标已经达到湖南省的70%,可以说长株潭城市群在经济发展中起着至关重要的作用。

在传统产业基础方面,长沙以电子信息、工程机械、食品、生物制药为主,株洲以交通运输设备制造、有色冶金、化工原料及其制造为主,湘潭以黑色冶金、机电与机械制造、化纤纺织、化学原料及精细化工为主,其规模和比重在各自城市基础工业方面均为主导部分。针对未来的发展方向,长沙提出"重点加快天心生态新城建设,推动一体化进程在地理空间上的实质性进展""以高新技术产业为主导,制造业和服务业为主体";株洲推出"东提西拓,合拢三角"和"打造轨道交通设备制造业基地,突出有色深加工、化工、陶瓷产业优势";湘潭提出了"东扩西改"和"建设先进制造业中心、现代物流中心、生态休闲中心"。城镇分布以京广铁路、京珠高速公路、107 国道及湘江生态经济带为主轴，以 319 国道、320 国道和上瑞高速为次轴，以湘乡至韶山公路和 106 国道为辅轴，形成以长沙、株洲、湘潭为核心和中心结点的放射状城镇布局，规划包括交通、能源、环保等 12 大门类 119 个重大项目，还创新提出生态环境保护空间、产业集群载体空间、基础设施导向空间和城市开发建设空间。可以说长株潭城市群在我国内地城市群中具有较强的竞争优势和巨大的发展潜力。

4.1.2 长株潭城市群休闲体育空间的基本概况

（1）休闲体育空间

空间是指包括城市在内客观事物存在的基本形式。虽然说空间一词比较抽象，但在我们生活中应用广泛，是一个外延非常广泛的概念。居民进行休闲体育活动的基本条件和场所就是休闲体育空间，休闲体育空间结构的合理性会影响居民进行休闲体育活动的活跃性和有效性。我国在改革开放后各方面发展迅速，社会经济快速发展，城市建设成就巨大，城市面貌出现了翻天覆地的变化，但是居民的休闲体育生活空间却不容乐观，城市相关建设者还需继续努力，积极建设休闲体育运动空间，建设更好的体育运动休闲空间。

城市休闲体育空间是一个多物质和多重关系构成的综合体，与社会、经济、政治、文化、交通、居民生活紧密相关。居民可以在闲暇时间内在休闲体育空间进行休闲健身、体育活动、观赏竞赛、娱乐、郊游等项目，可以增进居民之间的交往，促进人与人的情感交流，提高居民生活质量。休闲体育空间随着社会发展不断发展。休闲体育场所即人们进行休闲体育活动的场所，我们可以把它分为专设的休闲体育场所和自发的休闲体育场所两种类型。居民进行休闲体育活动场所大都是自发的休闲体育场所，如城市中的广场、社区空地、公园、街道等。就我国目前的建设现状来看，城市中休闲体育场所的建设正逐渐引起社会各界的重视并取得了一定的成就，尤其是休闲体育场所的建设在城市新建居住小区中得到了一定的重视。大部分大城市中也兴起建设"体育公园"，成为居民节假日的重要活动场所。

我们可以简单地认为，城市休闲体育空间就是城市中具备体育设施资源，可以实现休闲体育功能的场所。休闲体育行为空间意味着休闲体育需求系统，休闲体育物质空间意味着休闲体育供给系统，而城市休闲体育空间可以认为是休闲体育供给与需求系统共同作用的结果。

（2）休闲体育空间特征

随着我国经济的不断发展，居民体育锻炼热情的提升，居民休闲空间得到迅速发展，例如风景区、公园广场、健身锻炼馆等。目前城市休闲体育发展空间的工作重心会转移到休闲体育消费升级、中产阶级家庭和青少年需求方面，休闲体育空间也将发挥其特定的作用，如承担城市的休闲功能，为国家级重大文化活动、体育赛事提供活动空间。

①室外休闲体育活动多。据调查显示，长株潭三市居民休闲体育项目主要是散步、跑步、游泳、太极拳、门球、交谊舞等。其中跑步是最受欢迎的体育项目，这可能与跑步不需要太多的准备，对时间、地点的要求不高，可以随时随地随心所动有关。因为长株潭三市社区环境、休闲体育场地、公园的建设，所以居民有了优质的健身活动场地，丰富多彩的体育活动形式，人们逐渐愿意从室内活动转向室外活动，愿意积极参与体育锻炼。

②休闲体育场所分布广。长株潭三市46.5%居民在进行体育活动时会选择在社区健身区，21.1%的人在健身会所，其次是在公园广场，人们在选择休闲体育场所方面有着惊人的趋同性，选择的地点都会离自己居住地址较近。伴随着长株潭三市休闲体育场所、设施公共体育服务体系的建设与完善，长株潭居民在休闲体育场所上会有更多的选择，可以更好地满足自己的需求，以便激发居民休闲体育热情，促进体育经济发展。

③休闲体育空间范围大。长株潭三市居民休闲体育活动范围主要在社区，节假日体育活动范围集中在城市，活动以度假体育旅游为主。据调查统计，三市居民抵达休闲活动场所时间在 5~15min 的占 19.6%，15~30min 的占 38.2%，30~60min 的占 32.2%，60min 以上的占 10.0%，可以知道大部分居民从家抵达体育场地需要花较长的时间，这在一定程度上打击了居民体育锻炼的热情。从地点角度考虑，居民从选择距离较近的地点转向了较远距离的体育公园、郊区风景区进行体育活动。

4.2　长株潭城市群休闲体育空间演变的现状调查

4.2.1　长株潭城市群休闲体育场地的现状

体育场地是供人体育运动或体育比赛使用的设施统称，主要分为室内全封闭的体育馆与室外露天或设有伸展顶棚的体育场。根据实际比赛用途又分为不同的体育馆，例如棒球场、田径场、橄榄球场；按照建设的标准又可以分为标准场地和非标准场地。随着全民健身运动热潮的高涨，越来越多的居民喜欢把空余时间用来锻炼，拥有一个好的体育场直接影响着居民的体育热情。

长沙、株洲、湘潭三地的经济发展状况和对体育产业重视的程度不相同，造成了三地体育场地数量的过大差距。

表4.1是对长沙、株洲、湘潭三地体育场地个数、场地面积、人均场地面积的统计分析。根据三地体育局统计的数据显示：长沙市共有体育场地 2 575 个，株洲市共有 1 919 个，湘潭市共有 1 196 个；长沙市区体育场地面积共有

206.2 万 m^2，株洲市区共有 114.4 万 m^2，湘潭市区共有 57.1 万 m^2；长沙人均场地面积为共 $0.77m^2$，株洲为 $1.17m^2$；湘潭市为 $0.69m^2$。

表 4.1 2008 年长株城市群体育场地总体情况

城市	场地/个	场地面积/m^2	人口/万人	人均场地面积/m^2
长沙	2 575	2 062 000	268.25	0.77
株洲	1 919	1 144 000	97.8	1.17
湘潭	1 196	571 000	82.89	0.69

注：数据来源于长沙市、株洲市、湘潭市体育局。

如表 4.2 所示：长沙市标准场地数量是 1 160 个，占体育场地总数的 45.05%；株洲市标准场地数量是 739 个，占体育场地总数的 38.51%；湘潭市标准场地数量是 473 个，占体育场地总数的 39.55%；长沙市有非标准场地 1 415 个，占体育场地总数的 54.95%；株洲市有非标准场地 1 180 个，占体育场地总数的 61.49%；湘潭市有非标准场地 723 个，占体育场地总数的 60.45%。

表 4.2 2008 年长株潭城市群标准和非标准体育场地情况

城市	体育场地/个	标准体育场地/个	标准体育场地占比/%	非标准体育场地/个	非标准体育场地占比/%
长沙	2 575	1 160	45.05	1 415	54.95
株洲	1 919	739	38.51	1 180	61.49
湘潭	1 196	473	39.55	723	60.45

注：数据来源于长沙、株洲、湘潭体育局。

由表 4.1 和表 4.2 可知，"中部崛起"战略的提出和长株潭城市群"两型社会"试验区的建设为体育产业的发展提供了良好的机遇，契合了长株潭城市群对低碳经济增长方式的追求，推动了体育产业的深入发展，增加了各地体育场地的数量，但与沿海一线城市相比还存在很大差距。例如：广州 2009 年的人均体育场地面积高达 $2.4m^2$，而长沙市仅有 $0.77m^2$，相比全国第五次体育场地普查，长沙降低了 0.01 个百分点。长株潭城市群还存在很大的上升空间，体育产业在运动器材与服装等体育用品制造业的现状不容乐观，经营的整体规模很小，市场竞争力不强，缺少有国际影响力的大型体育制造企业集团和品牌；同时面对不断增长的人口数量，体育场地的需求更大。

（2）长株潭城市群标准体育场地类型情况

体育产业是刺激和拉动内需的经济部门，其开拓的消费热点拉动了城市经济的不断发展。体育场地建设是发展体育事业的先行者，是城市公共基础设施建设的重要环节。体育场地设施不断增加，为居民提供了锻炼场所，进一步增强了居民的体育意识。由表 4.3 可知，篮球场、乒乓球场、门球场的数量在长株潭位居前列，篮球场占 18.30%、门球场占 10.79%、乒乓球馆占 8.64%。通过调查得知这些体育场能够满足居民的需求,但是高尔夫球场、网球馆、游泳馆等一些休闲场地并不能很好地满足居民体育运动需求,原因在于这些场地资金花费多、要求较高,对于大部分居民来说负担不起。

表 4.3　2008 年长株潭城市群标准体育场地类型调查表　　　$N = 2372$

馆	个数	占比/%	场	个数	占比/%
篮球馆	84	3.54	篮球场	434	18.30
游泳馆	19	0.80	排球场	116	4.89
羽毛球馆	92	3.88	网球场	96	4.05
棋牌馆	151	6.37	足球场	163	6.87
乒乓球馆	106	4.47	田径场	163	6.87
健身馆	65	2.74	高尔夫球场	4	0.17
排球馆	50	2.11	游泳池	37	1.56
武术馆	27	1.14	门球场	256	10.79
台球馆	76	3.20	乒乓球场	205	8.64
网球馆	3	0.13	羽毛球场	132	5.56
综合体育馆	58	2.54	轮滑场	35	1.48
N	731	30.82	合计	164.1	69.18

注:数据来源于长沙、株洲、湘潭体育局;N 为长株潭三市标准体育场地总数量。

由表 4.3 可知,各类体育馆的数量占比较小,体育场的数量占比较大。受经济发展的因素的影响,体育馆大多数分布在经济发达的地市级城市,而对技术要求相对较低、资金投入相对较少的体育场,主要分布在经济相对落后的县级城市,这种不合理、不平衡的结构布局,很大程度上影响了居民参与体育活动的热情。而居民对体育运动参与的热情也是对体育事业发展活力的体现,当居民热情高时,体育产品消费增加,促进体育产业的发展。

(3) 长株潭城市群标准体育场地分布情况

表 4.4 是对长株潭三市标准场地分布的统计:长沙市区标准体育馆有 374 个,株洲市区有 220 个,湘潭市区有 137 个;长沙标准体育场有 786 个,株洲有 519 个,湘潭有 336 个。另外,湘潭相较于长沙、株洲两地,门球场数量是最多的,主要是因为湘潭市多次组织门球比赛,其中以 2018 年 10 月 16 日至 20 日举办的 2018 年中国门球冠军赛湘潭市第十七届"伟人故里行"门球赛规模最大,多达 69 支队伍,来自全国各地参与的人数有 1 000 余人。门球对参与人员整体要求低,作为一种老少皆宜的运动,深受当地居民青睐。

表 4.4 2008 年长株潭城市群标准体育场地的分布

长沙 $n_1 = 1160$；株洲 $n_{12} = 739$；湘潭 $n_3 = 473$；单位：个

馆	长沙个数	株洲个数	湘潭个数	场	长沙个数	株洲个数	湘潭个数
篮球馆	50	24	10	篮球场	214	150	70
排球馆	20	16	14	排球场	50	46	20
羽毛球馆	50	23	19	羽毛球场	60	40	32
棋牌馆	63	58	30	足球场	86	50	27
乒乓球馆	59	31	16	乒乓球场	121	52	32
健身馆	40	15	10	高尔夫球场	4	0	0
游泳馆	10	5	4	游泳池	19	10	8
武术馆	14	8	5	网球场	56	22	18
台球馆	30	26	20	门球场	71	89	96
网球馆	2	1	0	轮滑场	19	10	6
综合体育馆	36	13	9	田径场	86	50	27
合计	374	220	137	合计	786	519	336

注：数据来源于长沙、株洲、湘潭体育局；n 为标准体育场地数量。

分析表 4.4 数据可知，各类体育场地在长沙、株洲、湘潭三市的配置各不相同，作为省会城市的长沙居多，株洲次之，湘潭最少。目前长株潭城市群体育产业的总体规模发展迅速，吸引了大量企业投资，增加了大量就业岗位，因此吸引了大量人员就业。长株潭的人口数量上升和居民体育运动意识的加强，对体育场地的数量提出了更大的要求，现有的场地数量已不足以满足居民的需要。随着城市群一体化的发展，各地区体育产业的分布和发展问题开始暴露，为此，三个地区的相关部门开始对体育场地的布局进行一体化的管理，以此来促进资源的整合，发挥其最大价值。

4.2.2　长株潭城市群社会体育指导员的现状

（1）长株潭城市群社会体育指导员的数量分析

社会体育指导员，是指在竞技体育、学校体育、部队体育以外的群众性体育活动中从事技能传授、锻炼指导和组织管理工作的人员。社会体育指导员是发展我国体育事业，增进公民身心健康，提高生活质量，建设社会主义精神文明的一支重要力量，为城市休闲体育事业的发展做出巨大贡献。长沙、株洲、湘潭三市体育局统计的数据表明（如表 4.5 所示）：截止到 2009 年 6 月，长株潭三市注册的指导员共 7 977 人，其中男子占 35.08%，女子占 69.27%，男女比例不平衡。长沙、株洲、湘潭社会体育指导员有国家级 76 人，一级、二级、三级各有 734 人、4 431 人、2 736 人，其中二级和三级社会体育指导员人数所占比例高达 89.85%，而水平相对较高的国家级、一级体育指导员人数所占比例仅为

10.15%。这说明长株潭三市社会体育指导员自身管理结构存在一些不足。一是各等级比例失衡：社会体育指导员学历偏低，中学学历的社会体育指导员人数多，研究生学历的少。二是男女比例不合理：因受职业观念的影响，男生选择该职业的人数较少，相反女生选择社会体育指导员的人数较多。现在政府主管部门进一步加强组织管理，制定社会体育指导员管理的政策法规，确定更为合理的培训课程和时数及考核标准，并督促培训和考核的严格落实，进一步提高社会体育指导员的质量。

表4.5　长株潭城市群各级社会体育指导员总体情况

项目	国家级	一级	二级	三级	合计	占比/%
男	30人	270人	1 535人	963人	2 798人	35.08
女	46人	464人	2 896人	1 773人	5 179人	64.92
总计	76人	734人	4 431人	2 736人	7 977人	100%
占比/%	0.95%	9.20%	55.55%	34.30%	100%	

注：数据来源于长沙、株洲、湘潭体育局。

（2）长株潭城市群社会体育指导员的分布情况

通过对长株潭三市各个级别的社会体育指导员数量分布研究，对其布局有了基本的了解，为社会体育指导员的整合和优化工作提供了参考依据。

表4.6数据显示，2003年长沙拥有国家级社会体育指导员38人，一级369人，二级2 791人，三级895人，共4 093名社会体育指导员，平均每万人拥有16名；株洲拥有国家级社会体育指导员23人，一级270人，二级1 053人，三级1 654人，共3 000名社会体育指导员，平均每万人拥有30名；湘潭拥有国家级社会体育指导员15人，一级95人，二级587人，三级187人，共884名社会体育指导员，平均每万人拥有2名。总的来说，长株潭城市群人均拥有社会体育指导员人数较少，三市体育指导员分布差异较大。

表4.6　2003年长株潭城市群各级体育指导员的分布

城市	国家级	占比/%	一级	占比/%	二级	占比/%	三级	占比/%
长沙	38人	0.93%	369人	9.02%	2 791人	68.19%	895人	21.87%
株洲	23人	0.77%	270人	9.00%	1 053人	35.10%	1 654人	55.13%
湘潭	15人	1.70%	95人	10.75%	587人	66.40%	187人	21.15%

注：数据来源于长沙、株洲、湘潭体育局。

长株潭三市有计划地发展壮大社会体育指导员队伍，在发展过程中坚持以质量求生存、稳步发展的原则，鼓励体育教师以及各类教练员参与到社会体育指导工作中来。2003年，长沙、株洲人均社会体育指导员数量高于全国平均每万人拥有5名的水平。湘潭经济相对落后，体育事业发展相对于长沙、株洲两地较慢，居民对社会体育指导员职业存在一定偏见，导致社会体育指导员数量较少，平均每万人才拥有 2 名社会体育指导员。

（3）长株潭城市群社会体育指导员的学历情况

如表 4.7 所示：2003 年三市社会体育指导员专科和高中学历的人数占比较大，长沙占 68.92%，株洲占 66.30%，湘潭占 65.05%；而本科学历人数占比较低，长沙占 14.78%，株洲占 15.83%，湘潭占 19.68%。

表 4.7　2003 年长株潭城市群社会体育指导员的学历情况

长沙 $n_1 = 4\,093$；株洲 $n_2 = 3\,000$；湘潭 $n_3 = 884$

城市	等级	硕士及以上		本科		专科		高中		初中及以下	
		人数/人	占比/%	人数/人	占比/%	人数/人	占比/%	人数/人	占比/%	人数/人	占比/%
长沙	国家			13	0.32	15	0.37	10	0.24		
	一级			103	2.52	165	4.03				
	二级	15	0.37	348	8.50	772	18.86	1189	29.05	467	11.41
	三级	3	0.07	123	3.00	247	6.03	322	7.87	200	4.89
	合计	18	0.44	587	14.34	1199	29.29	1622	39.63	667	16.30
株洲	国家			5	0.17	11	0.37	10	0.33		
	一级			85	2.83	125	4.17	80	2.67		
	二级	8	0.27	138	4.60	287	9.57	446	14.87	174	5.80
	三级	5	0.17	234	7.80	453	15.10	97	3.23	366	12.20
	合计	13	0.44	462	15.4	856	29.20	1133	37.77	540	18.00
湘潭	国家			5	0.57	6	0.68	4	0.45		
	一级			35	3.96	33	3.73	27	3.05		
	二级	4	0.45	104	11.76	132	14.93	252	28.51	95	10.75
	三级	2	0.23	24	2.71	53	6.00	68	7.69	40	4.52
	合计	6	0.69	168	19.00	224	25.34	351	39.71	135	15.27

注：数据来源于长沙、株洲、湘潭体育局；n 为社会体育指导员人数。

应科学划分社会体育指导员的类别，针对培训目标进行分类指导，以满足不同行业、不同年龄、不同层次人们对健身指导的需求，强化对社会体育指导员队伍的一体化建设。一体化亦称综合化，其性质就是创发的进化论者们所说的"Emergent Whole"或者是"Integrated Whole"（通过部分的结合所出现的全部新的性质）。一体化工作的开展更需要一批专业技术、科研能力强的高素质技能人才，因此长株潭三市社会体育指导员的低学历成为短板。

（4）长株潭城市群社会体育指导员上岗指导情况

社会体育指导员的上岗情况是对其利用率大小的反映。社会体育指导员的上岗次数多，则反映其利用率大；反之，社会体育指导员的上岗次数少，则反映其利用率小。表 4.8 反映了长株潭社会体育指导员的上岗指导情况：每周指导次数主要集中在"1~2次"和"3~4次"两个次数段。长沙市上岗人数占社会体育指导员的总人数的39.14%,株洲市为37.67%,湘潭市为40.96%。三地的上岗率相差较小,反映了长株潭社会体育指导员的利用率相差较小。

表4.8 长株潭城市群社会体育指导员上岗指导情况

长沙 $n_1=4\,093$;株洲 $n_2=3\,000$;湘潭 $n_3=884$

城市	等级	上岗情况		每周指导次数					
		人数/人	占比/%	1~2次	占比/%	3~4次	占比/%	5次以上	占比/%
长沙	国家	11	0.27	6	54.54	3	27.27	2	18.18
	一级	124	3.03	51	40.78	44	35.44	29	23.79
	二级	1 031	25.19	445	43.18	381	37.00	205	19.88
	三级	436	10.65	112	25.61	190	43.50	135	30.89
	合计	1 602	39.14	614		618		371	
株洲	国家	7	0.23	4	57.14	2	28.57	1	14.29
	一级	97	3.23	52	53.61	25	25.77	20	20.62
	二级	352	11.73	84	23.94	128	36.48	139	39.58
	三级	674	22.47	42	6.62	381	56.57	251	37.24
	合计	1 130	37.67	182		536		411	
湘潭	国家	4	0.45	2	50.00	1	25.00	1	25.00
	一级	32	3.62	15	46.88	9	28.13	8	25.00
	二级	236	26.70	107	45.50	96	40.60	33	13.98
	三级	90	10.18	36	40.40	30	33.33	24	26.67
	合计	362	40.96	160		136		66	

注:数据来源于长沙、株洲、湘潭体育局;n代表体育指导员人数。

随着长株潭城市群对社会体育指导员队伍的统一化管理,社会体育指导员队伍质量有了很大程度的提高。但三市社会体育指导员上岗率较低,仍有待提高。从每周指导的次数来看,社会体育指导员利用率较小。令人难以理解的是,随着指导员等级的提高,每周指导次数却减少,这是长株潭政府应该重视的,应不断加强对社会体育指导员队伍的管理。

4.2.3 长株潭城市群居民参加休闲体育活动的现状

(1) 长株潭城市群居民参加休闲体育活动的动机分析

通过分析居民参加体育锻炼动机,可以进一步完善体育设施,推动休闲体育一体化建设。如表4.9所示,长株潭居民参加体育锻炼的动机呈现多元化、多层化和差异化,在所有动机中,强身健体为第一位。随着医疗水平、健康理念的传播,居民希望身体健康的想法日益强烈,而休闲体育的价值逐渐得到认可、了解,所以增强体质、增进健康、延年益寿成为居民参加体育运动的主要动机。其次是娱乐放松。当今社会竞争日益加剧,人们的精神压力越来越大,而参与休闲体育运动,可以将各种压力所致的心理疲劳转化为体力上的疲劳,并随着体力疲劳的恢复而恢复,而且在运动过程中注意力得到有效的转移,给人以精神的愉悦和身心的完全放松。女性对健美塑形、展现自我魅力有着独特的动机,女性天生的个性特点、喜欢表演和爱美欲驱使女性积极参与体育活动。

表4.9 长株潭城市群居民参加休闲体育活动的动机

长沙 $n_1=263$;株洲 $n_2=211$;湘潭 $n_3=107$

项目		娱乐放松	强身健体	社会交往	排忧解压	康复治疗	交流感情	消磨时光	健美塑形	其他
长沙	男/人	87	98	39	44	30	70	50	14	33
	女/人	80	93	24	40	35	64	41	48	41
	合计/人	167	191	63	84	65	134	91	62	74
	占比/%	63.58	72.46	24.09	32.12	24.60	51.09	34.58	23.51	28.20
株洲	男/人	66	78	27	30	26	67	34	9	33
	女/人	69	67	23	31	20	54	31	36	21
	合计/人	135	145	50	61	46	121	65	45	54
	占比/%	64.10	68.86	23.61	28.70	21.60	57.52	31.01	21.35	25.36
湘潭	男/人	33	39	13	16	11	25	25	7	13
	女/人	35	31	8	13	9	27	17	14	10
	合计/人	68	70	21	29	20	52	32	21	23
	占比/%	63.68	65.44	19.79	27.32	19.02	48.31	29.54	19.42	21.46

注:n为参与调查的居民人数。

综上所述,长株潭城市居民因自身健康需要增加了对休闲体育的需求,加深了对休闲体育的认知,提高了休闲体育锻炼的积极性,形成了健康良好的体育锻炼氛围,这加快了长株潭三市休闲体育事业发展。

(2) 长株潭城市群居民参加休闲体育活动的项目分析

由于受其自身的性格特点、居住环境、条件、生活习惯等影响,居民休闲体育需求因人而异,所以产生了多元化的体育项目。

如表4.10所示,长株潭居民对散步/跑慢、登山、交谊舞等项目较青睐,慢跑所占比例长株潭三市分别为61.64%、63.20%、58.60%,交谊舞所占比例长株潭三市分别为32.16%、30.12%、31.04%。三市也相应举办了"登山寻宝"

"三八节"等活动,并且休闲体育逐渐社区化,老年人自然而然成为社区休闲体育的主体。随着体育的现代化、科学化以及社会对体育不断增长的需要,体育内容和项目也不断发展,新的训练和锻炼手段层出不穷,新的方法和形式应运而生,比如现在随处可见的广场舞。老年人的首选项目有健身步行、健身跑步、乒乓球、保健操、太极拳、太极剑等,而社区中的青、中年人群因上学、上班、送子女入学,他们的锻炼时间多集中在下班、放学后,锻炼持续时间也较短。像高尔夫和网球等高端休闲方式受居民经济制约,选择比例较小。而瑜伽、集体舞等项目女性参加比例明显高于男性,因为保持健美身材、维持青春容貌,成了女性参加体育活动的内在动机。

表4.10 长株潭城市群居民参加休闲体育活动项目情况

长沙 $n_1=263$;株洲 $n_2=211$;湘潭 $n_3=107$

项目	长沙				株洲				湘潭			
	男/人	女/人	合计/人	占比/%	男/人	女/人	合计/人	占比/%	男/人	女/人	合计/人	占比/%
羽毛球	45	20	65	27.74	29	17	46	21.86	16	9	25	23.09
乒乓球	53	33	86	32.85	38	19	57	26.79	14	9	23	21.63
篮球	57	13	70	26.52	32	8	40	19.06	18	5	23	21.56
排球	19	6	25	9.49	12	7	18	8.85	11	6	17	15.79
网球	14	6	20	7.64	16	4	20	9.50	8	3	11	10.28
散步/慢跑	76	86	162	61.64	68	65	133	63.20	34	29	63	58.60
游泳	29	36	63	23.95	15	26	41	19.28	11	9	20	18.84
足球	22	0	22	8.30	17	2	19	9.62	9	1	10	9.02
交谊舞	41	45	86	32.16	31	33	64	30.12	16	17	33	31.04
集体舞	45	19	64	24.33	34	11	45	21.45	10	15	25	23.14
门球	26	21	47	17.82	23	19	42	19.73	14	11	25	23.09
瑜伽	9	48	57	21.54	3	31	34	15.93	2	18	20	18.81
轮滑	16	7	23	8.76	13	4	17	7.96	7	3	10	9.56
登山	63	58	121	46.20	43	50	93	43.86	28	25	53	49.12
高尔夫	18	7	25	9.49	11	5	16	7.73	5	1	6	6.02
太极等武术	35	29	64	24.31	25	21	46	21.63	13	12	25	23.82
其他	45	32	77	29.64	24	22	46	21.65	13	8	21	19.28

注:n 为参与调查的居民人数。

综合来看，由于男女性别、兴趣、心理和生理不同，对休闲体育项目有不同的选择。例如男性喜欢热血、激烈、酣畅淋漓的运动，如篮球、足球等运动，这类运动是一种团体活动，可以认识到很多新朋友，能够培养一个人的团队精神，同时也是一种发泄的运动，可以释放自己不好的情绪。女性喜欢健美操、瑜伽、羽毛球等，这类运动可以提升气质，让自己身体变得柔软、健康，通过长时间的练习，身材变好的女性通常更加自信且美丽，在言谈和处事上也会更加大方得体；另外，利用这段时间使得自己的身心得到平静，所以在遇到问题的时候比别的女性更能够冷静。

（3）长株潭城市群居民参加休闲体育活动的频率分析

通过分析居民参与休闲体育活动的频率可以判断居民活动意识的强弱。根据表4.11可知，长株潭居民不参加体育活动的比例分别为4.38%、3.32%、3.51%，说明很少有人不进行体育运动；每周2~3次及3次以上的比例分别为63.49%、61.95%、66.67%，说明长株潭城市群居民的休闲体育意识较好，当然这与长株潭休闲体育设施、场地建设有关，有了合适的设施、场地，自然而然居民参与休闲体育的积极性较高。

表4.11　长株潭城市群居民参加休闲体育运动的频率

长沙 $n_1=263$；株洲 $n_2=211$；湘潭 $n_3=107$

项目		0次	1次	每周2~3次	每周3次以上
长沙	男/人	4	44	66	32
	女/人	8	40	41	28
	合计/人	12	84	107	60
	占比/%	4.38	32.12	40.86	22.63
株洲	男/人	5	42	47	29
	女/人	2	31	39	16
	合计/人	7	73	86	45
	占比/%	3.32	34.68	40.71	21.24
湘潭	男/人	1	22	25	23
	女/人	3	10	13	11
	合计/人	4	32	38	34
	占比/%	3.51	29.82	35.09	31.58

注：n为参与调查的居民人数。

由调查可知，长株潭男性和女性参加休闲体育活动的次数不一样。长株潭三市男性每周参与1次、2~3次及3次以上的比例分别为37.26%、36.02%、44.86%，女性的比例分别为26.24%、26.07%、22.43%，显然，男性对体育的兴趣明显超过女性，对休闲体育活动的参与度明显高于女性。

如表 4.12 所示，从时间角度来看，大多数人锻炼时间为 30min～2h，而 30min 以内、2h 以上的人数较少。可以看出长株潭城市群居民对休闲体育活动很重视，每天都会花一部分时间来参与休闲体育活动，这与他们对休闲体育的功能和作用的认识是密不可分的。

表 4.12 长株潭城市群居民每天参加休闲体育活动时间

长沙 $n_1=263$；株洲 $n_2=211$；湘潭 $n_3=107$

项目		30min 以内	30～60min	1～1.5h 左右	2h 以上
长沙	男/人	21	53	45	21
	女/人	31	49	32	13
	合计/人	52	102	77	34
	占比/%	19.71	38.63	29.20	13.06
株洲	男/人	7	45	42	21
	女/人	14	41	25	12
	合计/人	21	86	67	33
	占比/%	11.96	40.60	31.71	15.73
湘潭	男/人	6	24	19	9
	女/人	9	21	15	4
	合计/人	15	45	34	13
	占比/%	14.02	42.37	31.58	12.03

注：n 为参与调查的居民人数。

从性别角度来看，女性参与休闲体育运动时间、人数普遍低于男性，这是由于女性不仅要工作，下班后还需要相夫教子、洗衣做饭，太多的事情占据了女性的空闲时间，导致女性参与休闲体育运动时间远少于男性。由此可知，女性休闲体育市场有着巨大的发展潜力，解决女性休闲体育运动时间不足的问题将可以促进休闲体育的和谐发展，扩大女性参与运动的积极性。

（4）长株潭城市群居民参加休闲体育运动的场所分析

休闲体育活动是一种精神领域的享受，不仅可以愉悦身心，也有强身健体的功能，受到广大人民群众的喜爱。长株潭城市居民愿意参与休闲体育活动，却受居住环境、地点、自身经济状况、体育设施空间分布等条件制约。如表 4.13 所示，居民参与体育活动主要以免费的体育活动场所为主，只有少部分居民到收费体育场所进行体育活动；同时居民喜欢在距离自己较近的场所活动，包括免费体育场所、工作单位、公园和广场、小区住宅空地。在"公园、广场"的选择上，长沙为 59.12%，株洲为 47.79%，湘潭为 58.91%，选择在"工作单位"进行体育锻炼的，长沙为38.67%，株洲为53.10%，湘潭为42.06%。

表4.13 长株潭城市居民休闲体育活动场所调查统计

长沙 $n_1=263$；株洲 $n_2=211$；湘潭 $n_3=107$

项目	长沙		株洲		湘潭	
	数量/人	占比/%	数量/人	占比/%	数量/人	占比/%
公园、广场	155	59.12	101	47.79	63	58.91
工作单位	102	38.67	112	53.10	45	42.06
免费体育场所	165	62.77	121	57.52	58	54.36
小区住宅空地	117	44.53	108	51.33	45	42.11
收费体育场所	90	34.31	69	32.74	36	33.33
街道旁边	46	17.52	24	11.50	13	12.28
自家庭院	98	37.23	86	40.71	39	36.84
其他	66	25.24	46	21.65	20	19.02

注：n 为参与调查的居民人数。

虽然人们积极参加体育活动，但城乡居民存在一定的差异。如农村居民体育活动相对单调，活动形式单一，体育产业发展不充分，设施发展不完善，而城镇居民可供体育活动的场所比较多，在体育活动条件上完胜农村，这是导致农村居民休闲体育锻炼的参与度、积极性不高的原因。虽然存在着差异，但随着体育功能不断地被人们认识和发现，在人的发展过程中起到越来越重要的作用，大部分人已经接受了休闲体育，并把休闲体育看成丰富生活的组成部分，把体育活动作为一种加强个人同社会、家庭之间联系的手段，在种种因素驱使下，人们掀起了参加体育活动的高潮。

需要注意的是，居民倾向于在自己小区附近进行体育锻炼，如小区住宅空地、自家庭院，因此应完善小区休闲体育设施场地，给居民提供合适的锻炼场所。随着体育观念的发展，收费体育场所的进入，居民经济收入、生活水平的提高，像高尔夫、保龄球、骑马等收费体育活动长株潭三市的比例分别为34.31%、32.74%、33.33%，说明收费体育场所存在很大的发展空间。

(5) 影响长株潭城市群居民参加休闲体育活动的因素分析

根据表4.14可知，影响居民参加休闲体育活动的因素往往是多方面的，没有合适的体育场地设施是影响居民参与休闲体育活动的主要因素，目前长株潭休闲体育设施、场地建设需要进一步完善，满足居民多样化需求。

表4.14 影响长株潭城市群居民参加休闲体育活动的因素

长沙 $n_1=263$；株洲 $n_2=211$；湘潭 $n_3=107$

项目	长沙		株洲		湘潭	
	数量/人	占比/%	数量/人	占比/%	数量/人	占比/%
工作忙	109	41.61	92	43.44	43	40.35
无人指导	92	35.04	63	29.74	35	32.56
收费较高	129	48.91	89	42.02	24	42.11
经济负担重	56	21.17	38	18.04	11	10.53
场地不方便	115	43.80	86	40.71	39	36.84
没有场地设施	143	54.55	105	49.75	54	50.88
缺少喜欢的项目	35	13.14	34	16.24	15	14.05

注：n 为参与调查的居民人数。

表4.14中收费较高的体育场所比例，长沙市为48.91%，株洲市为42.02%，湘潭市为42.11%，可知长株潭的休闲体育场馆、休闲娱乐项目收费与居民消费水平不协调，居民不能够承担高额的休闲娱乐费用。另外，没有场地设施、场地不方便也占据较高比例，说明设施分布、交通条件影响大大打击居民参与休闲体育活动积极性。此外，长株潭三市缺乏拥有专业体育知识技能人才，居民参与休闲体育活动时缺乏专业指导，因此，需要加强社会体育专业人才的知识更新能力，完善社会体育专业人才的管理和奖惩体系，保障社会体育专业人才的指导率。

（6）长株潭城市群居民对体育场地的满意度分析

居民参与休闲体育活动的基础是拥有合适的体育场地和设施，这一关键性问题不解决，居民休闲体育活动的参与率就不可能提高。如表4.15所示，长沙7.98%的居民对体育场地的数量和设施满意，29.66%基本满意，不满意的高达62.36%，株洲分别为5.31%、30.33%、64.36%，湘潭分别为6.54%、31.78%、61.68%，说明建设完善体育场地和设施刻不容缓。

表4.15 长株潭城市群居民对体育场地数量和设施的满意度

长沙 $n_1=263$；株洲 $n_2=211$；湘潭 $n_3=107$

项目	长沙		株洲		湘潭	
	数量/人	占比/%	数量/人	占比/%	数量/人	占比/%
满意	21	7.98	11	5.31	7	6.54
基本满意	78	29.66	64	30.33	34	31.78
不满意	164	62.36	136	64.36	66	61.68

注：n 为参与调查的居民人数。

体育场地的地理位置会直接影响居民参与休闲体育运动的积极性和参与度。

根据表 4.16 可知，长株潭三市分别有 5.70%、7.58%、8.41% 的居民认为方便，认为较方便的比例分别为 31.94%、30.81%、28.04%，认为不方便的比例为 62.36%、61.61、63.55%，绝大多数居民对体育场地地理位置不满意。

表 4.16 长株潭城市群居民对体育场地地理位置的满意度

长沙 $n_1=263$；株洲 $n_2=211$；湘潭 $n_3=107$

项目	长沙		株洲		湘潭	
	数量/人	占比/%	数量/人	占比/%	数量/人	占比/%
方便	15	5.70	16	7.58	9	8.41
比较方便	84	31.94	65	30.81	30	28.04
不方便	164	62.36	130	61.61	68	63.55

注：n 为参与调查的居民人数。

综上所述，当前的体育场地设施和地理位置不能满足长株潭居民的多样化需求，制约了长株潭休闲体育持续发展空间。如若想要推动休闲体育的发展，需要结合城市总体规划，加强休闲体育空间的建设，合理利用城市空间资源，加大对体育场地和设施的建设资金的投入。当然在满足人民群众日常的体育休闲需求与特殊人群的需求的同时，还要注重经济、社会以及生态环境三方面的同步和可持续发展。

4.2.4 长株潭城市群居民休闲体育消费的现状

（1）居民体育健身费用

从 2017 年长株潭城市群居民体育健身费用情况统计中可得知，居民在体育健身方面的花销很少，长株潭三市居民总花销为 55 亿元，人均消费不足 800 元，与其他消费相比非常低。如表 4.17 所示，居民体育健身费用主要集中在 900~1 200 元，所占比例为 22.1%，其次是 300~600 元，占 17.8%，年度消费 300 元以内或 1 500 元以上的人数相对较少，只占 11.4%、8.4%，可见，体育消费已经走进了城市居民的日常消费范围，与居民的生活、工作、家庭息息相关，只是没有达到我们预想当中的那种效果。虽然体育健身、娱乐场所价格高是事实，但值得欣慰的是，体育健身费用不是阻碍城市居民体育活动的最主要因素。

表 4.17 2017 年长株潭城市群居民体育健身费用

金额	300 元以内	300~600 元	600~900 元	900~1 200 元	1 200~1 500 元	1 500 元以上
人数/人	85	133	169	194	101	63
占比/%	11.4	17.8	22.7	26.1	13.6	8.4

（2）休闲体育产品消费观

消费观是人们对消费水平、方式、能力等问题的总的态度和总的看法。与生产观、交换观和分配观一样，作为一种观念，消费观是社会经济现实情况在人脑中的反映，但它一旦形成又会反作用于社会经济，并对其产生深刻而重大的影响。随着经济的发展、时间的推移，消费观念也随之更加理性化，人们在消费过程中更多地表现出比较理性和实惠的消费心理，讲究经济、实用和耐用，在此消费观念的引导下，长株潭居民在体育健身上消费较少。

伴随着科技发展和进步，体育产品朝着科技化、多元化、多层次方向发展，随着体育产品行业的发展和产品的科技化，产生了众多新的产品，如双位太空漫步机、四位健身车，等等。这些健身器材上均装有传感器，具有液晶显示和语音播报功能，可对锻炼者的运动时间、次数、里程、消耗热量进行统计分析，同时运动者可以扫二维码了解相关体育信息、观看健身指导，充分弥补了运动者对信息的一知半解，避免了不合理的运动方式。同时体育产品因注入科技元素而变得多样化，可以满足消费者不同的需求，消费者可以根据自身实际情况选择合适的体育产品。高科技体育产品在同类产品中往往更具竞争力，在一定程度上会影响消费者消费。

如表 4.18 所示，根据居民的实体体育产品购买倾向，我们可以了解到影响居民挑选体育产品的因素，为体育实体产品提供一定的参考。40.6% 人会优先考虑体育产品的性价比，追求物美价廉，在满足自身体育活动需求的同时也希望经济实惠，这类人往往对体育产品有着一定的了解。29.4% 的人购买体育产品时主要会考虑产品的性能、品质，这些人重视体育产品的使用性能、手感、运动品质，对体育产品的了解会比较深刻。此外居民购买体育产品会受产品品牌、价格、外观等因素影响，这类人对体育产品缺乏足够的了解，很难买到真正适合自己的体育产品，所以这类人需要加强对体育知识的了解，只有这样，才能更好地投入适合的休闲体育活动中。

表 4.18　居民的实体体育产品购买倾向

项目	品牌优先	性价比优先	性能、品质优先	价格优先	外观优先
人数/人	107	303	219	41	75
占比/%	14.4%	40.6%	29.4%	5.5%	10.1%

（3）休闲体育消费总趋势

分析居民消费资金流向可以了解居民对体育产品的需求。从马斯洛的需要层次理论可知，居民在满足了物质生活后，便会追求精神上的满足，向更高的一层追求。近几年，国家政策的促进和资本的不断进入，驱使着体育消费向更广阔的空间发展，人均可支配的收入提高，也驱动着互联网体育产品消费提升。

从 2017 年居民平均收入水平可知，长株潭城市群居民除去自身基本的生活花销外，用于体育健身方面的资金十分有限，利用这有限的资金很难发展休闲体育，很难满足居民自身的体育锻炼需求。我们从这部分资金的流向可以找到发展休闲体育的关键点，为数不多的资金一定是满足居民最热切、迫切的需求，可以说这些资金流向的产品是比较符合居民需求的，体育产业可以在此需求上多下功夫，以促进休闲体育产业发展。

随着休闲体育观念广为传播、深入人心，越来越多的居民愿意加入休闲体育活动中来。一旦人们积极参与休闲体育活动，休闲体育产品行业将迎来快速的发展，同时也会带动上下游产业共同发展，例如体育器材、服饰、鞋帽、体育建筑等各种产业。这些产业会利用互联网技术形成完整的体育产品销售网络，线下的体育器材商城、超市会飞速发展，很大程度上为居民购买体育产品提供方便，满足居民多样化需求。如表 4.19 显示，长株潭三市居民体育消费主要在运动服饰的购买上，占比为 33.5%；其次是用于购买场馆门票和体育器材，占比分别为 30.4% 和 29.6%，说明居民还是比较愿意参与体育运动的；观看体育比赛、购买体育彩票占比较少且接近，为 1.4% 与 1.7%；居民用于购买体育杂志的资金可谓少之又少，仅仅占到 0.8%，其原因可能是由于网络信息技术的发展，直接导致传统媒体的衰落，人们可以通过电脑、手机、电视等通信工具，便捷地、快速地、准确地了解到发生在世界各地的体育信息，使得体育杂志获取体育信息的功能逐渐被淡化，导致人们对体育杂志的依赖性降低。

表 4.19　长株潭城市群居民体育消费资金主要流向

项目	运动服饰	体育器材	观看比赛	场馆门票	体育杂志	体育彩票	户外活动	其他
人数/人	250	221	10	226	6	13	13	6
占比/%	33.5	29.6	1.4	30.4	0.8	1.7	1.7	0.8

4.3　长株潭城市群休闲体育空间结构合理化发展战略与空间布局

4.3.1　长株潭城市群休闲体育空间结构发展鱼刺分析

长株潭城市群的天然优势是城市群休闲体育空间实现一体化的重要条件，它主要表现在两个方面：一是长株潭城市群地域相邻紧密，为休闲体育一体化提供了空间优势；二是长株潭三市在文化上相互影响相互作用，为休闲体育一体化提供了文化优势。休闲体育场地是进行体育运动或体育比赛的区域设施的统称，其主要包括标准场地和非标准场地。体育场地的数量和质量是影响居民参与休闲体育的重要因素，也会影响长株潭城市群体育空间布局及其合理化发展。长株潭城市群休闲体育空间建设遵循"以人为本"的原则，目的是为三市居民提供环境优美、方便舒适的休闲体育场地，其中把运动休闲和娱乐休闲作为主要模块，主要包括日常休闲活动、文化休闲活动和生态休闲活动等，由此吸引大批体育运动爱好者。休闲体育场所是居民参加体育锻炼的基本条件，长株潭城市群中体育设施虽数量较多,但仍不能满足居民的健身需求。

(1) 城市休闲体育空间便利性缺失

从长株潭城市群来看,城市休闲体育空间便利性缺失主要表现在四个方面,如图4.2所示。一是由于体育馆开放的时间与居民空余时间相冲突,停车场地的不足导致空间的可入性降低;二是少量休闲体育场馆位置较偏远,交通、道路、河流的阻碍,导致长株潭城市群打造体育空间15min可达性不理想;三是长株潭城市群一些公共休闲体育场馆和学校体育场馆的开放时间与居民的空余时间有冲突,而且一些公共体育场馆实行人为门槛限制,阻碍了城市公共体育空间的有效利用,丧失了其公共属性;四是交通的需求端滞后与供给端发展不足。

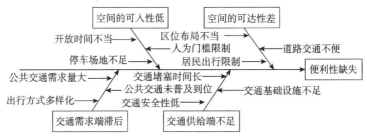

图4.2 长株潭城市休闲体育空间便利性缺失鱼刺分析图

(2) 居民对休闲体育消费需求不足

从长株潭城市群来看,居民对休闲体育消费不足主要表现在四个方面,如图4.3所示。一是居民消费观念转变迟缓,趋于现实型消费,"量入为出"的传统消费观念仍然主导消费方式的选择;二是由于产业结构不合理、物价的快递上涨与人均收入差距大导致消费需求不足;三是由于基础设施的不完善、运动项目缺乏创新与服务方式单一导致活动项目有限;四是以大型体育设施为主,公共服务型设施设备较少,导致了设施布局不合理。

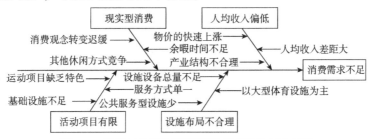

图4.3 居民对休闲体育消费需求不足鱼刺分析图

(3) 城市休闲体育空间供给结构不均衡

长株潭城市群休闲体育空间供给结构不均衡表现在两个方面,如图4.4所示。一是在整体空间供给结构上表现"城内密集,城外稀疏"的发展形态,并且休闲体育设施在各地区的不均衡分布;二是长株潭城市群休闲体育空间布局缺乏公共性和有效性,表现在大量建设大型体育设施、校园体育设施等用于服务体育赛事,在低质量高数量的供给、重视新设施的建设、忽视旧设施的改造和重塑方面体现了长株潭城市群体育空间结构的供给失衡。

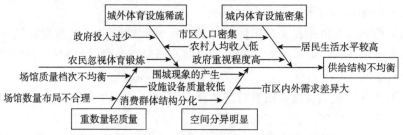

图 4.4　城市休闲体育空间供给结构不均衡鱼刺分析图

(4) 城市休闲体育空间规划不合理

政府过度关注社会经济的发展，忽视了休闲体育的发展，导致长株潭城市群休闲体育空间规划不合理。长株潭城市群体育空间供给结构不合理的具体表现在四个方面，如图 4.5 所示。一是休闲体育产业市场不成熟，主要原因是经营模式缺乏创新与消费能力较低；二是政府体育功能不到位，这是由政府缺乏引导、扶持力度不足与法律法规的不完善导致的；三是建设投资模式单一，主要是由政府资金投入有限，资金分配的不合理加上投资以营利为目的造成；四是休闲体育人才匮乏，主要原因是课程的缺乏、人员的不及时调整与忽视人才队伍的建设。

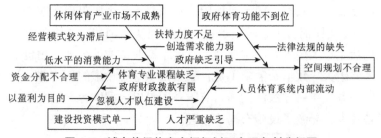

图 4.5　城市休闲体育空间规划不合理鱼刺分析图

4.3.2　长株潭城市群休闲体育空间结构合理化发展 SWOT 分析

运用 SWOT 分析方法，可对长株潭城市群休闲体育空间结构合理化发展所处情境进行全面、系统、准确的研究，对产业内外部环境各方面内容进行综合概括，包括分析休闲体育产业的优势、竞争劣势、机会和威胁，从而根据研究结果制定相应发展战略、计划以及对策等。

(1) 长株潭城市群休闲体育空间结构外部环境分析

分析长株潭城市群休闲体育空间结构的外部环境，能够明确定位自身所处的社会环境和自身发展面临的机遇和威胁，对未来变化趋势做出正确预测，合理规划长株潭城市群休闲体育空间结构布局。

①外部宏观环境分析。分析长株潭城市群休闲体育空间结构的外部宏观环境，有利于合理规划今后的发展方向，抓住环境变化带来的机遇，规避各种威

胁。外部宏观环境分析是用 PESN 法分析，对政治与法律、经济、文化和自然环境分析。

a. 政治与法律环境。十九大报告中，习近平总书记指出"广泛开展全民健身活动，加快推进体育强国建设"。2017 年 3 月 17 日，教育部下发《关于印发 2016 年度高校本专科专业备案制度和审批结果的通知》中，湖南省各大院校新增休闲体育专业，这表明国家从政策扶持方面对休闲体育发展提供了重要机遇。

b. 经济环境。长株潭城市群经济增速呈现出良好的发展趋势，有利于推动休闲体育进一步发展。2016 年长株潭城市群居民人均可支配收入 43 623.3 元，与上年相比增加了 3 330.5 元。长株潭城市群地方生产总值为 13 681.9 亿元，比上年相比增加了 1 125 亿元。休闲体育空间结构的全面建设需要政府大力的财政支持，健康和谐的经济环境能为长株潭城市群休闲体育提供良好的硬件设施。

c. 社会文化环境。随着经济社会水平的不断提高，长株潭城市群休闲体育投资环境得到进一步改善。在对各类项目的投资力度加大后，各城市显现出巨大的发展潜力。居民生活质量不断改善，居民开始逐渐倾向于各类休闲体育锻炼，丰富日常休闲生活，极大带动长株潭城市群的休闲体育空间结构合理化发展。

d. 自然环境。湖南省悠久的历史文化底蕴与宜人的亚热带气候，区域内层林尽染，山脉连绵不绝，呈现出美丽的自然景象。长株潭城市群优厚的休闲体育资源来源于山水资源，这些资源呈现出高度集聚的空间布局，不仅为休闲体育资源的整合提供良好的自然基础，而且对休闲体育的资源整合以及长株潭城市群休闲体育结构合理化产生推动作用。

②外部行业环境分析。对于外部行业环境可以从两个方面来分析：一是长株潭城市群休闲体育产业逐渐被重视，也得到了初步的发展，但其他休闲消费竞争激烈。例如居民日常娱乐休闲一般在电影院、KTV、酒吧、溜冰场等小型娱乐场所，体现了居民在旅游、文化和餐饮方面的休闲消费，而在休闲体育方面，居民的重视度不够。二是休闲体育空间作为城市综合发展的一部分，长株潭城市群休闲体育空间的提质扩容增加了居民休闲体育场所和设施，有利于提高居民休闲体育参与度。

（2）长株潭城市群休闲体育空间结构内部环境分析

内部环境分析能够有效地利用自身资源，明确自身的优劣势，有助于制定针对性战略。从人力资源和设施资源两个方面来分析长株潭城市群休闲体育空间合理布局的内部环境。

①人力资源环境。2016 年，湖南省运动员共有 1 418 人。其中女性 525 人，国际级运动健将 7 人，国家级运动健将 43 人，比 2012 年分别增长 13.7%、10.8%、40.0%、16.2%；等级裁判员 2 884 人，比 2012 年增长 33.5%；参加重大国际比赛获得奖牌 22 枚，其中女性 18 枚；参加全国比赛获得奖牌 126 枚，其中女性 70 枚，比 2012 年分别增长 20.0%、40.0%。除了 2012 年未打破世界纪

录与全国纪录，其他每年均涌现打破世界纪录或全国纪录的佳绩，其中2016年共打破世界纪录1人1次1项及全国纪录1人1次1项。2016年举办县级运动会506次。拥有各级社会体育团体1 059个，新建全民健身路径8 296条，社会体育指导员年发展数15 743人。

②设施资源环境。长株潭城市群相关体育设施日渐发展，2016年投入使用的各类体育场地16 882个。其中，长沙市开展全民健身项目224项次（市级、区县、乡镇街道三级），全市全民健身运动参加人数达490万人，年末拥有各级健身辅导站682个，公共体育场地1 780个；株洲市共有体育场地4 878个，体育馆18座，运动场446个，游泳池37个，各种训练房289个，全市开展全民健身项目149项次，经常参加体育锻炼人数40万；湘潭市有体育场地5 180个，体育馆15座，运动场（含体育场、小运动场、田径场）481个，游泳池（含游泳跳水场馆）41个，全年新建小型全民健身中心5个，新增室外健身路径217条，农民健身工程467个，健身站点312个，全市人均健身场地面积1.8m^2。

(3) 长株潭城市群休闲体育空间结构合理化发展SWOT分析矩阵

首先要对其所处外部环境进行一个良好定位，其次需结合内部环境分析，最后得出长株潭城市群休闲体育空间结构合理化发展SWOT分析矩阵，如表4.20所示。

表4.20 长株潭城市群休闲体育空间结构合理化发展SWOT分析矩阵表

内部因素 / 外部因素	优势（S） 1. 自然资源优势； 2. 人口基数大优势； 3. 经济的迅速发展； 4. 政策的支持	劣势（W） 1. 基础设施比较落后； 2. 交通便利性不够； 3. 居民消费水平较低
机遇（O） 1. 居民健身意识提升； 2. 全民健身运动的普及； 3. 休闲时间的增加	SO战略 1. 同大型企业、龙头企业等建立战略联盟，建设更多的休闲体育设施； 2. 充分发挥资源、人口领域优势，加大全民健身的宣传	WO战略 1. 改善现有配套设施，提高便捷性； 2. 建立合理采购策略，降低成本，激发居民消费需求
威胁（T） 1. 其他休闲产业竞争加剧； 2. 休闲体育空间布局不合理； 3. 休闲时间分配不合理	ST战略 1. 充分把握政策方向，获取政府支持； 2. 休闲体育方式多元化，提高服务能力	WT战略 1. 学习国外休闲体育空间布局，借鉴先进经验； 2. 加强基础设备设施建设，引导居民合理分配休闲时间

(4) 长株潭城市群休闲体育空间结构合理化发展 SWOT 分析结论

结合目前长株潭城市群休闲体育空间结构的具体情况和市场环境，建议以 SO 战略为主，其他三种战略为辅的发展策略，充分发挥自身优势，利用各种资源，使休闲体育得到长远发展。主要分为以下两个方面：第一，同大型企业、龙头企业等建立战略联盟，促进休闲体育产业发展。长株潭城市群休闲体育空间需求的迅速增加，有利于建设以多元化中心为主的空间结构，一是优化土地使用，改善城市空气质量，二是方便居民进行休闲体育锻炼，缓解交通压力。第二，充分发挥资源、人口领域优势，加大全民健身宣传。城市休闲体育空间布局合理化应以满足城市居民休闲体育需求为首要原则，长株潭城市群目前自然资源丰富、人口基数大，加上政策支持和大力宣传，休闲体育市场前景广阔。

4.3.3　长株潭城市群休闲体育空间结构发展战略

城市群休闲体育空间结构合理化发展是长株潭城市群建设的重要组成部分，在"健康中国"背景下，结合《国务院办公厅关于加快发展健身休闲产业的指导意见》，对长株潭城市休闲体育空间结构合理化的发展战略做出以下讨论。

(1) 因地制宜地规划布局，满足居民多元化需求

长株潭城市群休闲体育空间的规划布局可以从两个方面着手：第一，城市休闲体育迅速兴起，吸引大量休闲体育爱好者，但要促进城市休闲体育进一步发展，需因时因地制宜地发展休闲旅游业；第二，长株潭居民的人均收入、生活方式、消费观念存在差异，根据居民的差异化、多元化需求，合理地发展城市休闲体育。例如场馆应创建新型体育活动等项目，加强特色服务，提升休闲体育空间利用率，更好地建设和发展城市休闲体育空间。

(2) 增加开放度及便利性，降低居民活动出行成本

长株潭城市群休闲体育场馆数量、规模、人均使用量有相应发展，但长株潭城市群场馆数量、品质大都错落不齐，开发性不足，对大众开放度也不高，居民实际使用场馆仅占全部休闲体育场馆总数的极少部分，因此应增加休闲体育场馆的开放度。优越的交通系统对休闲体育发展起推动作用，长株潭城市群呈带状交通布局，应依托湘江为轴线，建设各式各样的休闲娱乐健身场所，发展具有湖湘文化的特色休闲体育空间，带动湘江风光带休闲旅游发展，促进休闲体育消费，加快长株潭城市群休闲体育经济发展。

(3) 结合居民参与度，实现统筹规划错位发展

居民的消费需求和生活方式存在差异性，休闲体育需求也随之不同。根据长株潭居民对休闲体育的爱好，统筹考虑各区域居民对活动的参与度，可以适当开发一些大众化的、娱乐性的、具有民族特色的休闲体育设施。例如，针对中老年人，可以开展以保健为主题的休闲体育活动；针对青壮年，可以开发以娱乐、健身为主题的休闲体育活动；针对现代都市居民，可以开发以趣味性较强的休闲体

育游戏和亲近自然的休闲旅游；针对白领阶层居民，可以开发以公共商务为主题的休闲体育活动。对不同人群设计不同的休闲体育活动，将有助于实现长株潭城市群休闲体育空间的错位发展。

（4）完善结构建设与优化，发展多层次的空间结构

目前长株潭城市群休闲体育空间在建设、使用、维护上存在不足之处，影响居民休闲体育活动。长株潭城市群休闲体育锻炼型公园数量多、质量差，这需要逐步完善城市休闲体育空间的配套设施来改善公园健身器材少、设施陈旧单一的现象，优化休闲体育空间品质。满足不同群体差异化的需求需建立多层次的休闲体育空间结构，长株潭城市群湘江风光带可以开展多功能的休闲体育活动，如度假村、人工沙滩、浴场、骑行及健身跑道等；在郊区规划大型休闲体育主题公园，完善滨水区的休闲体育功能，满足居民节假日的休闲需求。

4.4 本章小结

休闲体育空间结构演变对城市体育生活圈的合理规划和建设具有重大的理论价值，应使休闲体育空间结构演变的研究工作能符合城市发展的主观需要，能促进全民健身的客观需要。本章通过对休闲体育空间结构发展历程、现状以及动态变化的分析，着力研究了长株潭城市群休闲体育空间结构存在的各种问题，掌握了休闲体育空间结构演变的发展状况，以推进休闲体育空间优化创新的发展趋势，完善区域内休闲体育产业开发布局策略。提出主要从三个方面来改善其空间布局：一是贯彻落实"健康中国"相关政策，实现全民健身战略的基础是强化休闲体育建设；二是城市群休闲体育空间合理化发展要因时因地制宜，从实际出发，促进长株潭城市群体育空间布局优化；三是加强企业与政府形成合作关系，最大限度发挥政府职能，有利于健全统一管理制度，有利于体育场馆提质扩容，有利于实现投资主体多元化，有利于实现城市休闲体育大众化和娱乐化。

第 5 章
长株潭城市群休闲体育空间结构合理化的制约因素研究

本章结合长株潭城市群休闲体育空间结构演变的基本情况，总结目前长株潭城市群休闲体育空间结构演变不合理的原因，通过政治因素、经济因素、产业因素、社会因素四个方面的分析，以动态、发展、联系的观点有针对性地深入探索长株潭城市群休闲体育空间结构合理化的制约因素，以期为长株潭城市群休闲体育的发展提供参考。

5.1 政治因素对长株潭城市群休闲体育空间结构合理化的制约

5.1.1 政府规划不全面对休闲体育的制约

长株潭城市群政府相关管理部门缺少对休闲体育产业发展实际的了解，并且管理理念与实际脱钩，管理标准不完善，执行力较差，提供方案与实际不相符，阻碍了长株潭城市群休闲体育的可持续发展。同时，政府部门为取得良好的政绩，一味追求休闲体育经济的发展，对休闲体育空间建设的相关规划不够全面；在资金投入上严重失衡，只重视竞技体育的发展，体育场馆也以比赛为主，致使发展基础不稳定，不能持续发展，从而阻碍休闲体育的发展。

5.1.2 政府政策不完善对休闲体育的制约

政府政策是推动长株潭城市群休闲体育空间结构合理化的一大动力，而如今，长株潭城市群政府对休闲体育发展所实行的政策不够完善，导致休闲体育空间结构合理化发展缺少动力和制度保障。长株潭城市群政府尚未提供较为明确的促进休闲体育发展的相关政策，不能引导并扩大休闲体育的消费，不能扩大休闲体育空间。当前，长株潭城市群政府出台的法律法规并未实现有效执行，对于具体细节和运动项目规定模糊不清，缺乏科学理性的操作性。从长期发展角度分析，在休闲体育发展中，长株潭城市群对于休闲体育空间结构的发展，缺乏鼓励机制与扶持政策，不能为促进长株潭休闲体育的发展增添持久的动力，今后，政府应着重完善相关政策以促进休闲体育进一步发展。

5.1.3　引导机制不健全对休闲体育的制约

长株潭城市群政府实行的引导机制对于长株潭城市群休闲体育具有重要意义，而引导机制不健全将会使长株潭城市群休闲体育空间结构发展受阻。长株潭城市群政府没能充分发挥媒体、网络等引导工具的作用，所使用的引导机制或工具较为单一，且未能将体育精神有效地通过大众传媒、新闻媒介等手段广泛地传播，未能宣传"健康第一""全民健身"的思想。因此，长株潭城市群政府应为推动休闲体育空间结构合理化积极建立健全长效的引导机制，为整个社会营造良好的休闲体育氛围，推动长株潭城市群休闲体育的广泛发展。

5.1.4　宏观调控不平衡对休闲体育的制约

政府的宏观调控不平衡对休闲体育空间结构合理化的发展具有重要影响。因市场调节存在一定的缺陷、失灵的现象，所以政府会出台相关法律或颁布一系列文件，规范市场秩序，优化资源配置，促进市场的健康发展，这是政府宏观调控的重要表现。一旦出现宏观调控不平衡的现象，休闲体育产业将会在一定程度上受到影响，影响休闲体育产业的生产以及休闲体育空间结构的合理化。因此，长株潭城市群政府应结合市场发展状况，出台相应政策，平衡市场中的宏观调控，促进休闲体育产业的发展，这有助于长株潭城市群休闲体育空间或场所的数量增多，有益于长株潭城市群休闲体育空间结构的合理化发展。结合当前长株潭城市群休闲体育产业经济发展状况，政府可发挥的宏观调控的作用主要有：一是政府通过宏观调控，完善市场经济的发展体制，发现并弥补政策缺陷，从而促进休闲体育产业的发展；二是建立完整的运行机制，合理分配体育资源，政府各部门相互合作，相互协调，进而使长株潭城市群空间结构得到改善。

5.1.5　服务水平不达标对休闲体育的制约

政府的服务水平对休闲体育的发展具有影响，政府的服务能力低或者水平达不到休闲体育发展要求，将会对城市休闲体育产生消极影响。休闲体育在全民健身运动中的作用日益凸显，二者不可分割，良好的政策有助于休闲体育健康持续发展，但是目前长株潭地区的政策未能与相关法律法规结合，还有待进一步完善。国家出台相关政策，为进一步推动全民参与休闲体育提供保障，但是当前长株潭城市群政府执行力度不够，在过程中存在政策抵制或选择性执行、附加执行、政策合谋等现象，不仅制约全民健身的发展，而且制约整个休闲体育的发展。政府部门的服务水平不高，直接影响长株潭城市群休闲体育空间数量以及休闲体育空间的分布，从而对长株潭城市群空间结构的合理化发展产生影响。

5.1.6 推进机制不衔接对休闲体育的制约

推进机制对于城市休闲体育空间结构的合理化具有一定作用。休闲体育产业包含多个领域，整个产业是一个系统性的工程，需要各产业形成有机的整体，例如教育、交通、医疗、文化领域等产业的高度协同，通过建立推进机制来衔接各个领域，为进一步促进休闲体育持续发展提供有力支持。当前，长株潭城市群休闲体育产业结构内部不协调，尤其是消费方面、交通方面以及服务行业等问题层出不穷，且未得到有效解决，进而阻碍休闲体育行业以及休闲体育空间结构合理化的发展。长株潭城市群休闲体育内部发展结构不平衡，体育博彩业和竞赛表演业发展相对较快，而体育健身娱乐业和体育休闲服务业等发展相对缓慢，未形成稳定的市场环境。因此，推进机制的不衔接，阻碍了长株潭城市群休闲体育产业的良性发展，制约休闲体育空间数量的增长。同时，从休闲体育外部发展环境来说，休闲体育产业与交通、文化、医疗等行业息息相关，休闲体育产业发展需要相关领域产业的支撑，然而就当前发展而言，协调发展力度不能推进休闲体育行业的发展，抑制长株潭城市群休闲体育空间结构向着合理化方向发展。

5.2 经济因素对长株潭城市群休闲体育空间结构合理化的制约

5.2.1 经济发展对休闲体育的制约

国民经济的发展与休闲体育产业结构的发展息息相关。许多发达国家休闲体育发展的实践表明，休闲体育是人们在温饱问题解决后的娱乐发展项目。随着国民经济的不断发展，休闲体育产业不断壮大，所占国家 GDP 比重日益增大。国民经济促进休闲体育发展的同时休闲体育产业结构与演进程度也会反过来促进国民经济的增长。休闲体育产业结构的变动须与国民经济的发展目标和发展水平相匹配，政府会适时对休闲体育结构的变化进行干预。

长株潭城市群休闲体育产业与社会、经济发展是密切相关的。经济基础决定上层建筑，经济在人类社会发展中起决定性作用，经济是社会发展最根本的保障。与此同时，社会发展又是经济发展的最终目的，也为经济发展提供精神和智力支持。经济是社会发展的物质基础，社会发展是经济转化为生活质量提高的中间者。因此，人类永恒在追求着经济与社会的共同发展。休闲体育产业作为国民经济的组成部分，一样会受到经济发展的影响，甚至其产业的特殊性使得其受到的影响相较于其他产业的更严重。社会化的发展使得人也更加全面发展，人们对精神文化、健康水平、受教育情况等方面的要求不断提高，而休闲体育所提供的产品和服务恰好满足了人们日益提高的物质文化需求。此外，休闲体育产品使用价值的多样性以及正外部效应也能够促进经济和社会的发展需求。

随着长株潭城市群人民生活水平的不断提高，人们对物质生活的追求不断提高。物质文化需求的数量、层次、结构的变化趋势决定产业结构供给的数量、层次、结构的变化。人们需求的变化使得休闲体育产业也在逐步发展和变化。经济发展的程度可以从需求和供给的角度影响休闲体育的发展，经济水平的提高促使技术水平的提高与管理制度的改善，因此，有效提高劳动生产率对促进休闲体育的供给能力有深远影响。

5.2.2 经济区位对休闲体育的制约

经济区位是地球上某一地点与具有经济意义的其他地区间的空间联系，或是一国、一个地区、一个城市在国际、国内劳动地域分工中的位置。经济区位与交通、信息等条件关系密切，决定着市场范围的大小。在以往长株潭城市群产业布局中人们忽略经济区位条件而只关注自然条件和自然资源对产业布局的影响。优越的区位、发达的交通和便捷的信息联系在长株潭城市群休闲体育产业布局中起着重要作用。休闲体育产业的空间布局首先应选择区位条件较好的城市经济区位，休闲体育产业区位靠着便利的交通条件可以从其他地区获得运费不高的能源和原材料，并且产品可以就近销售。优越的区位条件可以搜集到最新消息，有利于实时了解市场需求，进而有针对性地进行生产，调整产品结构，紧跟时代步伐。优越地区位条件可以形成各种体育用品类的区域休闲体育产业集群。在发展的过程中应当注意将长株潭城市群休闲体育产业布局向优势区位倾斜的同时要以发展的观点注重经济区位的变化趋势，使得休闲体育的产业布局与整个经济区位的发展相协调。首先，在同一历史时期，区位条件的变化可能是由于许多条件的改变导致的。以我国深圳、珠海为例，改革开放前，它们仅仅是边境地区的小镇或渔村，尽管临近香港和澳门却没有促进它们的发展；改革开放后，由于政策的调整，对外开放的需要，在这两地设立经济特区，它们的经济发展迅速，在此期间，它们的交通和信息条件也得到充分的改善。所以，在长株潭城市群区域休闲体育产业布局中要充分考虑这种情况，为保证区域体育产业健康、协调发展，必须使布局的战略与经济、交通、社会环境等变化趋势相同步；其次，在布局长株潭城市群休闲体育产业时不仅要看到当前的区域优势，还要有长远的目光看到它今后的发展趋势，以防将休闲体育产业大量布局到即将衰落的经济区位上。

5.2.3 市场需求对休闲体育的制约

市场需求影响区域休闲体育产业布局，地区地点的布局、厂址的选择都必须以该地区市场对产品的需求量为前提，需求量过低的产业布局是无法实现的。因此，产品需求容量的调查对长株潭城市群休闲体育产业布局分析很重要，只有了解长株潭城市群市场才能掌握现有和潜在的供应能力。在长株潭城市群休闲体育产业布局上应首要考虑市场需求情况。市场需求包括现实与潜在需求量，它们影响着区域产业的规模和结构，因此生产规模的设计不能忽略潜在市场的需求变化。另外，长株潭城市群不同区域因消费水平、开发程度以及资源配置情况等不同，对体育产业在质量、数量和品种上的需求也会呈多元化，因此形成各自特色的区域市场需求结构，而这种结构不利于区域休闲体育产业布局。价格能够有效调节市场供需关系与商品交换数量，它从诸多方面来影响产业布局。长株潭城市群休闲体育产品的地区差价反映商品生产和消费在空间上的差异，合理地区差价有利于企业按价值规律选择最佳区位。另外，产品比价关系对休闲体育产品内部结构的调整和生产地区的分布有着重要作用。长株潭城市群休闲体育市场竞争有利于促进生产的专业协作与产业的合理集聚。市场竞争的结果表明：凡专业化程度高的地区与产业往往占据优势。长株潭城市群休闲体育产业布局为提高竞争力必须向专业化协作方向发展，具有一定规模、强大技术支持与经济实力的生产综合体较单个企业更有利于发挥集聚经济效益。

需求结构的变化是长株潭城市群产业结构演变的直接诱因之一。经济不断发展致使边际消费倾向递减，致使第一产业比重下降，第二、三产业比重上升，它们的变化推动着休闲体育产业结构的调整。另外，长株潭城市群居民可支配收入与时间的不断增多使人们的消费结构也不断变化。我国正在建设全面小康社会，人们的消费观念在不断变化，长株潭城市休闲体育占据人们的生活比重日益提高，因此休闲体育产业的发展尤为重要。人们的休闲体育消费需求呈多元化发展趋势，这些变化必然对产业结构产生一定影响。

5.2.4　投资规模对休闲体育的制约

从资金投入方面来看，目前，长株潭城市群休闲体育产业发展多以国家财政来支持，企业资金大多来源于银行贷款，以还本付息形式进行投资。因而经费来源太过单一，主要为国家财政拨款，社会给予投资太少，政府与社会合作也太少。现今，长株潭城市群休闲体育产业竞争力有所欠缺，品牌意识薄弱，品牌营销体系不完善，急需制订品牌发展的计划与体系。在国家政策的引导下，社会投资体育事业有一定的发展，但投资过程中的渠道和体系的不完善阻碍社会性投资的加入。

资金是地区经济发展的保证，在休闲体育产业布局中应认真分析资金来源，研究筹措资金的渠道。长株潭城市群体育产业资金筹措应本着财政扶持、多元投资、激活存量、内外结合的原则，具体可按以下几个方面运行：一是争取国家或地区的财政投资；二是发行各类体育彩票；三是引导个人、社会资金进行区域休闲体育产业投资；四是建立以体育基金、体育债券、体育银行为主体的金融支持体系；五是组建休闲体育产业股份公司，盘活资产存量；六是面向国际市场找资金。改革开放七十多年来，我国金融体制进行重大改革，形成以中央银行为领导、国家专业银行为主体、多种金融机构并存的金融体系。改革中产生与发展起来的金融市场开启了直接融资的方式，为多方面产业发展创造有利的条件，当然也为区域休闲体育的发展及布局创造了有利的条件。

5.2.5 区域贸易对休闲体育的制约

利用比较利益机制可以实现区域贸易在长株潭城市群产业结构内逐渐进化。在长株潭城市群社会资源等条件占优势的基础之上形成区域利益优势，这种优势必将影响长株潭城市群休闲体育产业空间结构。其原因是：一方面，为具有优势的休闲体育产业吸引国际或者国内企业的贸易投资，也为休闲体育产业空间结构选择提供方向。中国丰富的劳动力资源更为适应体育用品业，因为这种产业类型是劳动密集型产业，所以中国可集中优势资源，发展成体育用品生产大国。例如，美国作为最早的发达国家之一，以适宜的社会环境、良好的竞赛环境、优秀的体育文化基础、先进的管理经验、聚集大量优秀的运动员等优势发展体育竞赛表演业，美国篮球相较于其他体育项目更具优势，所以美国更加重视篮球表演业的发展，使其成为全球篮球竞赛表演业的领先者。另一方面，低成本的专业化生产，使区域贸易和国内产业结构调整形成良性循环。此外，发展中国家或地区通过彼此之间技术转让与交流促进本国或本地区产业结构的演变与进化。影响彼此之间休闲体育产业结构的还有资本、人才、劳动力等社会资源的流动。

5.2.6 消费能力对休闲体育的制约

长株潭城市居民对休闲体育的消费体现了人们对休闲体育的看重程度，而且要想社区体育走上正轨，实现高速发展，少不了城市居民在体育上的消费，这些可以从居民日常是否愿意购买体育期刊、进行体育锻炼时是否有专业器械和服饰等体现出来。据调查报告显示，在进行体育锻炼的长株潭城市居民中，除太极拳、武术操、老年男性门球运动者基本配备太极服、太极剑等相应器材，如舞蹈类参与者大都身着宽松便衣，其他类参与者基本没有配备相应器材；而只有极少部分人会经常到专业场所进行训练，花钱观看体育赛事。由此可见，长株潭城市群居民目前体育消费水平不高，这成为制约长株潭城市群体育发展的原因之一。当前，我国进入小康社会阶段，人们的追求也由物质追求到精神追求，这不仅有利于人们身心健康，还提高生活质量，提升人们的基本素养，进而推动休闲体育的发展。就长株潭城市群目前情况看，城镇居民以及部分发达地区农村居民收入水平已能支持其进行一定休闲体育消费，而且这部分人口占据湖南省的人口绝大部分。湖南省经济和社会发展状况是长株潭城市群休闲体育产业发展的首要条件。

5.2.7 消费动因对休闲体育的制约

与休闲体育发展息息相关的是人们的生活水平和生活方式，有休闲体育消费愿望和消费能力的消费群体决定着休闲体育市场的发展水平。目前，长株潭城市群休闲体育事业发展水平以超过经济发展水平的速度发展着，但长株潭城市群休闲体育市场发展仍存在问题，归根结底有五大原因：一是具有休闲体育消费能力的人口少，没有休闲体育消费能力的农村居民较多，而城镇中具有休闲体育消费的居民人口并没有明显增长。二是长株潭城市群居民消费热点主要集中在楼房、汽车等商品，而忽视休闲体育消费。近年来，人们在住房消费方面接近盲目，投入大量资金，成为"负翁"也毫不动摇其消费目标，而导致自己无能力进行休闲体育消费。同时，休闲体育消费结构的不合理化让居民的体育消费出现偏差，使长株潭城市群居民相对消费水平较低。三是我国经济水平与西方国家仍然有着较大差距。四是财富分配不平均的问题，百分之八十的财富掌握在百分之二十的人手中，贫者越贫富者越富。五是过低的城市化水平也不利于休闲体育消费的形成和聚集。根据一般国际规律，国家的城市化水平应与工业化水平相平衡，但在湖南省，虽然城市化水平有大幅提高，但仍跟不上工业化发展水平，低水平的城市化，制约休闲体育的发展。

5.3 产业因素对长株潭城市群休闲体育空间结构合理化的制约

5.3.1 产业结构对休闲体育的制约

社会主义市场经济体制作为长株潭城市群休闲体育空间结构的核心和基础，既是休闲体育空间结构的起点也是其归宿，休闲体育产业结构对其具有重要影响。就目前来看，长株潭休闲体育市场体系还存在一定的问题，如休闲体育产业市场化、商业化水平低，产品无法满足人们需求等，都使休闲体育产业难以发挥自己的导向作用，从而制约长株潭城市群休闲体育空间结构发展。除此之外，长株潭休闲体育中介机构的作用无法在休闲体育产业中体现出来，长株潭休闲体育服务产业进行市场营销时创新手段严重不足等问题的存在，间接影响了长株潭城市群休闲体育产业结构的发展，影响着休闲体育的进步。目前休闲体育发展行业中，竞赛表演业发展好、势头足，而休闲服务业、健身娱乐业等相关产业发展相对缓慢，这与体育行业的结构有很大关系。另外，中介产业的缺位也使这种产业的不合理问题更加严重，从而造成长株潭城市群休闲体育空间结构难以趋向于合理化。由于当前长株潭城市群市场提供的休闲体育产业服务仅仅是浮于表面，没有形成实质的产业结构合理的休闲体育，使得长株潭城市群休闲体育空间结构得不到较为合理的发展。

5.3.2 场地设施对休闲体育的制约

随着国家综合国力的增强，我国经济实力也不断增长，所以政府对改善民生方面的资金投入越来越多，仅在体育方面投入就达 9 亿元。而长株潭城市群体资金绝大部分依靠政府的拨款，虽然政府投入较大，但每个区域所分到的资金寥寥无几，从而使得休闲体育场地设施的建设缺少相应资金。这反映出当前长株潭城市群体育发展中存在的问题：发展资金渠道来源单一。只依靠政府单方面的投入，容易导致资金不足，从而引起一系列的问题，如场地设施建设不合理、区域体育宣传不到位、体育项目无法引进等。"授人以鱼不如授人以渔"，所以政府不能只是简单地向区域拨款，还要区域主动发展休闲体育，这样才能使区域体育适应社会的进步和发展。锻炼场地及相关设施的数量和分布会影响到居民选择休闲体育锻炼场地，进而对长株潭城市群休闲体育空间结构的合理化产生影响。锻炼场地及设施数量的不足导致部分居民无法进行休闲体育锻炼，场地分布的不合理导致部分体育锻炼场地熙熙攘攘，使得居民无法集中进行休闲体育活动。长株潭地区有些场地门可罗雀，参与休闲体育锻炼的居民较少，导致体育锻炼场地利用率下降，甚至部分场地被荒废，直接影响休闲体育进一步的发展。

5.3.3 科技创新对休闲体育的制约

近年来，由于"互联网+"时代的到来，休闲体育产业也加入其中，借助互联网时代的发展而快速崛起，如体育赛事（足球、篮球等）转播卖出"天价"，休闲体育 App 得到广大人民群众的青睐，等等。种种迹象表明，只有科技创新的推动才能让体育产业的整体实力发展进步，科技创新实力在一定程度上制约着休闲体育的发展，影响着长株潭城市群休闲体育空间结构的合理性。科技创新对休闲体育场地以及相关设施的设计和建设具有重要意义，影响着休闲体育空间结构的变化。现今，长株潭城市群休闲体育的发展进程较慢，缺乏核心的科学技术作为促进休闲体育进步的支撑，对于长株潭城市群内休闲体育空间，例如体育场、健身中心、足球场、篮球场等等，都缺少相关先进的科学技术投入。在建设休闲体育空间时，缺乏先进建筑技术、空间设计等科学技术，必然造成建设的休闲体育场地设施缺少安全和质量的保障，从而使休闲体育场地减少，直接影响着休闲体育空间结构，以至于难以调整休闲体育空间结构，阻碍了休闲体育空间结构趋向于合理化。因此，为了促进长株潭城市群休闲体育空间结构合理化，长株潭城市群政府对休闲体育设施供给的"量"与"质"及其空间布局应进行合理性的重塑，此过程需要多方面的协同合作。

5.3.4 产业人才对休闲体育的制约

休闲体育产业人才对休闲体育空间结构具有重要影响。要想推进休闲体育产业的发展，不能缺少相关休闲体育产业的专业人才的加持。休闲体育产业的经营管理类的相关人才有助于推动休闲体育空间结构的合理化发展。现如今，长株潭城市群休闲体育产业中缺少熟悉市场经营和体育运动两方面相关知识与经验的经营者，具备体育运动相关知识的人缺乏市场营销的知识与经验，而善于市场营销的一般又缺乏相关体育运动知识。长株潭城市群要想推动体育产业的发展，还需要着重培养休闲体育的科研人才，科研人才是先进科学技术的主要提供者，对长株潭城市群的休闲体育发展以及空间结构的调整具有重要意义。当前，长株潭城市群内对休闲体育场地以及设施设计与建设的专业人才较少，造成长株潭城市群休闲体育空间数量较少，城市居民可进行休闲体育锻炼的场地较少，制约着休闲体育空间结构向着合理化方向发展。总的来说，与休闲体育产业相关的各类人才的缺失，在一定程度上对长株潭城市群休闲体育空间结构的合理化具有消极影响。

5.3.5　资源开发对休闲体育的制约

休闲体育资源的开发对休闲体育空间的分布以及休闲体育空间结构的调整存在一定的影响。休闲体育产业是指为社会提供体育产品的同一类经济活动的集合以及同类经济部门的综合，而其资源是指参与体育产业发展的物质和非物质，是支持体育部门开展商业活动的资源总和，主要向城市休闲体育提供相关的资源。长株潭城市群的体育产业资源作为支持休闲体育产业发展的重要因素，对于长株潭城市群休闲体育空间结构的改善有着十分重要的作用。当前，长株潭城市群休闲体育产业对于资源开发的程度不深，效率不高，以至于无法及时向城市群内提供相关休闲体育资源，开发更多的休闲体育空间，无法满足长株潭城市群居民对休闲体育锻炼的需求。因长株潭城市群内对休闲体育资源的开发较少，导致长株潭城市群内休闲体育场所较少，长株潭三个城市内休闲体育空间分布较少，从而影响了长株潭城市群内休闲体育空间结构组合和变化，不利于其休闲体育空间结构向合理化、科学化方向发展。在进行长株潭城市规划时应着重加大对城市休闲体育资源开发，对休闲体育空间的建设，以期满足居民进行休闲体育活动的需求。

5.3.6　技术条件对休闲体育的制约

技术条件同时也是区域生产力的重要构成部分，它影响着区域休闲体育产业的布局。技术的进步和水平的提高都对休闲体育空间分布有着重大影响。技术条件的逐步改善对休闲体育发展具有积极影响。随着工艺技术的进步，运费逐步降低，能源运输距离加长，休闲体育产业的时空障碍问题也被解决，休闲体育空间布局的面貌也随之改变。随着技术条件的进步，区域体育资源的综合利用率也随之提高，生产区也由单一产品变为多产品，形成"技术—规模—效益—竞争力—技术"的发展循环链，休闲体育产业实力带来的具体影响使休闲体育空间结构随之产生变化。现今，长株潭城市群内休闲体育产业相关技术水平不高，无法实现高效率建设休闲体育场所以及相关的公共休闲体育或健身设施，从而影响长株潭城市群内休闲体育空间分布以及休闲体育空间或场所的质量。技术条件不过关，势必会缩短长株潭城市群休闲体育空间的使用年限，造成休闲体育资源不必要的浪费，无法实现长株潭休闲体育空间结构的合理化。

5.4　社会因素对长株潭城市群休闲体育空间结构合理化的制约

5.4.1　人口数量对休闲体育的制约

任何时期，一个地区如果没有人口支撑就无法组织生产与开发。要建设休闲体育产业，首先要考虑人口数量，充足的人口数量是对社会劳动力的重要保障，在较小范围内聚集能促进资源的优化配置，从而加剧产业结构合理布局。长株潭作为湖南省核心城市群，其人口规模和密度对发展区域休闲体育空间结构具有一定优势。从人口就业来看，休闲体育产业的建设也能在一定时间内解决人口就业紧张的问题。当然，一个地区人口数量的多少不能代表它的经济发展状况，促进休闲体育结构合理化主要依靠地方经济实力与科技进步，因此带动经济全面发展才能全方位发展休闲体育，把休闲体育空间格局不断扩大。其次，不同阶段的人对体育产品的消费不同，不同民族、不同宗教信仰的人对体育产品的需求也具有多样性，所以休闲体育产业的布局也应从群体需求角度考虑。

5.4.2　人口素质对休闲体育的制约

人口素质是指人口在质的方面的规范性，主要包括人口总体的思想素质、文化素质和身体素质等。它反映了人口总体的认知和改造世界的条件与能力，对构建休闲体育空间结构布局具有重要影响。结合马斯洛人类需求金字塔学说中提出的"人总是从低级需要得到满足，再去满足高一级的需要。高级需要的出现是以低级需要的基本满足为条件"，根据近几年长株潭区域经济一体化发展状况，其人口基本需求已得到完全满足，人们追求更高品质生活，这对休闲体育产业发展是非常有利的条件。除此以外，高素质区域经济发展与科技进步也必将带动和影响整个休闲体育行业。所以，在未来高素质、高质量的劳动力势必会改变休闲体育产业的布局。

5.4.3　人口结构对休闲体育的制约

长株潭城市群居民参与休闲体育活动的自觉意识是影响体育产业布局的因素之一。据调查发现，参与舞蹈及形体塑造等类型活动的人口主要以中老年女性为主，而中老年男性由于长期缺乏引导者或在这方面自主锻炼意识薄弱导致参与者相对较少。青少年群体由于生活节奏快、工作压力大，空闲时间少等而极少参与一些休闲体育项目，在这样一种环境氛围下，另一种放松方式，如睡觉、上网、唱歌等可能会更让青少年觉得解压。长株潭城市群居民个人兴趣爱好不同是影响休闲体育发展的因素之二。每个人对于休闲体育的兴趣不同，使得人们会选择不同的休闲体育项目作为自己锻炼的方式。在长株潭老年群体中深受老年人口欢迎的休闲体育项目有太极拳、散步、广场舞等，而此类项目对青少年较少。由此可见，发展休闲体育应契合居民的喜爱度，如果居民不喜爱、不愿意参与其中，那么发展的休闲体育项目就是浪费资金、浪费公共场地。

5.4.4 文化水平对休闲体育的制约

人所受的文化教育会约束和规范人的意识与行为，人在参与社会活动时的任何决定与行为都会受其文化影响。罗琳指出，"休闲体育文化来源于体育与休闲的结合，而体育是一种文化，体育活动作为人类经济生活的一部分，也受到文化下面的价值观、社会思想、道德的束缚与规范"，这也是大部分人会自愿选择休闲体育的原因之一，并且休闲体育可以一种积极的方式让人身心获得健康。休闲体育的特点有教育性、现代性、世俗性和娱乐性，它是人们在闲暇时间内借助体育活动的形式所表现出的一种休闲生活行为方式，这种生活方式就表现为一种文化。根据长株潭地区文化特色及环境，建立具有文化氛围的休闲体育活动，可加强对休闲体育的消费。

5.4.5 媒体宣传对休闲体育的制约

说到休闲体育活动，大部分人的普遍理解是打发时间和娱乐消遣，或者认为体育运动就是休闲体育的全部，这说明人们对休闲体育的认识还相对片面，或者说还停留在全民健身阶段。这种认识在另一层面也说明人们的自我意识有进一步提高，更加关注自我健康的发展。休闲体育的价值与功能其实远不止这一点，它在帮助人们实现健康的同时，也能够增加大家的人际交往，缓解生活与工作压力，让人们在运动中感受到轻松与愉悦。目前由于人们对参加休闲体育活动的积极性不高，更多人在业余时间还是更愿意用玩游戏、看电视等项目来打发时间，所以休闲体育的推广力度还需加强。在推广过程中还可以细化休闲体育的概念，特别是针对年轻群体，休闲体育中的探险、刺激、体验式等项目正是当代年轻人所喜爱的，同时还有助于他们养成追求自我、挑战自我、超越自我的运动精神，对树立正确价值观也具有积极意义。

5.4.6 闲暇时间对休闲体育的制约

要想休闲体育得到发展，有一个非常重要的前提就是时间分配，需要人们在相对自由的时间和空间条件下自主从事各种体育活动。一方面，随着经济的发展，人们生活节奏加快，社会生存竞争压力增强，大部分人的时间都被工作与学习占据，因此可以自主支配的时间极其有限，有的甚至完全被学习与工作取代，比如年轻人为适应社会，必须通过空闲时间不断学习和提升自己，只能无限缩短自身的业余时间；另一方面，人们的物质欲望随着社会物质条件的逐步完善呈现上升趋势，为满足物欲，人们只有更加努力地工作，而这也是长株潭城市群居民的常态，如果要保证生活水准，就要在工作中付出更多的时间与精力。因此，从这两方面可以看出，参与休闲体育活动的人一种是可以自由支配闲暇时间的，而另一种是个人经济收入较高的。从目前长株潭经济运行情况来看，大部分人闲暇时间不足、经济收入差异较大且整体水平相对较低，这严重阻碍休闲体育空间结构合理化。

5.5 本章小结

本章结合长株潭城市群休闲体育空间结构演变的基本情况，总结目前长株潭城市群休闲体育空间结构演变发展不合理的原因，通过政治因素、经济因素、产业因素、社会因素四个方面的分析，以动态、发展、联系的观点有针对性地深入探索长株潭城市群休闲体育空间结构合理化的制约因素，得出以下结论：

第一，从政治因素看，制约长株潭城市群休闲体育空间结构合理化的因素包括政府行政管理、政府优惠政策、政府引导机制、政府宏观调控、公共服务政策、协同推动机制等。

第二，从经济因素看，制约长株潭城市群休闲体育空间结构合理化的因素包括经济发展状况、经济区位因素、市场需求因素、市场投资规模、区域贸易、资金供应、金融投资、消费需求、消费水平、消费动力等。

第三，从产业因素看，制约长株潭城市群休闲体育空间结构合理化的因素包括休闲体育核心产业结构、休闲体育服务场地设施、休闲体育用品科技创新、体育产业经营管理人才、休闲体育产业资源开发、休闲体育产业技术条件、体育产品公益性经营性、体育社会指导人员等。

第四，从社会因素看，制约长株潭城市群休闲体育空间结构合理化的因素包括人口数量、素质及分布，精神文化，大众参与意识，体育认识，余暇时间等。

第6章
长株潭城市群休闲体育空间结构合理化的整合模式研究

城市公共休闲体育空间结构合理化是政府体育部门服务于居民的具体表现，也是居民体育活动的主要载体和物质保障。《全民健身计划（2016—2020年）》等政策的出台，体现了国家对休闲体育事业的高度重视，标志着国家休闲体育事业发展的顶层设计初步成形。当前长株潭城市群仍面临城乡发展不平衡与城乡二元结构突出等问题，要想建立完整生态城市群，就必须落实城市群休闲体育空间布局相关政策。推动全民健身、休闲体育的不断成熟，需增加资金、人员的投入，推动休闲体育设施空间布局的优化调整。通过合理布局体育设施设备、优化体育空间结构、全面落实各项基本任务来实现长株潭城市群体育空间结构合理化发展战略和优化布局。在优化株洲市休闲体育空间的问题上，本章通过深入探究其理论根据，提出多层次的整合模型，为长株潭休闲体育空间构造理想的整合模式。整合优化是基于发展的需要，本章通过对构成系统要素的内在关联性以及系统与环境相关性的挖掘，积极地改变或调整系统构成要素之间以及系统与环境之间的关系，实现新的综合秩序。城市休闲体育空间的整合就是基于城市休闲体育空间现有资源和存在的问题的优化，是发现现有问题以及解决问题的方法。城市休闲体育空间整合可以依据优化原则有很多种方法选取，而在本研究中根据现有休闲体育资源状况和城市空间要素，提出体育中心地整合模式、滨水空间一体模式、城市RBD结合模式、社区空间融合模式、城市绿地贯通模式五位一体的整合模式。

6.1 体育中心地整合模式

6.1.1 体育中心地整合模式内涵研究

体育中心地整合模式是依据中心地理论的整合模式。中心地理论是指阐述一个区域中各中心地的分布及其相对规模的理论。根据该理论，城市的基本功能是为周围的地区提供商品和服务。最重要的中心地不一定是人口最多的、却是在交通网络上处于最关键位置的、能提供很广泛的商品和服务的地区。该理论在研究城市体系的生态演替方面有较大的应用。体育中心地整合就是利用中心城市的大型体育中心地和小型体育中心地的聚集和辐射效应，在城市区域内构建出一个个体育中心地。体育中心地既要满足不同消费群体的需要，也要考虑体育建设用地的规模和结构。

6.1.2 体育中心地整合模式特征分析

（1）辐射性

由于城区公共体育场地设施相对匮乏，因此在长株潭城市群都市休闲体育空间结构的构建中，一定要实现休闲体育圈的辐射功能，以此缓解城市中人们的居住、就业、交通、环保等方面的压力。以长株潭城市群休闲体育圈为主体，向周边城市、县镇扩展，也能带动与之相关的产业、人口的转移，进一步解决城乡资源分布不均的问题，使乡镇人们的生活更加丰富。因此通过长株潭城市群都市休闲体育圈的辐射功能使城市和周边地区共同受益。在推广都市休闲体育时，可以定期在周边城镇和乡村举办体育比赛，同时宣讲体育对人们的益处，通过这种参与度高，又能提升人们生活质量的活动，可以快速提高人们的体育精神。通过理论和实践的结合，对长株潭城市群和周边地区的大众健身场馆资源布局进行全面认识，针对现有的大众健身场馆进行充分调查，在摸清场馆分布状况的基础上，立足现实需要，着眼于区域未来社会发展，提出开发目标、方案以及开发思路等。

（2）示范性

十七大会议之后，长株潭城市群作为国家"两型社会"试验区，具有先行先试的政策创新优势，致力于建设"资源节约型、环境友好型社会"。所以，在建设长株潭城市群休闲体育空间结构时，应该把都市休闲体育融入周边环境中去，走自己独特的发展之路。如何发挥都市休闲体育的示范性，首先从两方面入手：一是提高居民对休闲体育的兴趣。现在人们都重视自己的身体健康，让人们了解到休闲体育对健康的好处，让都市休闲体育成为长株潭城市群的文化底蕴。二是政府的相关部门出台相关的政策，将周围环境与休闲体育相结合，开展旅游与体育的新型文化品牌。根据当地的传统文化，大力开展相关的体育活动，如：利用红色景点，真实还原当时的场景；利用战争故事，开发出不同的对战项目。

（3）可达性

可达性是指利用一种特定的交通系统从某一给定区位到达活动地点的便利程度。当人群或企业到达的地方能够进行对自己比较重要的活动时，他们在此所获得的机会就是可达性力求概括的含义。

可达性在不同的领域有不同的理解，定义也有偏差。可达性可在人群、场所、空间、心理等方式上进行不同的分类：①个人可达性和场所可达性。个人可达性指人们在时间、空间的制约下，到达指定地点的便捷程度。场所可达性指场所给周围的居民及环境等带来较为严重的影响。②空间可达性和非空间可达性。空间可达性主要指场所的进入权限，非空间可达性指场所的空间大小。③主观（心理）可达性和客观（区位）可达性。主观（心理）可达性指人们心理对事物的可接受性，客观（区位）可达性指人们生活的交通便捷程度。

6.1.3 体育中心地整合模式功能研究

体育中心地整合就是将体育有关资源利用最大化，体育中心地整合可以将山体、水体、红色和人文旅游资源发展成不同的休闲体育旅游项目，使投入的资金、人力、物力发挥最大的作用。体育中心地整合就是指长株潭城市群大型体育设施与小型体育设施相辅相成，利用长株潭城市大型体育馆的辐射和聚集效应，在城市区域内形成若干体育中心地。

长株潭城市群是湖南省精神文明的象征。长沙在卫生方面获得很多荣誉称号，比如全国十佳生态文明建设城市；株洲也在城市绿化和卫生方面获得称号，譬如国家园林城市等；湘潭曾获得中国优秀旅游城市、国家园林城市、全国创建文明城市工作先进城市等荣誉。长株潭城市群在空间上呈三角形分布，并共同发展。长株潭城市群北部由常德—益阳—岳阳—娄底—衡阳围成一个多边形，形成长城市圈，城市间交通便利，联系紧密。体育中心地整合将多个城市的体育基础设施整合，有利于湖南省都市休闲体育空间的发展。首先，长株潭城市群多以低级体育中心区为主，而主体育中心以及次体育中心则相对缺乏，并且空间分布不均衡；其次，长株潭城市群缺少体育设施建设用地。长株潭在未来休闲体育空间的发展中，可通过增加百姓健身房和社区公共型体育设施等增加休闲体育设施的建设用地。

6.2 滨水空间一体模式

6.2.1 滨水空间一体模式内涵研究

城市滨水区是城市中一个特定的空间地段，指"与河流、湖泊、海洋比邻的土地或建筑，城镇临近水体的部分。"总的来说是指城市建设用地范围内陆域和水域相连接的部分的一定区域的总称，其囊括众多生态环境系统，是城市各种水陆生态系统交织错杂的过渡地带。滨水公共开敞空间包括水域空间，滨水的广场、公园、散步道、滨水道路空间，以及滨水区在建筑实体外存在的开敞空间体。城市由于在高大建筑物的遮挡下显得很狭窄，所以对于长期生活在城市的人们而言，滨水地带更加受到当地居民和外来游客的青睐。与城市其他地域相比，它有着巨大的空间领域的优势，对解决城市空间问题，增加城市空间容量，提高城市环境质量有着十分积极的作用。滨水空间的建设不仅增加当地的地标性建筑，还挖掘出城市悠久的历史文化沉淀，展现当地独特的地域风情。因受自身环境承载力的影响，滨水地带只能作为对生态环境影响较小的人类活动场所，而不能作为建设用地。不同的国家针对城市滨水空间资源有不同相应的规定。

6.2.2 滨水空间一体模式特征分析

（1）适宜性

滨水地带的开发始终坚持绿色发展理念，以保护生态环境为导向，坚持科学开发。长株潭城市群休闲体育空间结构建设中对滨水地带自然环境保护的同时，同样也强调对滨水地带自然资源的开发与城市建设发展的和谐发展。在对长沙、株洲、湘潭等主要城市自然生态环境的研究中发现，山地、水域周边大规模的滨水地带不仅自然环境良好，生态环境稳定，而且相较于其他城市区域更受居民喜爱，成为居民的重要活动场所，形成较大空间的开放地区，石峰公园、神农公园等开放空间就是典型例子。滨水开放空间作为长株潭城市群的一张靓丽名片，不仅展现城市的风貌，还增强居民对城市的认可度和幸福感。因此，注重对自然生态环境的保护，协调人类社会活动与自然生态环境相适应是城市滨水空间开发建设的重点内容。麦克·哈根也主张在景观设计中以自然为依托，形成人与自然和谐相处的局面，更好地利用自然资源。长株潭城市群休闲体育空间结构建设对滨水空间的利用主要体现在对山体和水资源的利用上。滨水空间作为城市建设资源的宝库，为城市发展不断地增添动力，因此在保护滨水空间的同时，合理利用开放空间的资源条件是城市稳步发展的重要举措。

（2）系统性

滨水开放空间中居民活动能力的强弱是衡量活动维度强度大小的重要标准。在长株潭滨水开放空间中，活动维度最强的并非城市中心，而是人群相对密集、活动强度较大的石燕湖、神农公园、昭山等区域。通过对比分析，发现这些区域均有合理系统的设计、良好的自然环境、完善的基础设施，如宽敞的步行空间，使居民生活更加舒适，吸引大量人群，为滨水空间增加城市竞争力。因此，滨水空间沿线不仅应设置连续开放区，而且应进行系统的设计，建立多层次、大范围连续开放的滨水空间体系，不断提高开放空间的舒适度和安全性，增大开放空间的公共效益。

（3）复合性

滨水空间城市功能效益能通过维度更好地体现出来。混合程度、可达性和开发强度是产生城市功能效益的基本条件。但通过对长株潭城市滨水空间的研究发现，滨水空间的城市发展活力仅仅是不同功能要素之间的简单叠加，未能系统地选择好与环境和公共利益相协调的滨水空间用地功能，如商业、文化娱乐、办公和交通枢纽等公共设施，所以滨水空间的长株潭城市活力无法充分发挥。在滨水空间中，与城市中心的联系程度也是影响城市功能效益的关键因素，如湘江风光带滨水空间，与其他条件基本相同的风景区相比，更具有城市活力。所以，以生态为导向的长株潭城市滨水空间规划不应仅仅是用地功能的混合布局，而应强调滨水空间的用地功能和开放空间的结合以及与周边中心城市的联系，更好地体现城市功能效益的混合程度、可达性、开发强度，使滨水空间开发更具复合活力。

6.2.3 滨水空间一体模式功能研究

滨水空间的整合有利于打造城市景观型体育休闲带，不仅能够解决长株潭城市群休闲体育空间的用地需求，还能促进休闲体育产业整体效益进一步提升。

（1）休闲体育产业空间结构的选择布局与经济功能

体育产业的消费在当前产业经济链中具有不可替代的作用。体育产业作为滨水区城市发展的重要动力之一，为滨水区的发展做出巨大贡献。近年来，长株潭休闲体育产业空间结构的调整优化和居民体育锻炼意识的提高，扩大了湖南省休闲体育事业的内需，促进了湖南省休闲体育产业的迅速发展，吸引了大量的企业投资体育，为滨水区提供了强有力的经济支持。滨水区的高速发展同时也体现了滨水区体育产业空间布局的合理性和其强大的经济功能。通过产业空间的合理布局，实现滨水区用地结构的调整，产生用地置换，优化产业结构，使长株潭城市滨水区体育产业的经济功能更好地体现出来。

（2）生态环境建设与城市生态功能

长株潭城市滨水区的更新开发十分注重城市生态功能的提升。滨水区因其特殊的空间环境，拥有非常好的潜在生态资源和现成生态资源。要提升长株潭城市生态功能，必须在滨水区更新开发过程中摒弃以依靠人力财力等生产要素为主要投入的粗放型产业，加快产业转型升级，提高滨水区的可持续发展能力。在保护现有生态环境不被破坏，生态环境系统稳定的前提下，充分利用滨水空间潜在的土地资源、水资源、旅游等生态资源，为居民提供良好的体育锻炼环境，营造浓厚的体育氛围，提高居民的幸福感。通过倡导全民健身运动，促进体育事业的发展，促进体育产业空间结构的调整和升级，进而带动全国体育事业的发展，展现中国的体育精神风貌。

6.3 城市 RBD 结合模式

6.3.1 城市 RBD 结合模式内涵研究

城市 RBD 是一个集多个功能于一体的集中连片区域，商业中心是城市 RBD 的基础，商业中心内聚集众多的旅游、购物、餐饮、娱乐、文化、交流等休闲设施，共同构建商业、休闲、居住等功能。游憩属于旅游地理学二级学科，是指一种愉悦的，并得到大众肯定的活动。游憩利于个人的成长、恢复，获得休闲的体验。保继刚曾提出：游憩一般是指人们在业余时间所进行的各种活动；游憩既可以补充体力，也可以恢复精力，同时它包含的范围极其广泛。

在查阅文献的基础上，有两个因素对城市 RBD 概念的具有影响：一个是由 Stansfield C. A. 和 Rickert J. E. （1970）对旅游区的购物问题进行深入研究时所提出的，他们认为城市 RBD 就是为了在不同季节进入城市的一些游客的不同需求得到满足，把城市内特色饭店、娱乐业、新奇物和礼品商店集中在一起的街区；另一个是由 Stephen 提出，他认为城市 RBD 是建立在城市与城镇里，由种类繁多的纪念品商店、具有特色的旅游吸引物、满足不同游客的各种特色餐厅以及小吃排档等组成，从而能够吸引大量游客的一个值得享受的零售商业区。Stansfield C. A. 和 Rickert J. E. 在城市 RBD 的概念中对购物的主题进行了明确的说明，即是"为季节性涌入城市游客的需要"而产生的，这说明城市 RBD 的主要消费群体为城市外来者。

6.3.2 城市 RBD 结合模式特征分析

（1）开放性

城市 RBD 被当作城市中集购物、休闲、娱乐于一体的功能区，包含许多的城市开敞空间。城市 RBD 在形态上由街道、广场、公园、滨水空间等组成。所以，也可以说城市 RBD 是一个大的"开敞空间"。当然，这里的开放不是一个绝对的概念，游憩者也会有一些限制，例如，有时会为了保护长株潭城市 RBD 的重要的旅游吸引物（尤其是历史古迹），可能会限时开放或者免费开放。但是对于整个长株潭城市 RBD，它的绝大部分空间，游憩者还是可以自由利用的。但是，在对长株潭城市 RBD 开发的过程中，对城市公园、自然风景区免费开放，设置步行街等都是为了突出它的开放性、针对性。

（2）场所性

"场所"是指通过历史、情感和事件在某一空间中的作用，把人们对城市或者大自然的记忆延续下来，成为空间形象代表，就是人们对某一空间的认知程度。认同是指人们对场地的适应性，认定自己属于某一空间位置，这一空间由自然和文化构成，是一个环境的总体结构。长株潭城市 RBD 具有信息传递性，即将信息传递给他人。当游憩者欣赏音乐或健身时，人们会和周围环境产生一种联系，而这种联系称为场所性，会在人们心中留下印记，加强人与人之间的互动性。

（3）文化性

游憩与文化是密不可分的，现在的游乐项目都体现出一种文化特色。比如人们观赏戏曲、参观博物馆、游览历史文化古迹、在西餐厅就餐和跳街舞等都与某种文化相关联。长株潭城市 RBD 空间的文化性主要展现在街道、广场、商业建筑、公共服务设施所表现出来的地域文化特色，对于不同地区的建筑样式、街道、广场的设计也会有比较明显的差异。同样，不管是在南方或者在北方城市，不同的历史积淀，有不同的文化体现，比如开封的城市格局和城市风貌就渗透着宋代的文化；西安城市空间展现一种显著的汉唐遗风；橘子洲公园、神龙公园等都暗含自身的空间文化特色，而且每个名字的背后都有着独特的历史文化内涵。

(4) 宜人性

对于游憩者而言，城市 RBD 本身就是一种休闲、购物、餐饮、放松的空间，所以构成城市 RBD 的空间元素一定是舒适宜人的，让人难以忘却。基于这样的理念，在构建长株潭城市 RBD 的时候必须摒弃一切不合人性的设计，从人的心理行为特征及人对空间的实际需求出发。步行街的出现正是为了给人们一个舒适、安逸、安全的空间环境，是宜人性的重要体现。在长株潭城市 RBD 中，空间形态和空间要素设计上要充分考虑到老年人、孩子和残疾人，要有利于他们的使用，例如老年人需要舒适的座椅和稳固方便的扶手，孩子需要安全的环境和热闹的游乐场，残疾人对空间的特殊需求等。商场和餐厅在空间的设计上也要充分考虑这一方面，比如餐厅设计落地玻璃窗，这样可以让游憩者清楚地看清外面街道的景象。绿化设计在营造小区域空间私密性时，要注意绿化植物的通透性，不能让它们阻挡游憩者的视线。

6.3.3 城市 RBD 结合模式功能研究

(1) 拓宽广场空间

广场是由建筑物、道路和绿带围成的空间，是居民生活的中心，是体现城市历史性和艺术性的公共空间。长株潭城市 RBD 中的广场具有游憩性，可满足人们对休闲娱乐健身的需求。不同类型的城市 RBD 有不同风格的广场：历史街区型的广场应体现历史文化性；景区周边型的广场主题应与景区表现的内容相符；大型购物中心型、新型工商业中心型城市 RBD 中的广场可加入现代化、工业化、艺术化元素。长株潭城市 RBD 中的广场的材质、颜色都应与周围的建筑物或构筑物相契合，广场的形态可根据地势或者周围的原有设施设置，并且适当地栽植乔木、灌木，形成绿荫，以供炎夏驻留广场的人们纳凉小憩，在夏天可因地制宜地增加绿化为人们提供生活便利。另外，还可以建设娱乐设施增添趣味。

(2) 提升绿化空间

广场的绿色元素既是长株潭城市 RBD 重要部分，也对人们的休闲具有重要意义。由于长株潭城市 RBD 类型的不同，以及所在城市区位的差异，绿化建设应当遵循因地制宜、因时制宜和因材制宜的原则，选择合适的植物，结合环境，合理布置，形成独具特色的绿色景观。长株潭城市 RBD 绿色植物的种植方式有排列式、集团式和花坛式。排列式种植是指种在道路、广场和建筑物的可种植的空间，用于遮阴、阻隔。集团式种植是指在开敞空间集中种植特定的乔木和灌木，这种形式有明显的效果。花坛式种植主要发挥装饰的作用，材料来源较广泛，可形成与广场等建筑物相映衬的图案。

(3) 完善建筑空间

街道建设也是长株潭城市 RBD 的重要吸引力之一。大型购物中心型 RBD 中的购物场馆本就是游憩者关注点之一，所以购物场馆选择造型设计、建筑材料、色彩要满足游憩者的心理需求。依托景区型 RBD 在街道布局和建筑设计上必须与景区在主题上相适应。旧城历史街区型 RBD 中街区和建筑的古典风格是长株潭城市 RBD 最大的看点之一，因此应及时维护建筑来保持持久吸引力。新型工商业中心型 RBD 中的现代建筑街道景观也是长株潭城市 RBD 的亮点，街道建筑的规划设计可以加入更多的现代元素，但不可与城市的传统文化相背离。

(4) 扩大座椅空间

座椅是长株潭城市 RBD 中的休憩元素，作用重大。配备适当的座椅设施，可以提供人们休息的地方，发挥休闲空间的功能；缺乏人性化设计的座椅，会给游憩者带来不便，降低 RBD 的使用功能。座椅设施应设在人们自发的驻留空间，以供人们休息、观赏、谈话和思考。依据座椅空间不同，划分室内外座椅。室外座椅，是开敞空间中的座椅，这类座椅主要与道路、广场、建筑物出入口、树木等关系密切。室外座椅应设置在人们易接近的地方，以便于使用，并尽可能设在相对安静的空间。城市 RBD 是长株潭城市休闲活动中心，活动人数多，所以在设置座椅时可以根据人群密集度而定，但从人的心理特征考虑，还可以将座位设置在边缘空间。心理学家德克·德·琼（Derk de Jonge）的边界效应理论对此作出详细的阐释。他认为，人们一般喜欢在边缘区停留，在城镇开敞空间中人们也是如此，在建筑立面和空间过渡区是人们比较喜欢的驻留区域，座椅设施可放在这些空间。位置不同座椅设施形式不同：人群密集地可设连体的长座椅，并应具有多种朝向；半围合的空间中，环境私密，可设成独立分散的小型座椅。座椅可是长方形，也可是圆形或者多边形的，条件允许还可以和周围的元素相适应，如墙壁、树木等，营造出一种私密性强的空间。另外，座椅的材料选择应与周围环境相协调，还应从材质上体现人性化的感受，比如商场里面的座椅要保证每层都有，且最好放置在靠窗的安静的空间里。座椅的颜色和材质要与各场所的装饰相协调，不同的场所可选择不同的造型，现代购物中心可选择一些时尚的元素，而艺术博物馆等文化场所则适宜选择古典的造型。

6.4 社区空间融合模式

6.4.1 社区空间融合模式内涵研究

在空间范围上，长株潭城市社区位于城市内部，可从三个角度来分析。在规划上，城市社区以城市干道或自然界线为边界，是在一定地域内异质性居民稠密集居的共同体。综合考虑环境与服务建设，城市社区空间组织可划分为社区和基层社区，并设两级中心，以保障居民生活质量。如图 6.1 所示。

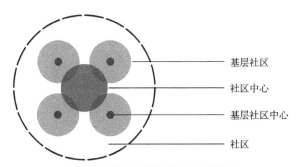

图 6.1 城市社区组织模式示意图

在行政职能上，社区与乡镇行政区可相互对应。在发展和基础设施建设上，基层社区与居住小区、社区与居住区具有一定程度的对应性。

在功能结构配套上，依据长株潭城市居住区功能结构配套原则，社区配套的体育设施含三种形态——百姓健身房、公共运动场和健身步道。随着经济的快速发展，社区体育休闲不断被人们所重视，健身设施也因此迅速普及，但是由于发展过于急促，出现社区健身休闲场地紧缺，各类健身休闲设施单一等情况。所以这一类型区域的休闲体育空间，要整合资源、优化空间。第一，提高大型体育设施的公共属性，增强其使用效率；第二，运用政府与市场相结合的方式，抑制商业型休闲体育设施的恶性竞争；第三，在提高社区体育设施建设数量和规模的同时，注重建设质量。不同社区的现有环境、资金预算、投入及社区居民构成结构等各不相同，故每个社区具有其独特性。但是长株潭城市群社区居民在对社区体育设施的满足要求上是有一定的趋同性的，为此，不同社区体育设施的利用与整合，就需要进行资源的合理配置。在建设社区的体育设施时，要根据《城市社区体育设施技术要求》，对场地、设施要求、检验及判定进行规范。而社区的体育设施建设指标，有关部门要严格把控。

6.4.2 社区空间融合模式特征分析

（1）共享性

社区共享空间是固定空间、居民活动以及个体心态相结合的多元化功能体，它不仅仅是一种空间表现形式，更是一种精神空间的共享。

①静态功能：

a. 美化环境：长株潭城市群生态社区共享空间应同时具备鉴赏价值和生态价值，这是最基本也是最重要的。景观品质的优劣能直接影响居民对所居住地区的主观印象，高品质的景观能极大程度地提高社区居民参与社区活动的积极性。

b. 文化教育：共享空间具有一定的大众性。因此，长株潭城市居民对共享空间的建设和应用的要求也相应较高，人们不仅将它视为理想的室外活动场所，同时也视为城市和社区文化传播、交流的地方。

c. 生态培育：绿地和水体作为长株潭城市社区共享空间中重要的一部分，

在保护动植物栖息地以及物种保护过程中发挥极为重要的作用，它不仅能改善社区自然环境，而且能促进当地以及城市生态系统保持良性循环。

②动态功能：

a. 休闲、运动、集会：随着长株潭城市群休闲空间的逐步拓展，各种休闲娱乐设施逐渐丰富，居民的户外生活也随之得到丰富和满足，给社区注入无限活力。

b. 游憩、休闲：共享空间不应仅限于固有的发展模式，同时也应大力开展非规定性的休憩和休闲行为。这些行为一旦被社区居民所接受，将极大地带动居民参与社区活动的热情，实现共享空间的利用最大化。

长株潭城市居民是共享空间的主体，因此共享空间的布局与要素应时刻紧贴居民的生活、满足居民的心理，体现出地域性和亲民性。当共享空间真正做到为人民服务，才能真正体现其意义和价值，让居民切切实实地感受到共享空间所带来的场所感和安全感。生态社区共享是静态和动态相融合、功能多元化和性能独特性相结合的空间场所。在长株潭城市群空间主导功能满足居民需求的前提下，生态社区共享空间应努力满足可居、可赏、可行、可游的多元化需求，实现生态效益和经济效益的双赢。优良的自然环境、舒适的人工设施、优美的景观、和谐的氛围能更好地提高社区活力，使共享空间真正达到人尽其能、物尽其用的效果，让居民切身体会到共享空间所带来的舒适感和幸福感。

(2) 复合功能

基于半公共空间和半私密空间履行的主导功能各有不同，长株潭城市群共享空间可区分为七种不同的类型，每种类型所提供的服务都各有其特色，满足人们不同的生活需求（如表 6.1 所示）。并在此基础上统计三种户外活动类型在实践中所发生的频率，这些频率可作为社区居民日常活动场所选择的缩影，直接反映人们对不同共享空间的需求度。不同共享空间不同主导功能的共享，促成各共享公共空间在满足其特定功能的前提下，还具有一定的多元性功能，为居民搭建起一个交流、沟通的平台，营造和谐的交往氛围。

表 6.1 主导功能空间影响户外活动发生的模式

主导功能空间	功能内容	必要性活动	自发性活动	社会性活动
通行空间	通行、连接等	很多+++++	极少	较少+
集会空间	集会、举办社区户外活动等	较多++++	较少+	较多++++
娱乐空间	游乐、打牌、喝茶等	一般++	较多++++	很多+++++
健身空间	运动、比赛等	一般++	较多++++	很多+++++
观赏空间	赏景、休息等	极少	很多+++++	较少+
游憩空间	散步、聊天等	一般++	很多+++++	较少+
休闲空间	静坐、睡觉等	极少	很多+++++	极少

注：+表示影响程度，+越多，表示活动越频繁。

邻里单位作为功能主义等级化城市组织结构的基层组织，工作重心侧重于功能。长株潭城市群户外空间场所划分严格细致，城市道路功能区分明显，从而引发的交通拥挤、资源浪费等一系列社会问题给人们生活带来不便。在长株潭城市空间结构的设计与建设过程中过于注重规则与秩序，过分强调硬性思维而忽略软性思维，相关部门尝试营造良好的形体环境来影响人们的社会生活。与邻里单位空间模式不同的是，社区内的半公共空间和半私密空间没有严格的界限，其呈穿插式、复合式布局。通行空间四通八达，能贯通区域内多个地区。每一种主导功能空间在作为自身特有的通行空间的同时，也融合了其他功能。比如以健身空间作为运动的场所，在锻炼时段，健身是其主导功能，但健身活动的开展能吸引大量路人的眼球，这就为新朋友之间的交往提供新途径，在休息时段，可作为娱乐、聊天的场所。因此，长株潭城市群户外空间的利用不仅仅是单一化模式，可以分时段分场合地有效利用，最大限度地利用各种场地资源，丰富人们的社交活动。这就要求场地设施尽量满足人们的多样化需求，降低其专业化程度，从而扩大使用人群的范围，吸引各个年龄阶段的居民共享，如图6.2所示。

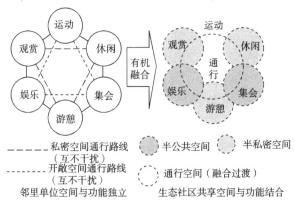

图6.2　邻里单位空间和生态社区共享空间对比

6.4.3　社区空间融合模式功能研究

（1）提高生活质量总水平

长株潭城市群社区通过建设居住设施和生活配套设施来打造生活空间，使园区从业人员在社区内集聚。如此，既能合理利用土地资源，又能科学地确定园区的人口密度。与此同时，人们生活质量也得到提升，从而增加人口密度，带来经济效益。

（2）提升服务行业聚集度

长株潭城市群社区通过大量建设与园区主导产业相关的服务平台来打造便捷舒适的办公环境，促使生产性服务业在社区内集聚，这有利于推动园区的产业配套服务能力建设，增强园区的综合竞争力，促进产业转型与升级。

（3）增强居民的交流互动

长株潭城市群社区通过人口集聚来增强居民交流互动，满足居民的精神文化层面和个人价值层面的需求，进而刺激对休闲服务的需求。社区生产性服务业的集聚，一方面将满足园区主导产业的生产性服务需求，促进二、三产业融合发展；另一方面，生产性服务业从业人员多为知识性或技术性人才，可进一步促进消费。

6.5　城市绿地贯通模式

6.5.1　城市绿地贯通模式内涵研究

根据文献资料分析，从功能、形态和建设用地类型三方面对城市绿地进行合理的解释。《城市规划基本术语标准》（GB/T 5028—98）中，"绿地是城市中专业用以改善生态、保护环境、为居民提供休憩场地和美化景观的绿化用地。"周详提出，"城市绿地是指城市中以植被覆盖为特征的用地类型。"《城市绿地分类标准》（CJJ/T 85—2017）中，"城市绿地是指在城市行政区域内以自然植被和人工植被为主要存在形态的用地。它包含两个层次的内容：一是城市建设用地范围内用于绿化的土地；二是城市建设用地之外，对生态、景观和居民休闲生活具有积极作用、绿化环境较好的区域。"《城市用地分类与规划建设用地标准》（GB 50137—2011）中对绿地的定义为："公共绿地、防护绿地等开放空间用地，不包括住区、单位内部配建的绿地。"

健康与绿色是紧密不可分割的，绿色与体育结合，促进人们的身心健康。在空气良好、设备优越的城市中生活，是一件心旷神怡的事情，真正能促进城市居民身心健康的发展。公园绿地是城市居民最受欢迎的区域。现今，长株潭城市公园绿地建设已相当成熟，形成"环、楔、廊、园、林"的结构。近期提出建设城市绿地"500米服务半径"的计划，具有良好的可行性，可为居民提供高质量的生活环境。"体育园林化、绿地体育化"可实现土地资源集约化管理，同时也是进一步缓解长株潭城市空间资源短缺的措施。长株潭城市群相关部门对此要共同协调，构建合理的公园绿地公共设施建设，拓展公园绿地服务功能，提高居民生活水平。

6.5.2　城市绿地贯通模式特征分析

（1）多样性、多层次

在20世纪50—60年代，长株潭城市群绿地建设的主要功能是政治教化，并向生产功能转变；随着城市的不断发展，城市居民文化素质不断提高，单纯的物质生活逐渐满足不了他们的生活需求，精神生活的需求逐渐增加。80年代，绿地功能越发凸显，城市绿地被称为"城市之肺"，具有净化城市空间环境，隔绝城市交通、工厂等噪声，调节小气候等功能。90年代，国内旅游业盛行，城市大型公园绿地成为旅游景点，经常开展花展、盆景展等活动吸引大量游客。同时，将公园绿地与历史遗迹相结合，构建文化、绿色、美丽与和谐的城市。21世纪，城市绿地建设具有综合性价值意义。长株潭城市打造绿色城市环境，将绿地打造成城市环境与文化风貌的名片，为创建绿色宜居城市奠定基础。现阶段，海绵城市是绿色城市的重要载体，在城市雨洪管理系统中起重要作用。城市绿地经济价值带动周围土地价值，同时，城市绿地也为城市提供避难场所。还有研究表明城市绿地建设对居民身心健康具有疗养作用，提高居民生活质量。

（2）大众化、生活化

像烈士公园、橘子洲等公园绿地，有着浓厚的历史、文化色彩，作为民众的公共场所，也是防灾减灾的场所。同时，开发具有文化休憩和娱乐功能的大众社会文化活动，还将注入商业活动，为人们创造更加丰富多彩的精神生活。城市公园绿地集文化、休息、娱乐、旅游服务于一体，追求"大而全"的结构体系。20世纪80年代和90年代初，长株潭城市群大型综合性公园较少，并且收费较高。2000年后，公园数目不断增加，规模不断扩大，并且大众化。随着人们物质生活的进步，现在人们进入公园的主要目的是放松心情；而长株潭城市群公园空间规划设计只注重功能分区，举办相关的体育活动较少。

根据长株潭城市群的环境现状，按照城市环境规划协调，在长沙城内，建造城市绿化带与防护林带，沿江建设绿化带。市内将岳麓山—天马山绿地、水陆洲绿地、沿江绿地与市内广场公园连接起来，构建绿色环境带。将城南城北内外环相连接，贯穿沿江滨水绿地、月亮岛、龙舟、天际岭国家森林公园以及湿地，构建协调的绿色发展体系。湘潭市建设三条横向城市绿地，在北部沿铁路建设绿地、防护林带，中部将道路绿化建设连接雨湖公园与白湖，南部建设水上生态公园，建设步行街道。株洲城区以江—林—路—园—低密度居住区的模式进行发展，将自然环境进一步渗透于城市。江，指湘江及两岸风光；林，指防护林，主要指杨柳、水杉等水生植物，缓解江水的侵蚀，也净化江水；路，指滨江路，修建步行道、车行道；园，指沿江路100m的距离内建沿江公园绿化带，由此形成以绿化带为节点的城市环境；低密度居住区，指沿江路2000m以内的居住用地，采用低密度、低层次模式进行建设布局，绿化面积控制在50%以上，形成城区、郊区绿化带一体化的现象。

6.5.3 城市绿地贯通模式功能研究

（1）生态功能

生态功能是城市绿地的主要作用。当前，城市污染是影响我国城市环境的主要问题之一。为建设和谐文明城市，需要城市加大绿地建设。在城市绿化建设中，首先应注意城市生物环境多样性。有关部门在规划期间，需对区域绿地生物多样性进行整合，保障绿地生物环境多样性。其次，重视环境之间的关联性。人与人是相互联系的，自然环境也是相互联系的，同一区域同一时间内，环境的变化可能会直接影响周围环境。例如，使用大量的化学药剂，致使区域地下水的污染，同时也破坏生态环境。在建设中应考虑区域之间存在异质性，应针对长株潭区域环境的状况，构建规划城市绿地的生态结构。例如，在空气污染较重的区域，规划绿地、植被建设，改善城市环境。

(2) 社会功能

城市绿地具有强大的心理功能、物理功能和社会意义。随着科学技术的发展，人们不断深化对这一功能的认识。在城市中使人镇静的绿色和蓝色较少，而使人兴奋和活跃的红色、黄色较多。绿地的光线可以激发人们的生理活力，使人们在心理上感觉平静。绿色使人感到舒适，能调节人的神经系统。植物的各种颜色对光线的吸收和反射不同，青草和树木的青、绿色能吸收强光中对眼睛有害的紫外线。同样城市绿地能通过光合作用吸收二氧化碳，释放氧气，对烟尘和粉尘有明显的阻挡、过滤和吸附作用。树木由于枝叶茂密，具有强大的降低风速的作用，也由于树叶表面粗糙、有绒毛或黏性分泌物，当空气中的尘埃经过树木时，便会附着于叶面及枝干上。城市绿地能够有效缓解城市居民的生活、工作压力，对长株潭市居民的身心健康有着重要的意义。城市绿地具有休闲娱乐、促进健康、拉动城市经济、促进社会就业的社会功能，同时对城市人口分布和社会文化结构有一定影响。长株潭城市群是人口高密区，绿地不仅能给居民提供游憩空间、休息场所、美化环境、创造景观等，更重要的是改善城市环境、维持生态平衡的作用。长株潭城市绿地的空间结构规划，不仅影响着人口的分布，更影响着城市发展结构和发展前景。

(3) 协调功能

长株潭城市群游憩通道最重要的一项功能就是协调功能，它在增加城市绿地面积的同时也能为人们增加游憩空间，促进公众健康。随着"以人为本"城市理念深入人心，以购物、休闲、健身为主要功能的城市慢行系统得到快速发展，以绿色廊道为主体的慢行系统是未来城市的发展方向。长株潭城市游憩通道的主要建设应结合湘江水系建设，并结合城市道路、市政绿道改造。通道布局也应该考虑到居民游憩出行的舒适性，设置合适的线路连接各绿色空间和绿道，形成连通度高的游憩绿道网络。可以将公共建设附属用地、公园绿地和居民居住区绿地连为一体，提高自身可达性，增强社区活力。

合理利用长株潭城市空间资源，使休闲体育空间与地域环境相协调，更好地满足居民对休闲体育的需求。目前世界上许多国家都在大规模发展体育公园，如日本的山口体育公园、英国的卡片-希尔公园等。2015年株洲森林覆盖率达到61.5%，城区绿化率超过50%，而实施城市绿荫三年行动后，株洲城区绿化率还将大幅提高。当前，长株潭城市大型休闲体育场所缺乏休闲体育设施，如株洲石峰公园，公园内只有跑马场、鹿苑等，为此，应合理规划长株潭城市休闲体育空间设施建设，将长株潭城市建设成"文化魅力之都，体育活力之都"。

长株潭城市群位于湖南省东北部，包括长沙市、株洲市和湘潭市，三市沿湘江呈"品"字形分布，城市之间相距不足40km，湘江两岸的长株潭三市历史悠久，文物古迹丰富，历史底蕴深厚，具有开发价值的生态旅游资源极其丰富。长沙著名旅游风景区橘子洲，可以观赏万山红遍、层林尽染的秋天，江天暮雪的冬天；还有南宋理学家张栻、朱熹曾举行"会讲"的岳麓书院，以及岳麓山风景区（省级风景名胜区）、橘洲公园、天际岭森林植物园（国家级森林公园）、南郊公园等。株洲有神龙谷和云阳国家森林公园，古树参天、景色秀丽的炎帝陵，"上有观音岩，下有岳阳楼"之称的空灵岸、空洲岛等。湘潭市有风景优美的昭山（国家5A级风景名胜区），以及"三湘灵秀地，动中有别天"的滴水洞。独树一帜的湖湘文化，源远凝厚的文明历史，为湘江注入精神和活力。伴随着长株潭城市群的进一步发展，富有魅力的城市滨水景观将会是促进湘江经济带发展的不竭动力和活力源泉。

当前，长株潭城市群休闲体育空间布局存在地域分布不够便利和不合理的问题。长株潭城市休闲体育设施用地应与城市绿化建设用地相匹配，使二者有机结合，实现功能互补；应根据当地实际，发展休闲体育，建设休闲体育场所，不仅可以方便人们休闲娱乐，扩大居民日常游憩、健身的空间，还可以吸引全世界爱好休闲体育的游客来此进行体验和旅游，进一步推动长株潭城市群旅游经济的发展。

6.6　本章小结

本章根据城市空间优化理论，结合目前长株潭城市群体育休闲空间面临的一系列问题，提出体育中心地整合模式、滨水空间一体模式、城市RBD结合模式、社区空间融合模式、城市绿地贯通模式五位一体的整合优化模式。从微观层面分析，为长株潭城市群休闲体育空间结构优化提供合理建议。首先，以"可持续发展"和"以人为本"理念为核心，将城市建设规划与城市居民休闲体育空间结构进行有机结合；其次，合理利用城市空间资源，以"点、线、面"的层次结构对城市区域结构进行规划；最后，在满足不同消费层次居民需求的基础上，将社会、经济、环境三大效益与可持续发展相结合，构建层次结构分明的城市内休闲体育空间结构。

第 7 章
长株潭城市群休闲体育空间结构合理化的优化路径研究

长株潭休闲体育空间结构合理化的需要保证空间发展前瞻性。前瞻性是长株潭城市群规划的重要属性之一。了解长株潭城市群休闲体育发展状况，深入探究长株潭城市群休闲体育的发展方向，提高服务条件及时满足居民要求，并全面谋划长株潭城市群休闲体育未来发展规划与方向。休闲体育空间布局应与长株潭城市群各项属性相适应，满足长株潭城市群空间结构体系、规划标准、区域特征等。确保长株潭城市群休闲体育空间的布局的全面性，首先确保完善服务管理体系，根据人口布局与需求导向布局休闲体育空间结构。构建合理的空间一体化，实现宽领域、多层次和平衡性布局。

7.1 政策发展优化路径

7.1.1 提高居民消费意愿，扩大居民消费需求

通过政府对区域休闲体育发展硬件设施的合理配置，可以有效地调控区域休闲体育发展，从而提升区域休闲体育文化的现代价值。在长株潭城市群内，休闲体育活动空间可以由自然场地提升为人工场地，设施设备的选择也更为多样。长株潭城市群休闲体育活动空间越大，活动设施越完善，人们也更能全身心地投入休闲体育活动中来，从而更好地体验休闲体育所带来的愉悦感，提高居民的消费意愿，扩大居民的消费需求，使休闲体育文化的现代功能对居民产生积极的影响。

(1) 借助网络传播平台，提升大众对休闲体育的认识

现代通信技术的飞速发展，使信息传播越来越迅速。针对现如今技术的发展，长株潭城市群休闲体育的宣传应当从多方面发展：一方面，建立专业的休闲体育网络平台。聘用专业网络人员，建立专业平台，定期发布优惠政策、休闲体育文化活动信息，扩大宣传范围。与现代化的信息平台合作，建立长株潭城市的专业媒介平台，满足消费者对服务信息的需求，帮助人们树立正确的消费观和发展欲望，为产业的发展提供动力。另一方面，邀请专家举办讲座。对休闲体育消

费进行正确的信息传播，呼吁人们重视健康，以健康的生活方式进行合理健身，养成科学合理的生活习惯。还可以聘请专家深入社区、街道等人多偏僻的地区，定时进行宣传。根据不同人群对休闲体育的认知程度，如年龄、性别、收入水平等，针对不同人群提出有针对性的个性化健身建议，使不同人群形成正确的、健康的健身消费观念和健身方式，使休闲体育消费成为人们的习惯性消费。

(2) 借助线下实体产业，强化大众对休闲体育的参与

创建以人民群众为主体，"政府+协会"相结合的"三位一体"宣传平台。一方面，建立非正式组织。动员长株潭市民组建自愿型休闲体育协会，政府给予物质资金支持，建立奖励制度，对筹办好的协会公开表彰奖励，发挥示范作用，由此调动人民群众的积极性。与此同时，建立健全多样化、市场化的健身激励机制。另一方面，建立大众休闲体育设施。公共体育设施方面减少或免费收取费用，长株潭政府部门做好对相关企业的工作，为人民谋取大众化的公共体育设施。

7.1.2 完善产业驱动政策，拓宽产业融资渠道

一个国家或地区的民主政策制度、执政党规、执策法规，是影响休闲体育文化价值实现的政治条件。在过去，休闲体育文化只是以较浅薄的意识存在，随着时代的进步、社会的发展，我国的法制建设日趋合理完善，如《中华人民共和国体育法》《全民健身计划纲要》等休闲体育文化的政策法律法规的颁布与实施，通过法律的形式让人们有更多的权利去选择更好的、科学的休闲体育的活动，从而去感受现代休闲体育文化带来的精神享受。

(1) 加强政企合作，拓宽休闲体育融资渠道

政府对于融资渠道采取的措施，一是通过政策、资金、创新金融工具等方式拓宽产业的融资来源，设立休闲体育专项资金，以奖励机制促进相关企业和组织的发展。二是引导社会和个人资本进入休闲体育产业领域，支持合适的企业上市，并在其融资渠道上提供政策支持，丰富休闲体育产业的投资融资渠道。三是创建"政府资本+社会资本"的合作模式，鼓励金融机构研发关于休闲体育产业的全新产品和服务，更新针对中小微休闲体育企业的信贷品种，同时开拓海外投资市场，吸引国外资金注入长株潭城市群休闲体育产业，保障休闲体育产业发展的资金投入。

(2) 加强产业创新，完善休闲体育驱动政策

一方面，完善开发休闲体育产业无形资产的相关政策。如：开发和保护长株潭休闲体育的赛事名称、标志等，与广告公司密切合作，积极提高无形资产的管理、利用、开发和创新能力；实施商标战略、提高品牌效益，注重加强经济价值高、科技含量高的休闲体育产品的开发，提高产品的附加值；密切联系创意产业，设计基于创意的衍生品，提高市场竞争力，为休闲体育产业创新添动力，实

现相关产业的发展。另一方面，充分利用企业科技创新资源，联合长株潭政府与邻近的高等院校，建立企业技术创新中心、工程技术研发中心等，加强休闲体育领域内的企业、科研院和高等学校的合作，实施战略联盟策略，实现产业技术的创新发展；发挥休闲体育产业中"龙头"企业的带头作用，实现机制体制建设，加大知识产权保护力度，推进技术成果的转化，保障休闲体育产业后续发展。

7.1.3 制定融合发展规划，促进体育产业融合

长株潭城市群休闲体育的发展方向是提升居民生活质量和身体素质，为此，对已有体育资源加以整合并开发，制定融合发展规划，逐步构造政府主导、市场为先的休闲体育服务模式，实现休闲体育现代价值十分重要。从社会存在的休闲体育资源来看，营利和非营利型体育设施能为不同消费层次的人群提供休闲体育服务。学校的体育场馆设施不但为学生提供休闲体育场地，而且在一定程度上实现附近居民运动的愿望。所以长株潭城市群休闲体育服务机构应及时知晓人们休闲方式的变化，并做出相应调整，及时增加服务项目，做好区域规划，促进体育产业的融合发展。

（1）结合产业的关联性，制定融合发展规划

产业与其他相关产业相互促进、共同进步，才能营造良好的发展环境。长株潭城市群休闲体育的发展落后，主要原因是它缺乏与相关产业的联系。为此，长株潭市政府应重视休闲体育产业与其他相关产业的关联度。通过协调产业间的关系，促进产业相互融合，带动产业内部要素演化，加强产业联系，进而促进休闲体育与其他相关产业的融合。基于市场的基础作用，政府可统筹规划长株潭城市群体育相关产业，为体育与第三产业融合发展做出导向，发挥政府的引导作用。在促进长株潭休闲体育产业发展的同时，带动相关产业共同发展。此外，通过在区域内创立休闲体育产业融合发展示范区，引导休闲体育产业把体育健身娱乐业作为主导产业，综合生态环境、人文素质培养和长株潭城市群地方特色等因素，联合休闲体育的具体产业，牢牢结合《全民健身条例》，建立对应示范区，把提高工作效率作为政府绩效考核标准之一，进而促进休闲体育融合事业规划的顺利完成，实现长株潭体育产业结构更新换代。

（2）结合政策的强制性，促进体育产业融合

政府的规范和政策导向作用对于产业发展意义非凡，可从这些方面改进：第一，长株潭城市群政府相关负责部门制定休闲体育产业的融合政策和准则，指导其与相关产业融合，出台政策及配套措施；第二，完善改革政策，使融合后的企业市场化，发挥市场的决定性作用；第三，为休闲体育产业融合产业提供优惠政策，去除或降低休闲体育融合新企业的壁垒，降低新企业进入门槛；第四，向中小企业提供政府补助，通过降税减税等政策，促进中小企业规模化；第五，为符合条件的创新型企业提供优惠政策，奖励激励机制，实现休闲体育新型融合企业

的发展；第六，改革申请传统文化遗产程序，精简申请程序，进一步实现长株潭传统体育文化的继承发展，促进休闲体育与文化产业融合发展。

7.1.4 发挥政府调控职能，加快产业人才培育

政府在体育产业及事业的管理中的影响是无法取代的。现阶段长株潭城市群体育产业处于发展的初级阶段，要加快体育产业发展进程，还需要政府的引导和政策扶持。因此，进一步发挥政府作用，树立"政府提供服务、市场配置体育资源"的观念，将完善市场经济体制与推进政府职能转变结合起来，加强政府的"管理"和"培育"，才能使体育产业良性发展，使体育产业成为新的经济增长点。

（1）发挥政府调控职能，创新人才培训机制

一是建立健全适合大众健身发展的组织、健康指导与管理、志愿服务市场推广等全方位的专业人才队伍，发挥专业人才的基础性、先导性作用；二是创新专业人才的教育培训模式，加强健身企业的榜样人物的扶持和重点培训机构中基层管理人员、工作人员的培训；三是丰富休闲体育专业人才的培养方式，将休闲体育专业人才的培养与相关产业和部门的人才教育培训相衔接；四是加强休闲体育人才培养基地现代化基础设施建设，充分发挥科技作用。

（2）加大产业扶持力度，加快产业人才培育

鼓励有条件的高等学校开设与休闲体育产业有关的专业和课程，重点培养休闲体育专业化、多层次人才。鼓励社会、企业、个人资金多方投入，发展各类职业教育和培训，加强校企合作，培养全方面休闲体育产业人才，鼓励退役运动员接受再就业培训。同时，加强国际人才的交流与合作，加快休闲体育产业的理论研究，建立长株潭城市群休闲体育产业研究的智囊团，加强创业产业基地成果转化机制，研究创新创业人才扶持政策。

7.2 区位条件优化路径

7.2.1 构建"互联网+"的区位优化路径

（1）利用网络特性，优化休闲体育发展效率

社会分工的不断细化促使产业发展必须通过多个不同的企业合作完成，为全面提高生产和服务效率，不同的企业分别承担着自己的相关业务。随着各项科学和信息技术的运用，"互联网+休闲体育"迅速发展，使得产业链企业之间合作紧密，而进一步优化休闲体育产业以及提高长株潭城市群休闲体育产业发展效率的关键是"互联网+休闲体育"的发展。

在"互联网+休闲体育"的发展过程中应改变传统体育发展格局，积极利

用信息技术和各类计算机技术，通过信息平台和互联网平台以信息共享和资源共享来实现资源的优化配置，从而为企业之间的发展提供良好的竞争环境，推动和促进长株潭城市群休闲体育文化产业链的快速发展，拓展休闲体育空间，进而实现企业在产业链中的专业化分工。技术融通和试产整合是实现产业链优化的关键所在。在信息化时代，只有"互联网+"与休闲体育产业的融合才能实现休闲体育产业结构的优化和文化产业链的优化，从而满足市场经济发展的需求。长株潭城市群各个企业通过互联网能够实现以低成本来提升整个产业的市场竞争力。"互联网+"使长株潭休闲体育空间中的各个企业都紧密合作，产业链网络的形成进一步提升整个产业链发展的价值。

不同的企业有不同的文化内涵，企业通过合作的方式展现各自的文化价值，实现长株潭城市群休闲体育文化价值与功能。真正具有技术与品牌优势，独具自己企业文化的企业主导着市场经济的整个产业链，谋取高额利润，而科技技术含量低、以劳动力为核心的企业则发展缓慢。对于现阶段长株潭休闲体育发展，应从新的方法、赛事版权以及专利技术入手。因此这就要求长株潭城市群休闲体育产业的发展要注重核心竞争力，通过核心竞争力推动长株潭城市群休闲体育空间的文化产业健康发展。

我国具有广阔的市场，但是目前"互联网+休闲体育"发展不够成熟导致长株潭城市群休闲体育文化产业处于整个社会产业的底端。在信息化与全球化发展迅速的时代，长株潭城市群须发展休闲体育的核心业务，通过相关要素的投入和控制来提升长株潭城市群的核心价值以及影响力，以此提升休闲体育的市场竞争力。

（2）利用科技创新，促进休闲体育深度融合

"互联网+休闲体育"发展中必须要进一步加强资源融合，以各种途径和方式来健全经济运行机制、健全新型业务体系，积极推动新旧媒体的融合，建立健全现代媒体体系。政府部门需要根据"互联网+休闲体育"的发展要求，利用各种优惠政策激励企业改进生产、创新技术，进而推动监管、技术、业务、资本和渠道的融合，实现产业融合。"互联网+休闲体育"从本质上说是一种网络经济，其虚拟性让大部分人觉得它具有很大的不确定性与不可控性，因此必须加强对"互联网+休闲体育"的监管，以建立有效的监管体系来促进"互联网+休闲体育"的健康发展。

（3）利用主导产业，推动休闲体育优化升级

罗斯托认为，主导产业在发展中的增长速度要优于同领域的其他产业，故而在整个经济发展和社会发展都具有明显优势。主导产业的发展能够带动相关产业的发展，甚至改变整个产业的发展格局。"互联网+休闲体育"产业作为主导产业主要包括两个层面：首先，以"互联网+休闲体育"产业的发展带动整个体育产业的发展；其次，"互联网+休闲体育"产业的发展能够实现对长株潭城市

群体育产业结构的优化升级。

主导产业的确立对于整个长株潭城市群体育产业的发展至关重要。从"互联网＋休闲体育"的构成来看，它包含智能软件、智能硬件、转播权、垂直电商以及电子竞技等不同的分支；从其构成情况看，它包含大量的科技元素，而这些元素的存在也促使其在发展的过程中需要大量的配套产业，因而"互联网＋休闲体育"产业作为体育产业发展中的主导产业能够带动其相关产业的发展，进而促进长株潭城市群体育产业结构的优化和体育产业结构的转型升级。

（4）利用产业政策，实现休闲体育健康发展

国家政策的引导是实现产业快速发展的关键。市场经济在发展的过程中会存在市场失灵的情况，政府部门为解决这一问题，通过政策对产业进行规划和指导以实现产业的可持续发展和健康发展。产业政策可以规范产业的发展，进而实现产业的有序发展。产业政策主要包括产业结构演进政策、组织演进政策、产业集聚政策、转移政策、融资政策等不同的政策。休闲娱乐产业政策在"互联网＋休闲体育"产业发展中的决定性作用要求长株潭城市群在"互联网＋休闲体育"产业的发展中要制定更加精准的产业政策，具体来讲主要包括以下几个方面：

① "互联网＋休闲体育"产业结构演进政策。产业结构演进政策在传统经济发展理论中主要是指主导产业群逐渐进行转换的过程。经济在发展的过程中会按照相应的规律进行演变，然而在信息时代和全球化经济发展的时代产业结构演进出现新的变化。在市场经济发展中，休闲体育通过优化配置资源进行合理的宏观干预，以防出现由于市场失灵导致的各种问题。休闲体育产业与其他产业的不同在于它的公共性，因此政府的统一规划很重要。结合长株潭城市群的实际情况给休闲体育产业的发展制定有针对性的演进政策，须明确它的产业划分与核心产业。在"互联网＋休闲体育"产业发展中，应结合实际情况扶持新兴企业的发展，确保夕阳企业的退出，并且应确立主导产业的地位，为产业的发展创造良好的环境。最后，须根据"互联网＋休闲体育"产业的发展现状来制定合理的产业侦测规划，以实现休闲体育的不断演进与升级。

② "互联网＋休闲体育"产业组织演进政策。休闲体育市场的发展是产业组织演进政策的基础，产业组织演进政策用来维护休闲体育市场的秩序。随着互联网的不断普及与发展，人们可以通过互联网来了解时事关注热点。有人利用互联网方便快捷的同时也利用其传播的广泛性而散播非理性的虚假信息，进而影响社会的稳定性；部分休闲体育运营企业为获得关注和热点，故意发布虚假信息甚至诋毁性信息使休闲体育产业中逐渐出现灰色利益链条；部分商家和平台利用网络进行虚假营销，甚至进行赌博诈骗，对社会稳定造成严重的负面影响。因此产业组织演进政策十分有必要，可以从市场结构和市场行为两个角度来推动和实现"互联网＋休闲体育"产业的组织优化。

首先，通过市场结构政策引导实现市场集中度。同时，提高长株潭城市群整

个休闲体育文化产业的竞争力。针对实际情况建立进入和退出机制,通过机制的建立和实施以保证企业质量,从而实现资源的优化配置。

其次,通过规范来提升发展的规范性与企业的自律性。在"互联网+休闲体育"发展中要通过各方参与来形成"互联网+休闲体育"的"共享共治"发展。监管方面要秉承政府监管与市场监管相结合,积极营造良好的经济发展环境,进而实现长株潭城市群"互联网+休闲体育"及"互联网+休闲体育"经济的健康发展。

③"互联网+休闲体育"产业融合政策。"互联网+休闲体育"的整合是各种相关产业的融合现象,在此过程中会产生很多新产品及新业务。涉及的相关产业部门各自承担着相应的职责,可是不同的部门会有自己的政策和负责内容,故而在产业融合中会产生矛盾,从而导致产业无法完全融合。

长株潭城市群政府根据休闲体育文化产业发展要求制定相应的产业融合政策,具体包括技术环境、法律环境、市场环境和政策环境。技术环境是实现长株潭城市群休闲体育文化产业创新发展的关键,各部门通过互联网进行技术创新创造新的产品与服务,提升企业的自身竞争力,更有利于各企业之间的公平竞争,以促进资源的最优化配置,推动有创新力的企业更好的发展,进而刺激其他企业不断提升自身的创新力,进入该产业市场竞争,从而激活整个市场,"互联网+休闲体育"进程也会加快。法律环境是指通过立法来保护知识产权,严厉打击体育赛事侵权的问题。知识产权是企业竞争的核心竞争力,从法律层面为企业竞争提供一个良好的环境有利于企业的创新与发展,有利于维护企业之间的良性竞争,促进经济的发展。长株潭城市群要根据具体的实际情况,制定、完善知识产权保护制度,严厉打击知识产权侵权和非法传播的行为。

首先,结合实际情况出台各种技术标准和技术融合的促进政策,使产业在发展中统一标准且有据可依。而规划融合政策则是指通过对各种不同资源的融合规划来实现产业的融合发展,实现高效运营。

其次,为促进企业间组织与管理改革,通过各种业务政策的制定实现对产业相关业务的重新规划。针对长株潭城市群"互联网+休闲体育"产业的现状,通过人才政策的制定和实施来推动业务融合的发展。针对实际情况建立进入和退出机制,制定相适应的组织融合政策。同时建立行业发展的标准,鼓励企业在休闲体育文化产业的发展过程中积极融合,实现集团化的发展。

最后,出台相关政策来促进市场方面的融合,需积极鼓励产业链中的企业在市场发展中实现商品和服务的高度融合,提升融合的深度。

④"互联网+休闲体育"产业迁移政策。产业转移即产业发展的横向迁移。产业优势是产业转移的主要动力和原因,当一个国家或地区在失去产业发展的优势之后,产业就会转移到其他更有优势的地方,通过产业转移来获得更多的有利条件。在"互联网+休闲体育"产业的发展中,产业迁移可以理解为产业的布

局政策。不同地区在发展中的政策不一样，因而"互联网+休闲体育"产业会集中于政策较好的地区，但是产业迁移政策可以协调这一状况。产业迁移政策的具体内容包括以下几个方面：确定迁移方式；引导迁移方式；解决产业迁移中的困难和问题；规范产业转移中的行为。在政策的制定与实施中，需通过财政、税收、土地等不同的政策来实现，同时为防止出现非法行为，需采用相关的制度和规定来规范产业转移的行为。

⑤ "互联网+休闲体育"产业集聚政策。产业聚集是在各种资源的引导下，实现企业区域在某一地理空间位置上集中的过程和现象。互联网为企业集聚提供机遇，逐渐形成企业联盟和体育企业集团，但是这也要求政府须出台相应的产业集聚政策。

互联网平台的出现为休闲体育产业集聚提供新平台和新途径，市场的滞后性和市场失灵的问题，要求长株潭城市群必须要通过政策的制定来加速产业集聚的速度，以政策补贴来调动社会资金参与休闲体育产业的发展。集聚政策通过聚集知识资源和创新活动来强化"互联网+休闲体育"产业的快速发展。

"互联网+休闲体育"产业信息的整合可以通过强制性措施来实现信息平台化，建立产业内部信息共享；可以从产业企业间的组织关系入手，通过产业的集聚充分发挥产业的外溢效应，加强企业之间的联系，以此创造更高的效率。

7.2.2 构建居民运动的区位优化路径

（1）推动休闲体育观念转变，实现生活均衡发展

现代社会，人们的衣食住行都与科技紧密相连，比如人们无法离开手机，这也恰恰说明人们对科技的依赖正普遍上升，或者说已经不可逆转，但也并不是所有的问题都能用科技解决，比如实现人生价值和生命意义。人是科技的创造者，但现在却反过来被科技所压制，失去本应存在的主体感受。科技的进步让体育器材更加精细化，比如田径投掷类项目，原本选择的投掷的物品非常随意，每个人都能参与投掷，但科技进步把投掷物细化为铁饼、标枪、铅球、链球等后，投掷物本身的重量就限制人们进行随意投掷，这就成为人们参与投掷类项目的阻碍。所以，大部分体育项目也因为各种各样的原因而导致人们无法参加，体育也因此失去关注，只成为少部分专业及职业运动员的竞赛。为了推动体育的发展而引入休闲体育概念，它是指人们在闲暇时间以增进身心健康，丰富和创造生活情趣，完善自我为目的的身体锻炼活动。

体育的进步与人文精神的影响密不可分，这种精神强调人是一切事物发展的核心，表现为对人的尊严、价值、命运的维护、追求和关切，是一种对人类全面发展的理想人格的肯定和塑造，是人类心灵最终栖息的园地。体育领域中的人文精神，主要展现在身体运动对人的全面发展的作用上，它使人们更为重视生命的意义，更为关怀人作为个体的生存状态。体育，其本身的意义就是让人增强身体

素质的同时也让人从中获得快乐与满足，而这样一种观念也获得了越来越多人的认可。人们在休闲体育中对自己成绩的追求与生理极限的突破大大减少，而是更为注重自己感兴趣的体育运动，并从中探索人生的价值和生命的意义。这种人类精神文明上的跨越为休闲体育实现其现代功用奠定了基础。在过去，经济建设尚不完善，生产力水平不高，为了促进社会生产，人们被动地锻炼身体，提高身体素质。人是社会的所有物，社会价值就是人类的价值体现，而那时，体育也是一种推动社会经济发展的行为活动，参与者的成绩就是体育发展的衡量标准，体育还未发展到对人类精神层次产生深远影响的地步。

社会的发展也带来了文化环境的改变，受人文精神的影响，社会开始强调尊重个体，重视个人全面发展和实现自我价值。所以，体育也成为个人全面发展的一种方式，而且不再以参与者的成绩作为体育发展的唯一标准，而是更加多元化，它以个人兴趣为出发点，不拘泥于组织形式，不注重输赢，只追求愉悦身心，以个人喜爱的运动方式来获得快乐。而人们对体育的关注焦点也从身体锻炼转移到了发展身心价值。这种体育观的转变，让人们的生活品质有了进一步的提高，同时也推动了休闲体育的可持续发展。

(2) 营造休闲体育舒适环境，实现健康生活方式

社会在发展，社会核心目标也由原先的经济增长最快化转变为人类幸福最大化，原先的成就动机被现代价值观取代。由此可见，现代价值观开始关注人类自身的主体感受及精神世界，把人类幸福作为最主要追求，这同时也说明个人生存价值正在被提升。

这种社会核心目标的转变正是休闲体育文化价值实现的前提。体育在一定程度上脱离了功利性的特点，对经济的服务大大减少，转而服务于人类自身，更加注重个体感受，能有效缓解生活压力，让人觉得身心舒畅。而人们的这种感受就是现代社会价值观转变为休闲体育文化价值观的表现。以前的成就动机，是个体追求自认为重要的有价值的工作，并以高标准要求自己，力求取得活动成功的动机，这种动机在体育领域中表现为过分注重任务的完成度与成绩，阻碍了人们对体育运动的感受与对生命意义的体会。

(3) 调整休闲体育行为方式，实现自由全面发展

行为方式，是人的行为个性与共性辩证关系的概括，是展现人类本质和人类发展最基本的形式，同时也是现实生活中人们的各种具体行为活动。前者是泛指人们的某些行为习惯；后者以日常行为为具体内容，是人类社会生活实现的基础。不同时代的人们行为方式也各不相同，因此，行为方式从一定程度上可以被视为当世人类文明的浓缩版本。当然，人们也可以根据自己所生存的时代对自己的行为方式进行顺应与调整。

随着全民运动与终身运动的不断推进，各地也纷纷建立了许多休闲体育运动场所，为人们选择自己喜爱的运动提供了丰富性和多样性的体育设施。在闲暇之

余，积极参与到休闲体育运动中，换一个轻松愉快的环境，让身心都得到放松与休息，继而才能以更好的精神面貌投身于学习与工作中，才能保证自己的身体健康。而这样一个全民体育环境，也有助于人们结识新朋友，大家因为爱好同一项运动而聚在一起，彼此促进，共同进步，从而也有效缓解了人与人之间紧张的关系。

7.2.3 构建城市广场的区位优化路径

为了提升长株潭城市群广场休闲体育价值，扩大休闲体育空间，最终实现"以人为本，全面、协调、可持续发展"的目标，特制定如下优化路径：第一，加强长株潭城市群广场的休闲体育宣传，充分利用和发挥广场休闲体育价值；第二，优化长株潭城市群城市规划方案，为长株潭城市群广场休闲体育价值的充分实现提供实质性保障；第三，加大政府支持力度，为长株潭城市群广场休闲体育价值的充分实现提供政策支持；第四，立足实际因地适宜，提供特色项目，拓展长株潭城市群广场休闲体育多元化价值。

（1）加强休闲体育宣传，为广场休闲体育提供引导

国民生活水平的提高，让人们越来越注重生活的品质，健康意识也在进一步增强，而这正是推动休闲体育发展的好时机，所以应做好如下几点：一是通过报纸、媒体、网络、杂志等来宣扬休闲体育的现代功用，使人们认识、了解并愿意加入这个队伍；二是在广场周围设立专门的休闲运动场所，比如网球场、健身房、击剑所、轮滑场、游泳馆等，并留有专业技术人员给爱好并愿意学习的人提供指导；三是重视休闲教育，引领大众树立健康休闲意识，培养正确休闲观念。古希腊人曾说，"自由人如果不想使自己的生活沦为灾难，就一定要接受休闲人生的教育。"比如可以定期在不同的地方举行以休闲体育为主题的讲座，让休闲体育观念逐步深入化、流行化。

（2）健全休闲体育规划，为广场休闲体育提供保障

健全休闲体育设施是实现长株潭休闲体育文化建设至关重要的一步。首先，对要建设的体育广场有一个清晰合理的布局；其次，要坚持以民为本，充分考虑老、弱、病、残等社会弱势人群的利益，合理修建体育设施。

①长株潭城市群城市广场总体规划的建设

2003年长沙市人均场地面积达到$0.85m^2$，人均场地事业经费投入311.70元。株洲市2003年体育馆有12个，人均体育场地面积$0.95m^2$，人均场地事业经费投入1 369.82元，远远高于其他市区的投入，是全省人均场地事业经费投入317.05元的4倍多。2003年湘潭市体育场馆有7个，人均体育场地面积是$0.85m^2$，与长沙市相等，但人均场地事业经费投入只有88.93元。尽管如此，调查仍显示社区体育场地设施缺乏，不能满足大众健身的需要。因此，体育场地建设必须要落到实处，在居住区与人口密集的地方增建公园与广场，并配设一定的

体育设施。

②长株潭城市群城市广场体育设施的建设

通过调查，发现城市广场健身路径深受居民欢迎，但也存在一些问题，比如体育设施趣味性不强，实施不全，养护不够等，因此，要针对其问题提出解决办法，比如通过民意调查了解长株潭城市人民喜爱的体育设施，根据地方特色与民众需求增添体育设施，每月派专人维修与养护体育设施，这样才能全面实现休闲体育价值。

(3) 完善休闲体育政策，为广场休闲体育提供支持

政府对长株潭城市群的总体规划政策及相关的一系列政策、规定、制度、办法等都会对城市广场休闲体育的进程产生促进或抑制等不同的作用；另外，城市的经济政策、财政政策、税收政策、产业政策、投资政策等，会在城市广场的发展建设、维护管理、更新改造等方面发生影响和作用；而这些也都会影响城市广场休闲体育的开展，最终影响休闲体育价值的实现。

比如《全民健身条例》的颁布使得广场休闲体育的多元价值得以充分展现，而《体育法》的颁布实施，很好地保证了我国广场休闲体育的发展，但仍旧有许多政府没有重视广场休闲体育的发展，以至于城市广场休闲体育的价值得不到充分实现。因此，为了城市广场休闲体育价值得到充分实现，要做到：在实现城市可持续发展目标的过程中，强化政府的宏观调控；鼓励公众参与，建立公众参与制；加强市场调控作用，保证城市广场的有效开发，避免房地产追求经济利益最大化。

(4) 优化休闲体育特色，为广场休闲体育提供价值

在中国，经济发展存在很大的不平衡，因此，休闲体育事业的发展也具有很大的差异，城市比农村发展好，东部比西部发展好，沿海比内地发展好，内地比边远地区发展好。所以政府应积极带动落后地区的经济的发展，加快休闲体育的建设。而在经济发达的地区，则需要针对不同群体的需求对休闲体育设施进一步优化，提升休闲的文化价值。

俗话说："十里不同风，百里不同俗。"不同民族，因为生活环境、风土人情、历史进程、自然条件的不同，休闲体育也呈现出不同的地域特色。比如广场舞，朝鲜族的庄雅秀美，维吾尔族的诙谐风趣，藏族的热情豪放，傣族的优美典雅，汉族的热烈欢快。这些舞蹈以自娱性与表演性相结合，充分在城市广场舞蹈文化活动中展示出来。节假日和劳动之余，人们载歌载舞，尽情欢娱，常常形成舞者越舞越热烈、观者越看越激动的局面。长此以往，广场舞蹈文化将得到不断发展和提高。因此，要针对长株潭城市群的经济和文化特色，开发适合自身的休闲体育项目，甚至开发适合不同年龄阶段特色的休闲体育项目，满足不同人的各种需求，才能真正实现休闲体育的价值。

7.3 要素空间流动优化路径

7.3.1 构建公共休闲空间

(1) 转变居民休闲理念，保持休闲体育健康发展

长株潭城市群城市公共休闲空间的发展，极大地推动了长株潭城市群精神层面的进步。随着新时代的来临，新理论不断完善，要求政府规划居民休闲时要坚持以人为本的原则，展示新时代下城市新的文化理念，促进大众休闲思想的落实。

因为城市的高速发展，城市空间也趋于拥挤，这使得城市休闲空间的功能不断下降，其中所蕴含的精神文化也不断衰减，就连被誉为"休闲之都"的长株潭城市群也无法避免。虽然有着自己独特的风景，却也不免被带上"环境优美、空气清新、人居环境良好"的标签，种种事实表明了转变休闲理念的重要性。而想要快速转变，需要政府的大力宣扬和普及，才能推动城市居民休闲生活的发展，完成大众休闲的目标。

(2) 增强城市地域特色，提升休闲体育空间建设

独特的城市精神和文化理念构成不同特色的城市，只有认真倾听居民内心的想法，据此合理规划长株潭城市群休闲空间，让其更加"接地气"，才能让人更加直观地了解该城市。合理化地加强城市区域的特色，其目的不仅是提高居民的认同感，更是为了进一步推动城市休闲空间的发展。

为了打造多元化、具有独特文化的城市空间形象，提升居民对城市的认同感，进一步增强城市休闲空间形象，应该将长株潭城市群其独特的文化特色和地域特色融入城市休闲空间的发展中去。近年来，虽然城市经济不断发展，推动城市休闲空间不断向全民旅游胜地进行转变，但休闲空间的进一步商业化，让长株潭城市群逐步失去了自己的地域特色。目前，城市休闲空间的发展出现了只注重居民、游客的消费，而忽略了地方特色的问题。为解决该问题，政府需要发挥自己的职能，在进行城市发展规划时，不仅要尊重传统文化，更要展现出城市特色，使城市发展更加合理化。

(3) 复兴传统休闲空间，健全休闲体育监督机制

为摆脱公共休闲空间异化现象，我们在新兴城市空间发展的同时应该关注传统休闲空间所具有的功能和作用，可以在休闲空间资源、设备设施布局过程中，加大对传统空间的资源分配和空间的管理力度。

如今，长株潭城市群规划建设由政府主管部门统一操控，但建设实施的意见依赖于高层领导、专家以及人大代表、委员的提案，而地方居民意见征集只是徒有其表。在城市规划实施过程中，缺少相应的效益分析、监督机制等，尤其是居

民的参与、监督更是成为一句空话，没有落到实处。伴随着城市公共休闲空间普及，电子信息数据的飞速发展，居民可以通过电视、手机、网络、社区意见箱、新闻媒体平台对城市建设进行参与监督，政府时刻将居民意见和建议收集，增加居民参与度并实施监督反馈机制，共同打造城市观光休闲空间，建设具有传统特色的新型休闲空间。

（4）加强休闲空间衔接，提升休闲体育空间质量

新型公共休闲空间和传统公共休闲空间之间大不相同，其在空间规模、休闲元素、空间布局等都发生了巨大变化，这种变化向着新时代的要求靠拢着。但新型休闲空间也有着不足，如为追求城市经济的高速发展而侧重商业建设，而最终导致居民阶层分化日益加重。要想实现公共休闲空间全民化休闲，除了政策引导，还需要减小两种公共休闲空间的消费水平和价值的差距。

为了进一步推进城市公共休闲空间的发展，连接基础公共设施迫在眉睫，具体可表现在道路、商业中心点的规划，新旧城区空间的连接等。新旧城区发展方向应有所区别。旧城区在公共休闲空间的功能和设施方面稍逊于新城区，所以需要进行补充完善，但不能放弃自身展现城市传统市井生活的特点，和对城市公共休闲空间的保护功能。新型城市空间的建设，除了加入对城市传统文化的宣传，提高城市对外形象，还需着重注意对地方文化元素的融入，更好地加强城市与居民之间的联系。

7.3.2 构建公园休闲空间

（1）强化城市公园管理，推动城市建设发展

当政府条例或监管力度不能落实时，人们总会面临着不同的选择。是自觉遵守，还是钻漏洞？目前，长株潭城市群的居民们就遇上了这样的问题。长株潭城市的发展前景复杂而又烦琐，所以目前政府在一些方面监管不到位。想要建设更好的城市，就需要长株潭城市群的居民有高度的自觉思想，只有这样，才能发展出更好的城市休闲空间。

只有政策完善，才能建设更好的城市。这不仅需要政府不断推动政策落实，更需要每个公民尽到自己的责任和义务。政府需要制定、落实、监管、修改政策，而居民需做到自觉参与、自觉监督，一起建设一个更加符合新时代的新城市。

（2）发挥公园区位特征，合理开展体育项目

城市休闲空间一般以公园为主。在公园进行的项目主要有棋牌类项目、小球球类项目和大球类项目，而能在公园进行的休闲体育项目受诸多因素限制，如面积、设施、环境等。居住地区不同年纪段的分布也影响着休闲体育项目的展开，如棋牌类比较适合老年人，而球类运动比较适合年轻人等。

个别休闲体育项目会对周围有一定的影响，而政府的作用是在引导群众正确

进行体育休闲活动的同时展现出城市特色，如容易引发赌博的棋牌活动，对公共设施造成破坏的滑板项目等都需要对其有一定的要求和规定。居民的休闲体育生活要在不危害自身、不影响他人的前提下进行。

（3）细化公园管理条例，保护休闲体育设备

公园管理条例要根据具体实施情况来进行整改，做到细致化、人性化，如橘子洲公园考虑儿童的活动，禁止抽陀螺。但只通过一味的禁止不能完全避免危险的发生，所以在修改管理条例时要更加细致，如对广场舞的细化要求，对跳舞时间和音量高低等都要做出明确规定，但对其活动空间不必有硬性要求。

（4）调整区域公园空间，强化休闲体育功能

休闲体育公园主要分为区域公园、次区域公园、片区公园、邻里公园和街区公园。这些公园既有相同之处，也有着自己的独到之处。它们作为休闲体育空间，其存在宗旨便是为人们提供休闲设施和空间。但因其所在区域、所占空间大小的不同，它们服务的人群也不尽相同。区域公园和次区域公园形成对比，区域公园因其所占空间大的优势提供特殊的静态的和动态的娱乐活动及休闲体育功能，其设施包括运动场、健身步道、运动水域等；而次区域公园主要提供动态的休闲体育活动和静态的休憩活动，设施包括运动场、球场、健身步道、野餐区等。二者虽形成强烈对比却也相辅相成。片区公园、邻里公园和街区公园也都有其主要侧重方向。片区公园以商业和公共均衡发展为主，设施包括球场、步道、游泳池、轮滑场等；而邻里公园和街区公园以贴近周边居民需求为主，设置小径和人性通道，需要配置花园、健身器械。

7.3.3　构建产业发展空间

（1）发挥政府职能作用，规范社区体育管理

①社区体育要实现健康、稳定的发展，需充分发挥政府的支持和引导作用。尤其是在社区体育发展的初期，管理体系尚未完善、内部结构不稳的情况下，愈加需要一些政策加以激励和规范。然而政府在之前的实践中，对社区体育的管理更多的是体现在具体的事件上，较少从整体上考虑。这种不平衡的管理容易导致各管理部门自行行动，难以形成合力，继而形成一种混乱状态。因此，政府要充分发挥其组织管理职能，特别是在相关政策的制定、监督约束机制的建设方面；建立联动机制，加强其他群众组织与有关部门在社区体育中的协同运作；多渠道筹措资金，动员各种社会力量，支持社会力量参与社会体育管理，制定优惠政策，使其获得投融资便利、税费减免等有利条件；利用现有的体育资源，引导学校、体育场馆、园林等系统组建别具一格的社会体育社团，扩展其社会体育组织管理功能；运用高科技技术，研发社会体育管理软件，将社会体育资源实行联网管理，更加高效地使用社会体育资源。

②健全社会体育法律体系，营建良好的休闲体育发展环境。目前社区体育的

发展遇到了很多有关细节上的问题，且这些问题把社区体育的发展限制在不同的层面，有些甚至成为社区体育发展的主要阻力。问题中有一部分是在法律范围内的，除使用法律手段之外没有其他的方法，而另外一部分的问题则需要采取一般手段和法律手段相结合的方法去解决。然而，因为当前条件的不成熟，建设与完善法律体系又是一个较为缓慢的历程，所以此时的工作应从如何解决社区体育发展现在所遭遇的问题入手，从社区体育以后要怎样发展去进行一个长期的规划。

③制定地方法规，完善相关财政政策。支持并监督个体承包或私人经营的休闲体育场馆的运营，努力培育社会消费潜力，大力吸引社会资本（包括外资）参与投资和建设社会体育设施，扩大公共体育服务设施覆盖面。制定公共体育服务设施管理与开放的规章制度，以保证公共体育设施能够充分发挥其使用效能；制定居民住宅小区建立公共绿地配套体育设施达标和验收规定，不断满足人们日益增长的休闲体育活动需求；制定学校体育设施对外开放与有偿服务的规定，确保学校体育设施能够持续为社会提供服务；建立有关休闲体育服务企业的市场准入规则及体育服务质量标准，切实保护体育消费者的利益；建立社会体育年报制度，将社会上有关体育的重要信息都纳入社会发展统计中，在规定的时间内整合发布，向政府提供决策依据，为拟定法规给予依据。

（2）发挥学校培训作用，推动体育产业发展

要实现休闲体育对社会的全方位开放，就需要充分利用教育系统、机关及企事业单位内部的体育场地设施。一方面，政府部门倡导学校在不影响正常教学的前提下，机关和企事业单位在不妨碍工作的情况下，率先确保自己内部的体育场地设施对本校师生与本单位职工是全面开放的，然后再逐渐对社会进行全方位的开放；另一方面，在不会改变原所有权的前提下，鼓励社会上的经营公司接管学校、机关和企事业单位的体育场地，运用场馆的空闲时间向社会开放。利用这种形式，不仅可以让闲置的体育场地得到利用，而且还可以让经营方与所有权方实现双赢。

休闲体育服务体系的完善需要学校体育管理部门的积极配合，可以从下面几个方面去增强高校的休闲体育管理能力：第一，学校根据本校师生的需要适当地配备体育设施，延长体育场馆的开放时间，以满足群众对休闲体育活动时间的需求，定期对体育设施进行维护，以保证群众在进行休闲体育活动时的安全。第二，大力引进社会资本，作为维护现有体育场地、器材的费用或者扩建一些设施完备的公共休闲体育场地，也可以将其用于休闲体育活动之中。第三，充分利用已有法规并依据现实情况制定相关制度，使群众在参与各项休闲体育活动时有规可依。第四，引进并培育专业的休闲体育指导员。这些专业的休闲体育指导员不仅能指导学生参与休闲体育活动，使其获得正确的体育技能，而且还可以提高他们的体育技术。因此，保障学生参与休闲体育活动的支持条件是配备专业的休闲体育指导员，高校应据此计划出一套具有可实行性的方案，培养专业的休闲体育指导员，以填补高校休闲体育指导员的空缺，同时这也是满足当代学生不断增长

的体育需求。第五，加强宣传与休闲体育相关的知识。高校可以开设一些与休闲体育有关的课程或专业，用课程的形式去强化全体学生对休闲体育技能和知识的学习，培养其良好的休闲体育意识，使其养成健康的生活方式。同样也可以通过举办休闲体育节，开展各种各样的休闲体育活动使休闲体育知识得以传播。此外，还可以通过校园广播、校园标语、校园体育角等形式宣传休闲体育知识。

(3) 调整社区体育空间与行为体育空间

社区体育可持续发展包含多种思维，尤其是在"社区""体育""可持续发展"等方面的综合，但人的发展依然是其核心内容。长株潭城市群社区体育的可持续发展不是一种简单的相加，它不仅吸纳了体育可持续发展的特性，还继承了社会可持续发展的优良特色。继续推动长株潭城市群社区体育更进一步的可持续发展，需要探索怎样才能使体育和社区环境产生良性的循环与互动，这要求在人地关系与地域系统和谐共生的趋势下，通过社区与社区的联系去推动。

由于长株潭城市群中的城市社区发展已被提到发展战略地位，并得到了高度的重视，所以社区体育经济将会进入高速发展阶段；基础教育的完善与普及、高等教育的大众化，都将推动社区居民文化水平的大幅提高；体育高等教育的扩招和体育专业人才不断深入社区体育的工作之中，都明显地预示着长株潭城市群社区体育将会迎来发展的黄金阶段。但是现在长株潭城市群社区体育场地的设施、专业的休闲体育指导员等体育资源的供给不足的问题已暴露无遗，而且这种状况还将随着社区中锻炼人口的不断增加进一步加剧。鉴于以上的情况，政府在制定城市社区发展规划时，必须摆脱传统思想中只为物质建设服务的部分，重新确立符合可持续发展战略，能充分体现经济、社会、环境三维发展模式要求的城市社区发展规划思想。无论是社区体育指导员、社区体育项目等软件上的规划与发展，还是体育场地及其体育设施等硬件的规划与建设，既要从现有的条件出发，又要考虑到未来社区人口结构、规模、素质和生活方式的变化，以及这些变化所带来的居民对社区体育的新的期望、新的要求，需为未来的发展留足改变的余地。所以要充分地调动社区内居民、学校、事业单位和机关团体等力量广泛地参与社区体育的发展，实现社区力量最大限度的整合，实现社区体育资源的共享、共建、共有，形成以社会集资为主，政府资助为辅，民办民助、民办官助、法人投资相结合的长株潭城市群社区体育发展的新途径。

(4) 统筹发展公益性体育休闲空间与商业性体育休闲空间

社会体育学研究表明，体育消费的高低，与人们闲暇时间的多少和闲暇时间的安排是否合理呈正相关。当一个人一直处于一种紧张忙碌的状态，经常奔波于各种事物之间时，那么对他来说，不会考虑如何消磨时间。但是，如果当休闲时间日益变得充裕且不知如何去度过时，时间就会化为一种无形的压力，这种"空无"的压力比紧张忙碌更加使人难以忍受，因为"当无聊的时候，我们把时间的毫无特征和重复的流逝作为一种令人烦恼的时刻来经历"。一旦人们感受到了这种时间的压力，便会马上做出相应的反应，如寻求各式各样的文化消费，以摆脱这种压力带来的痛苦，填补这种"空无"，"消耗"这段时间。由于城市居民对健康的理解进一步加强，相应地对体育的消费需求也日益增加，在当前经济社会的发展下，城市原有的重实用性的一般感性娱乐文化，已经无法满足居民不断增长的文化消费需求。乡镇居民的闲暇时间逐渐增多，居民承受的时间压力日趋严重，在这种情况下，居民只能寻找其他方法来满足自己的文化消费需求，因此能够满足这种需求的感性文化——体育消费就应时而生了。也恰是"感性文化"的这一特征，使乡镇居民以体育消费的形式有效地充实其闲暇生活，而体育消费会具备这些特征，与乡镇居民的体育需求是分不开的。经济学研究指出，体育消费是现代社会生活的一部分，是居民消耗一定的消费资料和劳务以满足体育需求的过程。一方面，体育消费是居民维持自身生存和发展的自然过程，因为人的健康与人的生活方式紧密相连，体育运动又正是当代社会生活方式中的重要部分；另一方面，它又是在一定的社会关系下进行的社会过程，通过体育消费结构、体育消费方式和体育消费水平可以体现。公益性体育设施和商业性体育设施需要再上一个档次，以满足居民日益增长的健康消费需求，这定会刺激体育产业的蓬勃发展。

因此，在长株潭城市群的发展中，应鼓励和引导社会资本进入公益性体育设施的建设和运营管理。同时会在其选址、征地、立项等方面给予一定的优惠，用地方面也可以予以行政划拨、指标优先安排等便利。对不以获取利益为目的的经营活动，政府也应给予税收优惠政策等支持，以降低体育场所的经营成本，吸引更多的民营资本投入体育设施的经营中。

对现有的体育设施实行科学合理的管理与使用：制定室外小型公益性体育设施的管理方案，确保公益性体育设施的完备与器材的正常使用，明确管理职责；制定公共体育场馆发展的有关规定，实现部分收费项目对残疾人、学生、老年人等特殊群体的优惠和便利，保证公共体育场所的安全运行和设备的完好率。在挖掘体育场馆的经济价值的同时，也要充分发挥公共体育场馆培养后备人才和助力开展群众健身的重要作用，使公共体育场馆的发展经营成为体育产业发展的途径之一。

7.4 资源综合发展优化路径

7.4.1 基础设施

（1）建设长株潭城市群体育场地，满足居民休闲需求

长株潭城市群休闲体育空间最开始的布局是以单个中心为主，低水平离散分布为辅。随着科技的进步、人们生活水平的提高，人们对休闲体育的要求也愈发严格，单个中心的休闲体育空间结构已经远远不能满足人们的需求，建设以多中

心为主，高水平平衡分布为辅的空间布局势在必行。长株潭城市群政府部门应坚持"以人为本"的原则，根据居民的休闲特点和休闲需求，结合城市群的地势特点和自然休闲资源，建设一批登山、漂流、户外拓展等适合居民休闲健身的体育项目，增大休闲体育面积。

（2）完善长株潭城市群交通布局，打造一流体育空间

发达的交通系统是促进休闲体育发展的纽带，带状交通布局是发达交通系统中的优秀代表。带状交通布局是以江河海流、铁路交通为轴线，在附近建设各种休闲娱乐、健身等场所。借鉴国外的经验，长株潭城市群也可以依托湘江建设带状交通带，打造一条具有湖湘文化的特色休闲体育文化带，进一步带动长株潭城市群经济发展。

（3）利用长株潭城市群现有优势，优化体育空间结构

一方面，通过合理规划布局长株潭一体化与"资源节约型和环境友好型社会"有机结合形成长株潭城市群休闲体育健康长效的发展体系，达到体育资源的合理互补和共享；另一方面，长株潭城市群休闲体育空间内部结构通过聚集—分散—合理三个层面不断优化演变，在其转变的过程中生产性服务业等第三产业形成集合，分散辐射范围广，使休闲体育资源分配更均衡。长株潭休闲体育功能合理化、可持续发展化，可集聚两方面的优势，使休闲体育空间更协调、更系统、更全面。

（4）整合长株潭城市群休闲空间，建设休闲体育系统

休闲体育系统建设的目的是为人们提供一个休闲娱乐和健身的场所，长株潭城市群在布局规划上要求步行 15min 就可以到达休闲体育场所，距离不得超过 3km。所以，休闲体育场所可以根据居民生活小区为单位，在社区的公共运动场或者百姓健身房等公共的健身点建立公共休闲体育设施，使每个居民都能享受到休闲体育设施带来的好处。在与长株潭城市群空间的整合方式上，休闲体育系统的建设可以通过整合住宅小区、小区绿地和中心地带等城市区域，实现城市群的空间整合，进一步方便长株潭城市群居民的休闲体育生活，同时也可以使休闲体育更系统、更全面、更均衡。

7.4.2　环境优化

长株潭城市群休闲体育空间环境优化，应坚持以人为本的原则，不断满足长株潭城市群不同人群对体育设施数量和质量的基本需求，以及不同人的心理上的需求。而满足长株潭城市群休闲体育空间活动空间环境建设的高层次的要求，则需要加强长株潭城市群休闲体育空间的整体环境的塑造，优化长株潭城市群休闲空间环境。

（1）依托自然生态环境，建设舒适休闲体育空间

室外体育空间（如图 7.1 所示）能够依托自然生态环境的得天独厚的优势提

高体育运动活动空间的效率。在规划长株潭城市群室外体育空间应注意两点：一是注意长株潭城市群周边环境的绿化。丰富体育运动场地的植被设计，避免出现植被单一或者重复的现象，使人们在享受体育的同时也感受到大自然的生机和活力。二是注意长株潭城市群居民行走区与体育运动场地的分割，同时运动场地的建设也应考虑体育活动与自然的结合。例如依托绿地建设高尔夫球场，依托水系建设游泳、划船、跳水比赛，依托冰雪建设短道速滑、跳台滑雪等冰雪项目。

室内体育空间（如图7.2所示）缺乏自然环境的气息，整体空间有限。规划设计师在设计长株潭城市群室内空间时需着重考虑自然生态问题，设计出一个绿色节能的室内体育空间，根据长株潭城市群不同的自然条件设计出不同的自然目标。在室内体育空间自然条件丰富的情况下，注意房子的朝向、室内的采光面积和通风情况，充分利用自然因素，减少自然环境对体育运动的影响；在室内体育空间不够丰富的情况下，可人为地建设自然景观，弥补自然条件不足的缺陷，可利用透明玻璃窗或者利用装修颜色来提高整体室内的亮度跟通透度，促使体育参与者能更好地运动。如果在室外环境不足以支撑室外体育活动时，室内体育空间营造一种自然青春的气息，也能够适当地代替室外空间活动，从而不会因天气原因而耽误体育运动的时间。

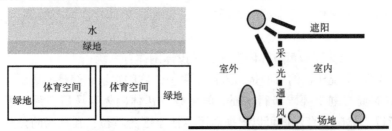

图7.1 室外体育空间环境　　　　图7.2 室内体育空间环境

（2）依托城市文化交流，建设安全休闲体育空间

规划建设者在建设休闲体育空间时应最注重休闲体育空间的安全性，这同时也是长株潭群居民对休闲体育空间的需求，其中城市群内部对安全性的需求占比最大的是老年人和儿童，在体育规划时应更多地从老年人跟儿童的角度设计，加强休闲体育空间的安全性，减少居民安全隐患。例如减少地面坡度、完善安全标志，让人们明确地感知到规划者对安全性的重视。

在构建长株潭城市群休闲体育空间时不仅要考虑建设空间的安全性，还要充分考虑如何改善城市群的文化环境、邻里关系和文化交流。创建长株潭城市群休闲体育空间，可在增强居民身体素质的同时促进不同人群的人员交往，增强人与人的文化交流，带动文化的融合与发展。因此在对长株潭城市群休闲体育空间进行塑造时，应建设休闲体育空间的文化活动场地，建设具有私密性、精致化的小面积的社会家庭空间，创造休闲体育空间多层次的沟通交往空间。

7.4.3 经济结构

（1）强化企业结构，推进企业联合

长株潭城市群内一些实力较强同时又拥有相关体育设施和场地的企业可制定一个完善的运动规则，确保职工能够积极参与体育活动，并招聘专业人员维持体育场地正常运行，为体育参与者提供相应的指导。长株潭城市群企业在建立体育俱乐部时应注意两点：一是体育俱乐部的活动场所应设计在职工生活区附近，便于职工能随时安排运动时间，缩短路程，提供更多的运动时间，减少外部环境对运动参与者的影响，增强其积极性；二是体育俱乐部内部体育设施应多种多样，考虑不同人群的需求，吸引更多的人参加体育俱乐部的活动。从企业利益角度看，劳动者是企业发展的主体，其精神面貌是企业走出去的一张门票，是企业隐形的财富，所以长株潭城市群企业应加强对职工价值的关注。这有利于树立企业形象，增强企业凝聚力，获得健康的人力资本；有利于强化企业结构，增强企业发展空间；有利于构建长株潭城市群休闲体育空间经济结构。

（2）深化产业结构，助推产业融合

随着经济发展水平的不断提高，长株潭城市居民对生活水平的要求也在不断提高，加之国家政策对长株潭城市群综合发展的推动，在内外双重作用下，长株潭城市群在发展工业产业的同时，更要注重发展休闲娱乐型等文化产业，休闲体育就是其中之一。综合发展休闲体育产业能够联合带动相关产业的发展，更好地促进长株潭城市群全面发展。长株潭城市群休闲体育融合发展可从交叉渗透融合、重新组合融合、创新延伸融合三种途径进行，分别从三种不同的角度提出综合发展的方法。一是保守型，既不改变原来的发展形态，也不突破新的行业形态，仅仅只是与其直接相关的产业进行融合整顿，发展出体验互动型、生态养生型、赛事观赏型、探险拓展型等不同的形式；二是重铸型，即与其相关产业直接融合重组，形成新的产业形态；三是创新型，在市场大环境改变的过程中，休闲体育空间经济竞争力不断增大，促使休闲体育产业不断优化，进行产业融合，不断衍生出新的产业形式，如休闲体育酒店和餐厅、休闲体育主题公园、体育培训俱乐部、体育用品制造业、民族休闲体育纪念品等。从这三个角度构建长株潭城市群新型休闲体育空间经济体系，使长株潭城市群居民的生活体验感逐步提高。

（3）优化区域结构，促进区域整合

在长株潭城市群休闲体育空间经济整合的过程中，各行政区要破除传统理念，注重整体化发展，不能画地为牢，应相互协调发展，将资源效益发挥到极致。假如各区域采用不正当手段恶性竞争，将会导致产业链发展失衡，从而致使产业发展失去活性。由此可见，长株潭城市群休闲体育空间经济的发展应该形成良性竞争，各行政区要有合作共赢的创新意识，应当符合人民生活需求和社会经济发展规律。在长株潭城市群休闲体育空间经济发展的过程中，可以借鉴各区域内产业发展的经验，形成休闲体育产业圈，从而促使各区域综合协调发展。在国家发展的大环境中，休闲体育产业发展有相对应的政策扶持，使长株潭城市群休闲体育空间经济整合发展的难度大幅度降低。政企联合的发展方式将会降低生产成本，吸引外资进入休闲体育产业市场，更有利于产业规模化的形成，可以更好地完善休闲体育产业的空间布局，由点到面，宽领域、多层次、最大化地发挥城市地域空间的优势。同时，可满足长株潭城市群休闲体育空间经济发展的需求。

7.4.4 文化建设

(1) 政府层面，形成宏观调控的政策引导机制

我国政府是为人民服务的政府，其所有工作的出发点和落脚点都是为了人民。现如今，我国成为世界第二大经济体，人们生活水平的质量在不断提高，与此同时，人们对精神文化的需求也在不断增大。因此，长株潭城市群政府要加强对休闲体育空间文化建设的调控，加强对休闲体育空间文化的基础设施投入，注重培养休闲体育的文化氛围。学校，是传承体育文化的重要场所，学生通过在学校学习休闲体育文化课程，得以继承弘扬休闲体育文化。大众传媒，是休闲体育文化传播的重要途径，长株潭城市群政府应引导大众传媒对休闲体育文化的传播，从而使人们在潜移默化中接受休闲体育文化，营造出休闲体育文化氛围，从而推动构建长株潭城市群休闲体育空间文化建设。

(2) 社会层面，构建休闲体育文化的服务体系

发展休闲体育空间文化的根本就是提升人民的生活质量，加强人民的身体素质。构建长株潭城市群休闲体育空间文化，社会层面要完善社会服务体系。因此，整合社会资源，发展社会主义市场经济，完善市场规则，是长株潭城市群推动休闲体育空间文化发展的必然途径。不同的发展方式会对不同的人群、不同的市场产生不同的影响，因此，发展长株潭城市群休闲体育空间文化应该因地制宜、因时制宜，制定适合各个区域的发展方案。如，长株潭城市群学校可以开设相关教程，完善教学设施；长株潭城市群社区应制定相对应的指导类服务，帮助居民科学有效地进行锻炼。在方案实施过程中，长株潭城市群各机构应不断依据社会条件的改变，及时对方案进行调整，从而使方案顺利实施。

(3) 个人层面，养成文化良性传承的教育意识

根据世界卫生组织的全球调查，全世界处于亚健康状况的人数占比最多，表明亚健康是现代人面临的身体困境。亚健康降低人们的身体抵抗力，增加人们患病的可能性，而在进行休闲体育运动时能够使人们放松身心，提升精神力、抵抗力。构建长株潭城市群休闲体育空间文化，个人层面要养成传承体育文化的教育意识。因此，传承优秀的体育文化，学习正确的运动方式，养成良好的运动习惯，是长株潭城市群推动休闲体育空间文化发展的重要路径。从古代的蹴鞠、马球到现代的速滑、长跑、体操等都是良好的运动方式，长株潭城市群可通过以休

闲体育运动的方法解决居民面临的亚健康问题，这不仅是一种休闲体育意识，是对中华传统体育文化的继承，也有利于体育价值的实现。

7.5　本章小结

本章针对长株潭城市群休闲体育空间结构发展现状，提出长株潭城市群休闲体育空间结构合理化的战略性措施，并根据休闲体育空间布局模式的分析，提出长株潭城市群休闲体育空间的有效对策，优化长株潭城市群休闲体育空间结构的发展。

一是政府政策发展。从提高居民消费意愿、给予一定政策倾斜、制定适宜政策和发挥政府调控职能这四个方面，对长株潭城市群休闲体育空间的发展给予一定的政府帮助，从而扩大休闲体育消费需求、促进休闲体育产业转变、推进休闲体育产业融合发展和加快休闲体育人才建设。通过不同的角度和不同的层面给予相应的政策支持和政策引导，实现政策的精准化，全面推动和促进长株潭城市群休闲体育空间的发展。

二是空间区位条件。构建"互联网+"、居民运动和城市广场的长株潭城市群休闲体育空间区位优化路径，多方面优化长株潭城市群休闲体育空间的区位，对长株潭休闲体育空间区位发展有一定的帮助。

三是空间流动。以长株潭城市群休闲体育要素空间流动的公共休闲空间、公园休闲空间、产业发展空间为要素，综合发展长株潭城市群休闲体育空间要素，以线串点，以点及面，实现长株潭城市群休闲体育要素的持续发展。

四是资源综合发展。进一步优化长株潭城市群休闲体育空间结构，促进长株潭城市群休闲体育的持续发展。

第 8 章
结论与展望

8.1 主要结论

本书的核心目标是研究长株潭休闲体育空间结构合理化及布局，主要通过休闲空间的内涵与特征、休闲体育空间合理化、休闲体育空间结构三个方面来研究长株潭城市群休闲体育的发展。为实现研究目标，从理论分析和实证检验两个角度进行分析。具体来说：首先，通过对长株潭城市群休闲体育空间的实地调查，了解长株潭城市群休闲体育空间结构演变的基本情况，通过系统性分析与比较分析，提炼出目前长株潭城市群休闲体育空间结构演变发展不合理的原因。其次，根据文献资料与长株潭城市群休闲体育的实际情况，以动态与静态、发展、联系的观点探索长株潭城市群休闲体育空间结构演变发展的制约因素。再者，聚焦长株潭城市群休闲体育空间发展问题，优化长株潭城市群休闲体育空间结构，提出以体育中心地整合模式、滨水空间一体模式、城市 RBD 结合模式、社区空间融合模式、城市绿地贯通模式的"五位一体"的长株潭城市群休闲体育空间结构演变整合模型，构建城市区域休闲体育空间结构模型。最后，基于空间结构对休闲体育的理论分析，提出形成以空间结构便利、消费需求导向、供给结构创新、空间规划布局的空间结构耦合演变体制，探究长株潭城市群休闲体育空间结构中存在的问题。根据空间区位条件因素、要素空间流动因素、交通综合发展因素、政府政策推动因素等提出长株潭城市群休闲体育空间结构演变的优化路径。

第一，通过对休闲体育、休闲体育空间和城市空间理论进行分析，并对这三个理论进行深入研究，进一步明确研究范围，深入探究影响休闲体育、体育空间以及城市空间的国内外文献资料，探究三者的内涵，借鉴国外先进经验，总结休闲体育、休闲体育空间以及城市空间的理论研究。最后结合长株潭城市群休闲体育空间发展现状，为长株潭城市群休闲体育空间结构合理化及其布局的研究打下坚实理论基础。

第二，系统描述了城市群休闲体育、城市群休闲体育空间、城市群休闲体育空间布局及城市群体育空间合理化的内涵，对长株潭城市群休闲体育空间的特征进行分析，构建了层次结构、开放结构、渐变结构以及等级结构的"四位一体"组成结构，对长株潭城市群休闲体育空间"资源多元整合、水平服务提高及全民素质提升"的"三位一体"主体功能进行研究，为长株潭城市群休闲体育空间结构演变提供理论基础，有利于完善休闲体育空间合理化。

第三，通过对休闲体育空间结构发展历程、现状以及动态变化的分析，探究长株潭城市群休闲体育空间结构的影响因素，了解休闲体育空间结构演变规律，推进休闲体育空间优化创新的发展趋势，完善城市区域内休闲体育产业开发布局策略。主要从三大方面来改善其空间布局：一是贯彻落实"健康中国"相关政策，实现全民健身战略基础是强化休闲体育建设；二是城市群休闲体育空间合理化发展要因时因地制宜，从实际出发，促进长株潭城市群体育空间布局优化；三是加强企业与政府形成合作关系，最大限度发挥政府职能，有利于健全统一管理制度，有利于体育场馆提质扩容，有利于实现投资主体多元化等，有利于实现城市休闲体育大众化和娱乐化。

第四，结合长株潭城市群休闲体育空间结构演变的基本情况，以动态、发展、联系的观点有针对性地深入探索长株潭城市群休闲体育空间结构合理化的制约因素，总结长株潭城市群休闲体育空间结构演变发展不合理的原因：制约长株潭城市群休闲体育空间结构合理化的政治因素主要包括政府行政管理、政府优惠政策、政府引导机制、政府宏观调控、公共服务政策、协同推动机制等；制约长株潭城市群休闲体育空间结构合理化的经济因素包括经济发展状况、经济区位因素、市场需求因素、市场投资规模、区域贸易、资金供应、金融投资、消费需求、消费水平、消费动力等；制约长株潭城市群休闲体育空间结构合理化的产业因素包括休闲体育核心产业结构、休闲体育服务场地设施、休闲体育用品科技创新、体育产业经营管理人才、休闲体育产业资源开发、休闲体育产业技术条件、体育产品公益性经营性、体育社会指导人员等；制约长株潭城市群休闲体育空间结构合理化的社会因素包括人口数量、素质及分布，精神文化，大众参与意识，体育认识，余暇时间等。

第五，深入探究长株潭城市群体育空间结构合理化发展战略和优化布局理论根据，提出以体育中心地整合模式、滨水空间一体模式、城市 RBD 结合模式、社区空间融合模式、城市绿地贯通模式的"五位一体"的长株潭城市群休闲体育空间结构整合模型；深入研究构成系统要素的内在与外在联系，进一步协调内外部要素关系，建立新的秩序，进一步协调社会经济的可持续发展，营造全面协调的城市休闲体育空间供给体系，从微观层面上为城市休闲体育空间的优化建设提供了可资参考的方案。

第六，以长株潭城市群休闲体育空间结构不合理的原因为研究对象，针对长株潭城市群休闲体育空间结构合理化发展现状，结合影响长株潭城市群休闲体育空间结构合理化的驱动因素，从空间区位条件因素、要素空间流动因素、交通综合发展因素、政府政策推动因素方面提出长株潭城市群休闲体育空间结构合理化的优化路径。科学、合理地对城市休闲体育结构进行空间规划和交通布局，高效利用城市各类体育资源，促进长株潭城市群休闲体育的健康发展。

8.2 研究展望

休闲体育空间结构演变的研究在国内外都仍处于起步阶段，虽然对长株潭城市群休闲体育的空间结构进行了系统分析和比较分析，并建立了理论模型，为研究休闲体育空间合理化提供了新的思路，但由于所研究问题的复杂性和个人精力、财力方面的限制，仍存在以下局限，有待在未来研究中进一步完善和改进。

第一，运用多样化的理论模型。由于个人能力与时间的限制，采用模型较少。在今后的研究中，采用相关理论模型对休闲体育空间进行深入研究，探索休闲体育空间结构合理化各个维度与其他因素之间的关系。

第二，更为宽广地挖掘与拓展关于长株潭城市休闲体育数据。搜寻更多有关休闲体育发展的相关数据，同时将数据从城市层面到乡镇层面延伸，更详细地考察研究问题。进一步结合休闲学、休闲体育学和体育空间结构布局等理论和方法，更加全面和准确地刻画全省的休闲体育发展。另外，借鉴国外典型休闲体育理论研究和实践研究对长株潭城市群休闲体育进行研究是今后进一步的研究方向。

第三，开拓与延伸研究内容。由于受时空与研究条件的限制，主要以长株潭城市群为研究对象，其样本仅针对城市居民，致使研究结论存在片面性，未来研究应扩充样本，选取不同人群对象进行研究，再利用已有的研究成果与未来研究结论进行对比分析，探讨不同区域、不同群体之间的联系与差异。

参 考 文 献

[1] 房艳刚,刘鸽,刘继生. 城市空间结构的复杂性研究进展 [J]. 地理科学,2005 (06).

[2] 朱东风. 城市空间研究回顾与展望——兼论城市空间主客体性的融合 [J]. 现代城市研究,2005 (12).

[3] 张建. 城市休闲研究的空间概念体系辨析 [J]. 桂林旅游高等专科学校学报,2005 (06).

[4] 黄亚平. 城市空间理论与空间分析 [M]. 南京:东南大学出版社,2002.

[5] 郑华. 后奥运时代我国城市休闲体育空间发展趋势探讨 [J]. 体育与科学,2009,30 (02):18-21.

[6] 杜霜霜. 论休闲体育在城市文化空间构成中的群体归属作用 [A]. 中国体育科学学会 (China Sport Science Society). 第九届全国体育科学大会论文摘要汇编 (3) [C]. 北京:中国体育科学学会 (China Sport Science Society),2011.

[7] 常乃军,乔玉成. 社会转型视域下城市休闲体育生活空间的重构 [J]. 体育科学,2011 (12).

[8] 王茜,苏世亮,苏静. 开发区的布局建设与城市空间结构的演化 [D]. 杭州:浙江大学,2005.

[9] 王茜. 城市休闲体育空间结构合理性评价体系的构建 [J]. 体育科技文献通报,2015 (23).

[10] 潘春宇. 城市休闲体育设施空间布局优化的机制研究——以安徽省淮南市为例 [J]. 鞍山师范学院学报,2017,19 (04):72-79.

[11] 翟强. 城市休闲体育空间与文化品位关系研究——以洛阳市为例 [J]. 当代体育科技,2014,4 (15):112+114.

[12] 唐湘辉. 美国休闲产业发展及管理评析 [J]. 湖南商学院学报,2010,17 (01):59-65.

[13] 王益澄,马仁峰,邓星月,等. 港口城市的空间结构及其影响研究 [M]. 杭州:浙江大学出版社,2014.

[14] V 扬·盖尔. 交往与空间 [M]. 北京:中国建筑工业出版社,2002.

[15] 毕红星. 点—轴系统理论与城市公共体育设施建设布局 [J]. 上海体

育学院学报，2012（06）：29-38.

[16] 马志和，等. "中心地理论"与城市体育设施的空间布局研究［J］. 北京体育大学学报，2004（04）：445-447.

[17] 张宇飞，等. "点轴网"理论视角下的城市公共体育设施布局探析［J］. 东北财经大学学报，2012（06）：78-81.

[18] 张宇，等. 成都市公共体育设施的供求现状及优化措施研究［J］. 四川体育科技，2015（01）：113-128.

[19] 蔡玉军，等. 城市公共体育空间结构现状模式研究——以上海市中心城区为例［J］. 体育科学，2012（07）：9-17.

[20] 钱文军，等. 城市居住区公共体育设施规划研究［J］. 南阳师范学院学报，2011（12）：105-107.

[21] 孙成林，等. 新中国体育设施政策演进研究［J］. 西安体育学院学报，2013（04）：385-391.

[22] 杨风华，等. 我国公共体育场馆政策法规演变研究——基于有效供给理论视角［J］. 成都体育学院学报，2014（02）：37-42.

[23] 杨坤. 我国城市公共体育设施发展的演进历程［J］. 福建体育科技，2012（04）：1-3.

[24] 李蓉. 重庆市主城区公共体育设施需求及分布研究［D］. 重庆：西南大学，2009.

[25] 申培新. 河南省城市公共体育服务设施与大众健身需求状况［J］. 体育文化导刊，2014（09）：112-115.

[26] 张金桥，等. 我国公共体育设施供给实践的内在逻辑［J］. 北京体育大学学报，2013（08）：6-11.

[27] 汤延军，等. 现代体育设施建设与城市发展关系研究［J］. 安徽体育科技，2008（01）：9-14.

[28] 胡振宇. 现代城市体育设施建设与城市发展研究［D］. 南京：东南大学，2006.

[29] 李荣芝. 我国城市化发展与体育设施建设研究——以浙江省为例［J］. 体育科技，2010（04）：19-25.

[30] 刘熹熹. 北京市中心城社区体育设施现状问题及对策研究［D］. 北京：北京建筑工程学院，2012.

[31] 郑皓怀，钱锋. 国外社区体育设施的发展建设初探［J］. 建筑学报，2008（01）：41-45.

[32] LINEBERRY R L, WELCH R E. Who Gets What: Measuring the Distribution of Urban Public Services［J］. Social Science Quarterly，1974（54）：700-712.

[33] MELANIPHY John C. The Impact of Stadiums and Arenas [J]. Real Estate Issues. 1996, 21 (03): 36-49.

[34] LAMB K E, FERGUSON N S, WANG Y, OGILVIE D, ELLAWAYA. Distribution of Physical Activity Facilities in Scotland by Small Area Measures of Deprivation and Urbanicity [J]. International Journal of Behavioral Nutrition and Physical Activity, 2010C (07): 76.

[35] RICHARD B Flynn, BERNIE Gold Fine. Facility Planning for Physical Education, Recreation, and Athletic [M]. Du buque: Kendall Hunt Publishing Company, 1999.

[36] FEYZAN (BeIer) Erkip. The Distribution of Urban Public Services: The Case of Parks and Recreational Services in Ankara [J]. Elsevier Science Ltd, 1997, 14 (06): 353-361.

[37] BROWNSON Ross C, HOEHNER Christine M. Measuring the Built Environment for Physical Activity State of the Science [J]. American Journal of Preventive Medicine, 2009 (36): 99-123.

[38] LIU Yi-De, TAYLOR Peter, SHIBLI Simon. Sport Equity: Bench Marking the Performance of English Public Sport Facilities [J]. European Sport Management Quarterly, 2009, 9 (01): 3-21.

[39] KEATING Raymond J. Sports Pork: The Costly Relationship Between Major League Sports and Government [M]. Washington D. C.: Cato Institute. 1999.

[40] BACHELOR Lynn W, Stadiums as solution sets: Baseball, football and the revival of downtown Detroit [J]. Policy Studies Review. 1998, 15 (01): 89-101.

[41] 方春妮, 刘勇. 论我国城市体育服务业的发展——以北京、上海为例 [J]. 体育文化导刊, 2010, (05): 76-79.

[42] 付群, 肖淑红, 王萍萍, 等. 我国体育产业发展的现状及特点研究——以北京市体育产业发展为例 [J]. 南京体育学院学报, 2015, 29 (03): 73-80.

[43] 彭冲. 北京市体育产业发展现状与对策研究 [J]. 消费导刊, 2015, (11): 87-88.

[44] 范玉川. 上海市体育产业的核心竞争力研究 [J]. 沈阳体育学院学报, 2013, 32 (02): 59-62.

[45] 郑其适. 杭州市体育产业发展现状与对策研究 [J]. 浙江体育科学, 2013, 35 (01): 87-88.

[46] 杨晓生, 余永慧. 广州市体育产业发展探析——基于广州市体育产业

现状调查的思考 [J]. 城市观察, 2010 (06): 83-97.

[47] 郝思增, 陆亨伯, 车雯. 新常态下宁波市体育产业发展路径选择 [J]. 体育文化导刊, 2015 (09): 148-152.

[48] 周兵. 休闲体育 [M]. 桂林: 广西师范大学出版社, 2001.

[49] 卢锋. 休闲体育学 [M]. 北京: 人民体育出版社, 2005.

[50] 卢元镇. 社会体育导论 [M]. 北京: 高等教育出版社, 2004.

[51] 屠强. 休闲体育 [M]. 北京: 中国人民大学出版社, 2012.

[52] 金银日, 姚颂平, 蔡玉军. 上海市居民休闲体育时空行为特征研究 [J]. 体育科学, 2015 (03): 12-19.

[53] 常乃军, 乔玉成. 社会转型视域下城市休闲体育生活空间的重构 [J]. 体育科学, 2011 (31).

[54] 郭修金. 休闲城市建设中休闲体育时空的调控设计与规划整合 [J]. 上海体育学报, 2013, 3 (37).

[55] 刘瑾. 浙江城市居民休闲体育消费的行为特征研究 [J]. 浙江体育科学, 2014, 7 (36).

[56] 张越. 城市居民休闲体育消费行为研究 [J]. 消费经济, 2008, 4 (24).

[57] 张振飞. 北京市部分城区中年男子参与休闲体育动机的调查研究 [D]. 北京: 首都体育学院, 2009.

[58] 严昌亮. 通化地区城市居民化动机与生活满意度的关系研究 [D]. 延吉: 延边大学, 2015.

[59] Alfie Meek. An Estimate of the Size and Supported Economic Activity of the Sports Industry in the United States [J]. Sport Marketing Quarterly, 1997 (06): 15-23.

[60] Frank L. Hefner. Using Economic Models to Measure the Impact of Sports on Local Economies [J]. Journal of Sport and Social Issues, 1990, 14 (01): 1-13.

[61] David Shilbury, D. Considering Future Sport Delivery Systems [J]. Sport Management Review, 2000, 13 (02): 199-221.

[62] Klaus Weiermair, Caroline Steinhauser. New Tourism Clusters in the Field of Sports and Health; the Case of Alpine Wellness [R]. Barcelona: 12th International Tourism and Leisure Symposium, 2003: 1-17.

[63] Sara Nordin. Tourism Clustering and Innovation [EB/OL]. http://www.miun.se/upload/Etour/Publikationer/Utredningsserien/U200314.pdf, 2003-09-1/2017-11-01.

[64] Kristian J Sund. Tourism Clusters and the Geographical Distribution of Hotels in

Switzerland [EB/OL]. http://ertr. tamu. edu/conferenc eabstracts. cfm? Abstractid =829, 2006 -12 -21/2017 -11 -01.

[65] Cristiano Ciappei. Sport Business Cluster [J]. Journal of Fashion Marketing and Management, 2004 (09): 1 - 20.

[66] Brad R. Humphreys, Jane E. Ruseski. Problems With Data on the Sports Industry [J]. Joural of Sports Economics. 2010, 60 - 76.

[67] 魏建建. 我国体育产业的发展现状研究 [D]. 武汉: 武汉体育学院, 2013.

[68] 杨丽丽. 我国体育产业结构现状与优化对策研究 [D]. 上海: 上海体育学院, 2013.

[69] 易剑东. 中国体育产业的现状、机遇与挑战 [J]. 武汉体育学院学报, 2016, 50 (07): 5 - 12.

[70] 张欣. 基于模糊理论的体育产业竞争力评价 [J]. 广州体育学院学报, 2017, 37 (01): 20 - 22 + 27.

[71] 荆林波. 我国体育产业发展现状、问题与对策建议 [J]. 南京体育学院学报 (社会科学版), 2016, 30 (04): 1 - 10.

[72] 李欣. 全民健身视角下休闲体育产业发展的现状及对策 [J]. 中国市场, 2015, (29): 58 - 68.

[73] 李春田. 我国休闲体育产业发展现状及发展策略选择 [J]. 佳木斯大学社会科学学报, 2011, (03): 44 - 46.

[74] 马宇飞. 全民健身视角下我国休闲体育产业发展的 SWOT 分析与对策研究 [A]. 中国体育科学学会, 中国体育用品业联合会. 2014 中国体育产业与体育用品业发展论坛论文集 [D]. 北京: 2014.

[75] 黄希发, 胡利军, 冯连世. 体育科技对体育产业发展促进作用研究 [J]. 体育文化导刊, 2008 (10): 21 - 24.

[76] 朱洁. 体育产业发展影响因子的比较研究 [D]. 宁波: 宁波大学, 2012.

[77] 纪海波. 基于结构方程模型的体育产业集群影响因素研究 [D]. 成都: 成都理工大学, 2013.

[78] 薛琨. 山东省体育产业竞争力影响因素研究 [J]. 山东体育科技, 2014, 36 (04): 34 - 37.

[79] 杨强. 中国体育产业区域竞争力评价 [D]. 天津: 天津财经大学, 2016.

[80] 汪艳, 王跃, 吴玉鸣, 等. 空间集聚与体育产业增长的关系研究——基于 SLM 和 SEM 模型的实证 [J]. 经济经纬. 2016, 33 (05): 78 - 83.

[81] 任波, 夏成前. 中国体育产业竞争力与经济发展关系的理论与实证研

究[J]. 上海体育学院学报. 2016, 40 (03): 23-29.

[82] 张欣. 基于模糊理论的体育产业竞争力评价[J]. 广州体育学院学报, 2017, 37 (01): 20-22+27.

[83] 王先亮, 杨磊, 任海涛. 我国休闲体育产业的特征及布局[J]. 体育学刊, 2015, (02): 42-46.

[84] 田志琦, 李荣日, 王志玲, 等. 基于钻石模型的休闲体育产业竞争力分析[J]. 沈阳体育学院学报, 2012, 31 (04): 34-37.

[85] 丁文, 扶健华. 体验经济下我国休闲体育业发展思路[J]. 体育学刊, 2011, 18 (01): 57-60.

[86] 董晓春, 郭玉良. 基于"钻石模型"提升我国体育产业竞争力的对策研究[J]. 沈阳体育学院学报. 2012, 31 (01): 20-23.

[87] 朱汉义. 基于APH-GRAP的区域体育产业竞争力的评价与实证研究[J]. 浙江体育科学, 2013 (05): 10-14.

[88] 戴维红, 许月云, 许红峰. 我国省域体育产业核心竞争力比较研究[J]. 北京体育大学学报. 2013, 36 (10): 44-50.

[89] 刘贯飞. 基于层次分析法的四川省体育产业竞争力的研究[D]. 成都: 西南财经大学, 2013.

[90] 闫琳琳, 张霈, 张波. 基于因子分析的区域体育产业竞争力的综合评价[J]. 河北工业大学学报 (社会科学版), 2014 (03): 78-81+87.

[91] 胡效芳, 袁艺, 许绍飞. 中国体育产业区域竞争力综合评价——基于31个省区的比较研究[J]. 西安财经学院学报, 2014, 27 (02): 63-68+108.

[92] 张铖, 陈颇. 我国体育产业核心竞争力模糊综合评价体系的理论构建与实证[J]. 武汉体育学院学报, 2015, 49 (09): 46-51.

[93] 江珊. 我国区域体育产业竞争力的实证分析[D]. 武汉: 华中师范大学, 2017.

[94] 易剑东, 袁春梅. 中国体育产业政策执行效力评价——基于模糊综合评价方法的分析[J]. 北京体育大学学报, 2013, 36 (12): 6-10+29.

[95] 郑志强. 中国地方体育产业政策比较研究[J]. 北京体育大学学报. 2014, 37 (10): 13-17.

[96] 姜同仁. 新常态下中国体育产业政策调整研究[J]. 体育科学, 2016, 36 (04): 33-41.

[97] 陈晓峰. 我国现今体育产业政策分析: 存在问题与发展趋势[J]. 北京体育大学学报, 2017, 40 (05): 7-15.

[98] 牛莹. 体育产业政策效应研究[D]. 济南: 山东体育学院, 2017.

[99] 霍德利. 转型时期我国体育制度创新与路径选择[J]. 体育与科学,

2011, 32 (01): 19-23.

[100] 王飞, 池建. 我国体育产业发展的制度约束 [J]. 首都体育学院学报, 2014, 26 (04): 298-300.

[101] 姜同仁, 张林. 我国体育产业发展面临的机遇与挑战——对国务院"新政策"的解读 [J]. 北京体育大学学报, 2015, 38 (12): 28-31.

[102] 陈晓峰. 我国现今体育产业政策分析: 存在问题与发展趋势 [J]. 北京体育大学学报, 2017, 4 (05): 7-15.

[103] 姜同仁. 新常态下中国体育产业发展与趋势预测研究现状 [J]. 武汉体育学院报, 2015, 49 (05): 48-55.

[104] 石岩. 体育产业新政背景下中国体育产业发展的机遇与挑战 [J]. 体育学刊, 2014, 21 (06): 13-18.

[105] 艾瑞咨询. 中国互联网体育服务业研究报告 (2017) [R]. 上海: 艾瑞咨询, 2017.

[106] 王凯. 体育赛事版权引进热的冷思考与应有方略 [J]. 山东体育学院学报, 2016, 32 (04): 16-20.

[107] 王志学, 张勇, 王雅琴. 我国体育版权的热竞购与冷思考 [J]. 武汉体育学院学报, 2016, 5 (12): 55-60.

[108] 李燕领, 王家宏. 基于产业链的体育产业整合模式及策略研究 [J]. 武汉体育学院学报, 2016, 50 (09): 27-33.

[109] 易观智库. 中国体育赛事版权市场专题研究报告 (2016) [R]. 北京: 易观智库, 2016.

[110] 陈元欣, 姬庆. 大型体育场馆运营内容产业发展现状、问题与对策 [J]. 首都体育学院学报, 2015, 27 (06): 483-487.

[111] 李燕领, 王家宏. 基于产业链的体育产业整合模式及策略研究 [J]. 武汉体育学院学报, 2016, 50 (09): 27-33.

[112] 艾瑞咨询. 中国互联网体育服务业研究报告 (2017) [R]. 上海: 艾瑞咨询, 2017.

[113] 阮伟, 钟秉枢. 中国体育产业发展报告 (2015版) [M]. 北京: 社会科学文献出版社, 2015.

[114] 朱建国. 中国体育产业核心组成部分解读 [J]. 体育文化导刊, 2016 (10): 97-102.

[115] 李恒. 互联网重构体育产业及其未来趋势 [J]. 上海体育学院学报, 2016, 40 (06): 8-16.

[116] 易观智库. 中国竞技体育市场专题研究报告2016——互联网时代下竞技体育的商业逻辑 [R]. 北京: 易观智库, 2016.

[117] 张林, 黄海燕. 中国体育产业发展报告 [M]. 北京: 人民体育出版

社，2013．

[118] 石岩．体育产业新政背景下中国体育产业发展的机遇与挑战［J］．体育学刊，2014，21（06）：13 – 18．

[119] 孙素玲，臧云辉．我国体育服务业发展、问题及对策［J］．首都体育学院学报，2016，（27）：500 – 504．

[120] 刘娜，姜同仁．中国体育服务业发展方式转变的制度约束与创新研究［J］．西安体育学院学报，2017，34（01）：19 – 26．

[121] 冯红新，我国体育产业的发展策略［J］．体育文化导刊，2015，3（03）：112 – 115．

[122] 李博．"供给侧改革"对我国体育产业发展的启示——基于新供给经济学视角［J］．武汉体育学院学报，2016，50（02）：52 – 58．

[123] 罗林．高等体育院校社会体育专业增设休闲体育方向的设想［J］．江西教育科研，2006（10）：63 – 64．

[124] 李相如．休闲视野下我国休闲体育专业建设的思考［J］．首都体育学院学报，2009，21（02）：180 – 184．

[125] 彭文革，余惠清．美国高等体育院系体育休闲娱乐教育概括研究［J］．北京体育大学学报，2007，30（05）：610 – 611．

[126] 石振国，田雨普．休闲体育教育理论基础反思与建构［J］．上海体育学院学报，2006，30（02）：80 – 83．

[127] 曹士云．中外高校休闲体育专业现状与特点的比较研究［J］．黑龙江高教研究，2008（11）：62 – 64．

[128] 蔡玉军．城市公共体育空间结构研究［D］．上海：上海体育学院，2012．

[129] 刘雯雯．我国城市公共体育空间与设施管理模式初探［D］．西安：西安体育学院，2012．

[130] 罗普磷．城市公共体育空间与设施概念的界定［A］．2015 第十届全国体育科学大会论文摘要汇编（二）［C］．北京：中国体育科学学会（ChinaSportScienceSociety），2015．

[131] 杨雨，张锦年．体育竞技中心选址考察记略［J］．体育教学与科研，1981（01）：47 – 54．

[132] 郭敏，刘聪．我国体育场地建设的发展历程及其启示［J］．北京体育大学学报，2009，32（02）：12 – 16．

[133] 陈祥岩，邹本旭，马艳红，等．"十一五"期间我国体育系统体育场地建设影响因素及发展趋势研究［J］．沈阳体育学院学报，2007，26（02）：19 – 21．

[134] 张玉超．我国体育场地建设现状发展对策［J］．山东体育学院学报，

2006, 22 (03): 16-19.

[135] John Gold, Margaret Gold. Olympic Cities: City agendas, Planning, and the World's Games, 1896—2012 [M]. London: Routledge, 2007.

[136] Baade' Robert A. Professional sports as catalysts for metropolitan economic development [J]. Journal of Urban Affairs. 1996, 18 (01): 1-17.

[137] Tim Chapin. The Political Economy of Sports Facility Location: An End-of-the-Century Review and Assessment [J]. Marquette Sports Law Review, 2000, 10 (02): 361-382.

[138] Geraint John, Rod Sheard, Ben Vickery. Stadia: A Design and Development Guide [M]. Architectural Press, 1988.

[139] Tim Chapin. The Political Economy of Sports Facility Location: An End of the Century Review and Assessment [J]. Marquette Sports Law Review, 2000, 10 (02): 361-382.

[140] 霍华德, 克朗普顿. 体育财务 [M]. 2版. 谈多娇, 张兆国, 译. 北京: 清华大学出版社, 2007.

[141] 鲍明晓, 体育产业: 新的经济增长点 [M]. 北京: 人民体育出版社, 2000.

[142] 谢琼桓, 从可持续发展的角度看体育的现状和未来 [J] 体育文史, 1999 (01) 10-11.

[143] 蔡军, 体育经济学 [M]. 西安: 陕西人民出版社, 1999.

[144] 刘江南, 美国体育产业发展概貌及其社会学因素的分析 [J]. 广州体育学院学报, 2001 (03): 1.

[145] Li Ming, An Overview of the Sport Industry in North America [J]. That is Being Published, 2001.

[146] 徐本力, 对我国体育产业理论研究中几个问题的调查与研究 [J]. 北京体育大学学报, 2002 (03): 148-149.

[147] 陈东岗, 等. 中国城市体育发展趋势和模式的思考 [J]. 北京体育大学学报, 2002 (03): 148.

[148] 武军, 国内外体育产业比较研究 [J]. 生产力研究, 2006 (05): 183.

[149] 康建敏, 国内外体育产业发展的比较分析 [J]. 商业现代化, 2007 (01): 360.

[150] 胡晓军, 我国体育产业结构的演进及其优化研究 [D]. 长沙: 湖南师范大学, 2009.

[151] 巴艳芳, 城市体育设施空间布局与体育产业发展对策研究——以武汉市为例 [D]. 武汉: 华中师范大学, 2006.

[152] 喻小红．长沙市体育场馆开发利用研究［D］．长沙：湖南师范大学，2003．

[153] 张玲．我国体育产业及体育市场发展［J］．河北理工学院学报（社会科学版），2005（05）：141-143．

[154] 林显鹏．关于建立我国体育产业统计指标体系的研究［J］．体育科学，2000（07）：1-4．

[155] 骆秉全，等．论体育商品的属性及其特征［J］．首都体育学院学报，2006（03）：116．

[156] 傅京燕．国际体育产业的发展特点及我国的对策选择［J］．经济纵横，2002（04）：24-25．

[157] 张文忠．大城市服务业区位理论及其实证研究［J］．地理研究，1999，（03）．

[158] 陈秀山，倪小恒．信息通信技术对服务业布局的影响分析［J］．中国软件科学，2006，（04）．

[159] 陈殷，李金勇．生产性服务业区位模式及影响机制研究［J］．上海经济研究，2004，（07）．

[160] 高春亮．生产者服务业概念、特征与区位［J］．上海经济研究，2005（11）．

[161] 赵群毅，周一星．北京都市区生产者服务业的空间结构［J］．城市规划，2007（05）．

[162] 范秀成，王莹．生产性服务业区位模式选择的国际比较［J］．国际经贸探索，2007（05）．

[163] 胡霞．中国城市服务业空间集聚变动趋势研究［J］．财贸经济，2008（06）．

[164] 崔冬霞，王俊岭．郑州市城市社区体育设施资源配置研究［J］．河南教育学院学报（哲学社会科学版），2009，28（03）：52-59．

[165] 朱华华，闫浩文，李玉龙．基于Voronoi图的公共服务设施布局优化方法［J］．测绘科学，2008（02）：72-74．

[166] 肖晶．城乡一体化背景下的志丹县公共服务设施规划研究［D］．西安：西安建筑科技大学，2011．

[167] 陈秀雯．城市居住社区公共服务设施评价指标体系探讨［D］．重庆：重庆大学，2007．

[168] 宋正娜，陈雯．基于潜能模型的医疗设施空间可达性评价方法［J］．地理科学进展，2009（06）：848-854．

[169] 曾建明，刘跃峰．公平与效率：我国体育场地资源配置问题研究

[J]. 沈阳体育学院学报, 2012, 31 (03): 23-27.

[170] 曾建明, 王健, 董国勇, 等. 武汉市体育场地空间布局演进特征、影响因素和发展趋势 [J]. 热带地理, 2013, 33 (01): 63-69.

[171] 陈旸. 基于 GIS 的社区体育服务设施布局优化研究 [J] 经济地理, 2010 (08): 1254-1258.

[172] 郑志明. 特大城市公共体育设施布局规划研究——以成都市为例 [D]. 成都: 西南交通大学, 2009.

[173] 毕红星. 我国城市公共体育设施规划布局研究 [J]. 成都体育学院学报, 2012, 38 (04): 34-38.

[174] 史兵. 西安市羽毛球馆空间分布研究 [J]. 中国体育科技, 2010, 46 (2): 45-50.

[175] Michalos A C, Zumbo B D. Public Services and The Quality of Life [J]. Social Indicators Research, 1999 (02): 125-157.

[176] Nip D. Planning in the Process for Multiplex Sports Facilities: Integrating and Empowering the Public in public-private partner-ships [D]. University of Manitoba, 2009.

[177] Bochet O, Sidartha G, Rene S. Generalized Majoritarian Mechanisms for the Location of Multiple Public Facilities [Z]. 2010: 1

[178] Langford M, Higgs G, Radcliffe J, et al. Urban Population Distribution models and Service Accessibility Estimation [J]. Computers, Environment and Urban Systems, 2008 (01): 66-80.

[179] Farhan B, Murray A T. Siting park—and—ride Facilities Using a Multi—objective Spatial Optimization Model [J]. Computers&Operations Research, 2008 (02): 445-456.

[180] Chin-Hsicn L, Ilsueh-Sheng C. Exploration Assessment of the Service distance Based on Geographical Information Systems and Space Syntax Analysis on the Urban Public Facility [C]. 2009: 289-292.

[181] McAllister D M. Equity and Efficiency in Public Facility Location [J]. Geographical Analysis, 1976 (01): 47-63.

[182] McGovern S L. An Evaluation of Services Provided to Elite Athletes at a Multi-sport Training Facility: A Model of Excellence [J]. Boston University 1998: 18-25.

[183] Tseng M L. Implementing and Evaluating Performance Measurement Initiative in Public Leisure Facilities An Action Research Project [J]. Computers and Education, 2010 (01): 188-201.

［184］侯光辉．略论体育产业在国民经济中的重要地位［J］．成都大学学报，2009，(05)．

［185］彭连清，林玲．体育产业结构布局发展演变规律［J］．浙江体育科学，2004（05）．

［186］石磊．体育产业的结构效应［A］．首届中国体育产业学术会议论文集［C］．北京：2005．

［187］杨正才．体育产业在当前社会经济发展中的地位及作用［J］．商业时代，2008，(27)．

［188］李建明．关于构建湖北体育旅游经济圈的研究［R］．北京：国家体育总局社科基金项目，2009．

［189］于洋．经济全球化与我国体育产业结构布局优化［J］．商场现代化．2008，3（上旬刊）．

［190］陈艳林．后奥运时期我国体育产业结构布局优化的思考［J］．武汉体育学院学报，2009，43（05）．

［191］王德平，任保莲．福建体育产业竞争优势研究及发展构想［J］．体育科学，2005（10）．

［192］余守文．体育产业的结构效应［J］．生产力研究，2009（07）．

［193］游战澜，彭芳．武汉城市圈体育产业集群发展的环境支撑研究［J］．湖北体育科技，2010，29（03）．

［194］刘远洋．体育产业结构评价指标体系及实证研究［R］．北京：国家体育总局社科基金项目，2007．

［195］池深等．美国、意大利、日本体育产业的发展及对我国的启示［J］．江西师范大学学报，2008，(06)．

［196］徐云，王德喜．美国体育产业特点给我们的启示［J］．湖州师范学院学报，2006，(02)．

［197］刘青健．西方发达国家体育产业的发展及启示［J］．哈尔滨体育学院学报．2008，26（05）．

［198］原玉杰，靳英华．体育场馆布局的影响因素分析［J］．北京体育大学学报，2007，30（11）：1490－1492．

［199］王西波，魏敦山．大型体育场馆的规划选址［J］．规划设计，2008，24（02）：27－30．

［200］韩佐生，杨兰生．现代体育运动空间布局的原则及发展趋势［J］．哈尔滨体育学院学报，2006，16（01）：10－14．

［201］Danielson, Michael N. Home Team: Professional Sports and the American Metropolis［M］．Princeton, NJ: Princeton. University Press, 1997.

[202] Raymond J. Keating. Sports Pork: The Costly Relationship Between Major League Sports and Govenunent [M]. Washington, D. C.: Cato Institute, 1999.

后　记

　　休闲体育跟随着时代的进步，已经逐渐融入人们的生活中，特别是伴随着可持续发展与全面健康观念的普及，更加引起了人们的普遍关注。对长株潭城市群休闲体育空间结构合理化及其布局研究，能够通过先行个体反映整体情况，为休闲体育快速有效合理地融入人们的生活提供理论与实践经验。

　　本书主要是从城市空间、休闲体育、休闲体育空间三个方面来对空间结构合理化及其布局进行相关研究。深入挖掘长株潭城市群休闲体育空间的内涵及其结构，对长株潭地区空间结构的演化进行调查分析，针对其发展制约的影响因素进行调整，从而针对问题采取整合式优化模式和路径。长株潭城市群休闲体育空间结构合理化及其布局是一项复杂的系统工程，涉及社会、经济、生态环境的方方面面，本书未能将每一个涉及的相关理论都进行深入研究，对长株潭城市群休闲体育空间结构优化模式和路径需要进一步完善，长株潭城市群休闲体育的相关主题研究也亟待展开。

　　在本书的写作和修改过程中，得到了田祖国、黄海波、陈青、王耿、雷晔华、罗锡文等人的鼓励和指正，除了增补若干数据，有些章节也做了相当幅度的修订，我要向他们表示谢意。邓昭俊老师制作索引并协助校对，没有他的费心费力，这本书不可能在这个时候顺利完成，王耿博士帮我整理与检查部分资料，谢谢他们。我的学生阳波、文斌、郑华夏、舒子鉴、赵峰峰、杨小洁、唐旭权、寇雪芳、王思佳、赵伟国、唐晚桂、李海霞对数据的收集和整理付出了辛勤的劳动，在此一并感谢。同时，编辑部同人为本书的出版给予不少建议与协助，尤其为若干专有名词加注，特此表示感激。

　　由于资料来源、编写水平等方面的局限，对于书中存在的挂漏讹谬之处，望大家不吝指正。